本书为以下项目的研究成果

国家自然科学基金项目：

"三螺旋创新视角下创业型大学运行机制及对策研究"（71173040）

福建省社会科学规划项目：

"政产学三螺旋对创业型人才培养绩效的影响研究"（FJ2017B033）

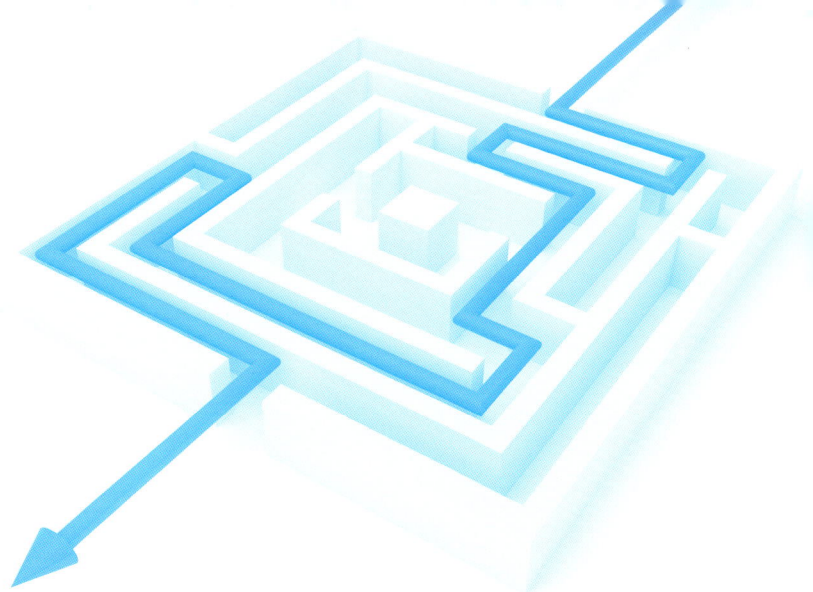

大学创业系列

总主编　陈笃彬

基于三螺旋理论的
高校创业型人才培养机制研究

刘有升　著

厦门大学出版社　国家一级出版社
XIAMEN UNIVERSITY PRESS　全国百佳图书出版单位

图书在版编目(CIP)数据

基于三螺旋理论的高校创业型人才培养机制研究/刘有升著.—厦门:厦门大学出版社,2019.3
(大学创业系列)
ISBN 978-7-5615-7120-0

Ⅰ.①基… Ⅱ.①刘… Ⅲ.①高等学校—人才培养—研究—中国 Ⅳ.①G649.2

中国版本图书馆 CIP 数据核字(2018)第 234292 号

出 版 人	郑文礼
责任编辑	甘世恒

出版发行	厦门大学出版社
社　　址	厦门市软件园二期望海路 39 号
邮政编码	361008
总 编 办	0592-2182177　0592-2181406(传真)
营销中心	0592-2184458　0592-2181365
网　　址	http://www.xmupress.com
邮　　箱	xmup@xmupress.com
印　　刷	厦门集大印刷厂

开本	720 mm×1 000 mm　1/16
印张	15.5
插页	2
字数	300 千字
版次	2019 年 3 月第 1 版
印次	2019 年 3 月第 1 次印刷
定价	55.00 元

本书如有印装质量问题请直接寄承印厂调换

厦门大学出版社
微信二维码

厦门大学出版社
微博二维码

总　序

　　随着经济全球化程度的深入和知识经济时代的到来,区域创新体系建设成为决定该区域获取竞争优势的重要因素。高等学校已经从社会边缘走向了社会中心,成为区域创新的主体,承载着人才培养、科学研究、社会服务、文化传承创新和国际交流合作的重要使命。

　　当今,大学正面临着诸多挑战,探索一种新的大学发展范式是应对这些挑战的重要途径。美国著名高等教育学家克拉克·科尔(Clark Kerr)在20世纪90年代初谈到高等教育改革时指出:"如果高校要想在国际化轨道上生存,就必须发挥自身优势进行转型,而不能仅仅依靠政府,高校必须发展创业领导力,建立创业型大学,以获得更大的自治。"创业型大学以发展高科技、开拓新产业为己任,利用自己的知识创新成果,引资创办高技术公司,加快原创性科技成果的转化,孵化、催生、兴办新的产业,承担了发展国家和区域经济、创造新的工作机会、提升国家竞争力的"创业"的历史责任。

　　我国高等教育在改革开放之后获得迅猛发展,但也遇到诸多问题:政府有限的拨款、学校发展的可支配资源不足、供需矛盾依然尖锐;社会对学校的价值期待日益苛刻;高水平的学科带头人、科技标志性成果偏少,科技纵横向课题经费比例失衡,科技成果转化率和社会贡献率低;学生的实践能力和创新能力提升不显著,创业意识和能力有待提高;学校内部存在许多矛盾,变革的力量和雄心不足,观念滞后和制度建设滞后等等。这些问题的存在必须在大学发展的进程中给予解决。创业型大学通过创造资源、实现知识资本化,破解学校发展资金瓶颈问题,走出办学资金困境;通过形成"大学—企业—政府"三螺旋结构关系,肩负起更大的社会责任,从社会的边缘走进社会经济组织的中心,实现学校内在诸多的质变和跨越发展;通过对教师的评级和晋升,体现对教师中的发明者、企业家以及与工业合作的鼓励,逐渐形成"企业家精神"和"创业文化";通过全面推进创业教育,培养21世纪需要的创业型人才。因此,创建创业型大学不仅有利于全面提升我国大学的综合实力,增强我国核心竞争力和可持续发展后劲;而且可以满足广大师生员工和各类社会利益主体的价值期待,有利于培育"创业精神",培养大学文化,促进和谐校园建设。

创业型大学作为高等教育发展的未来趋势之一,已经引起了国外学术界的高度重视,为了使我国高等教育发展能够满足未来社会发展以及产业发展的实际需要,我国的学术界也开始关注创业型大学的研究。但对于我国创业型大学如何构建、创业型大学怎么运行等问题,不管是实业界还是理论界都尚未给出一个比较明确的答案,尤其是在我国高等教育的发展环境和国外发达国家高等教育发展环境存在巨大差别的前提下。本套丛书依托国家自然科学基金项目"三重螺旋创新模型视角下创业型大学的演化规律及其运行机制研究"(项目号:71173040),拟就上面的问题进行一些理论上的探讨,从而为创建有中国特色的创业型大学提供理论依据。

"大学创业研究丛书"包括:

李坤皇、何文婷、邓雪、邱俊珲等硕士的《三螺旋创新视角下大学的发展与创新创业教育研究》。该著作从三螺旋创新视角出发审视我国大学的发展、创新、创业教育和创业文化,并在创业型大学建设模式构建、区域创新体系建设和大学创业文化建设方面进行国际比较研究,吸收国外高校的发展经验,对我国建设创业型大学提出对策建议。

郑旭辉博士的《三螺旋创新视角下创业型大学形成机理与转型策略研究》。该著作以三螺旋创新理论为基础,借鉴克拉克等其他学者的研究结果,揭示创业型大学的实质与内涵,阐述创业型大学的教学、科研与服务社会的功能,并探讨三螺旋创新理论视角下创业型大学的模式与类型;通过分析创业型大学形成的主要影响因素,构建创业型大学形成机理的理论模型,并以此为分析框架,对比我国重点研究型大学与国外典型创业型大学的差距,探讨我国的大学向创业型大学转型存在的问题与障碍;进而以宏观——政府行为与职能变迁层面、中观——大学经营管理转型层面、微观——教师参与意愿提升层面为切入点,探讨我国大学向创业型大学转型的策略。

张海滨博士的《大学治理对大学创业影响研究》。该著作根据组织控制理论的分析框架,从内部治理和外部治理两个层面,构建大学治理影响大学创业的机理模型。定量实证分析大学内部治理对大学创业的影响,探索开发了大学内部治理结构的测量模型,通过调查问卷,运用结构方程模型在对不同办学层次和办学规模的大学内部治理结构进行差异性分析的基础上,定量分析了大学内部治理结构对大学创业的影响;运用多元线性回归分析,研究大学领导班子结构特征对大学创业的影响。通过对斯坦福大学和沃里克大学的双案例研究,从组织整合、资源承诺和决策控制的维度,实证检验了大学外部治理对大学创业的影响作用。基于大学治理优化的大学创业提升的对策研究,以大学治理现代化来促进大学创业。

刘有升博士的《基于三螺旋理论的高校创业型人才培养机制研究》。该著作从三螺旋理论的视角,对麻省理工学院、沃里克大学、福州大学等三所国内外典型高校开展探索性案例研究;通过数理统计和结构方程建模结合的方法,实证分析政府、产业、高校在创业型人才培养中的参与度及其三者之间的协同度对创业型人才培养绩效的影响及作用机制。实证研究探讨了政产学参与度与创业型人才培养绩效的相关关系;引入政产学协同度作为调节变量,分析了其对"政产学参与度—创业型人才培养绩效"关系的调控性影响;探索了教师产学合作能力、学生创业实践能力在政产学参与度与创业型人才培养绩效关系中的中介作用。在此基础上,提出了三螺旋理论视角下完善创业型人才培养机制的对策,包括强化政府的引导机制、改进产业的引擎机制、优化高校的引领机制、健全政产学的协同机制。

这套丛书从创业型大学的发展建设、形成机理、治理机制、人才培养等维度,展现了国家自然科学基金项目"三重螺旋创新模型视角下创业型大学的演化规律及其运行机制研究"的研究成果。出版这套丛书,主要是为了促进创业型大学研究领域的学术交流,希望与学术界的同人一起共同努力,推动对创业型大学的研究,为充分发挥现代大学的功能、促进区域经济发展和国家自主创新能力的提升尽绵薄之力。

是为序。

陈笃彬

2018 年 1 月 18 日

于泉州四读阁

目　录

第一章

绪 论

1.1 研究背景

1.1.1 现实背景

1.1.1.1 政产学研合作培养创业型人才成为全球性趋势

(1)世界各国日益重视培养以创业型人才为核心的新一代大学生。创业是国家经济长期发展的推动力,创业型人才培养对国家的发展堪称重要(Isyaku,2014)。当前,全球经济疲软、工作岗位稀缺、就业前景茫然,大力发展创业型经济是关键举措①,从某个角度来说这赋予大学生前所未有的创业良机。大学生创业是解决失业和待就业的可行办法,在政府、产业、高校,让大家都了解创业的普惠性、可行性和可及性,进而激励更多大学生创业,不仅可复活全球经济,还能从根本上增进初创企业的比例及基础作用②。

在美国,包括大学生在内的年轻人通过创业显示乐观精神。据 2011 年的一项调查表明,23%的年轻人失业后立即投身创业,15%的大学生读大学时就开始创业,资深创业者拥有企业的概率是其他美国人的 2 倍以上;创业思维不

---

① 张项民.创业型人才理念的新变化[N].光明日报,2010-03-19.
② Gerber S.2012:The Year Of The Entrepreneur? [N]Time,2012-01-03.

再由企业家专享,适应性、创造力、金融知识等是每个人的核心技能组成部分,而美国也在这方面加强对大学生培养①。在英国,初创企业比比皆是,大学生创业被认为是预防企业破产的最佳保障。曾获杜克约克大学创业奖(Duke of York Award for University Entrepreneurship)的 Pearce 认为,Periscope、WhatsApp、Instagram 等初创企业显示出大学生创业的发展规律。国家创业教育中心的 Burnley 表示,培养创业型人才对各学校或机构都很重要。埃克塞特大学(University of Exeter)早在 8 年前就更加关注创业技能教育,倡导"思考·尝试·做"的理念,缩小创业教育和真实创业之间的差距,这其实也是对高校被社会呼吁鼓励和孵化创业型人才的正面而积极回应②。在以色列,尽管只有约 700 万人口,但由于政府的重视和配套的齐全,它拥有世界上人均最大的创业人口,创业已渗透到大学生的学习生活中,创业型人才培养声势浩大③。在中国,2012 年教育部要求高校开展创业教育,党的十八大强调"加大创新创业人才培养支持力度"。创业型经济呼唤创业型人才,创业型人才的培养将成为推动我国经济发展方式转变的重要力量④。2014—2017 年实施的我国新一轮"大学生创业引领计划"更是明确提出引领 80 万大学生创业的目标,将大学生培养为创业型人才的趋势愈加明朗。

(2)政产学研合作被证明是推动大学生创业的重要途径。美国硅谷形成了改变世界的商业模式。2013 年,人口不到 300 万的硅谷地区就新增了 1 万多家企业。这得益于邻近高校和科研机构,与斯坦福大学、加州大学伯克利分校等有机融合,有关创业元素在区域内形成了密集的社会网络。2010 年硅谷指数将硅谷的核心竞争力概括为:全球链接能力(技术、资本和人才三个要素)、吸引人才能力、持续技术进步与创新、州政府和联邦政府作用。美国波士顿 128 公路的兴衰史表明,该产业带得到政府尤其是联邦政府及麻省理工学院(Massachusetts Institute of Technology,MIT)、哈佛大学等名校支持,便走向繁荣;而沿线的产学研间互相脱节,加之新英格兰保守的传统文化和社会关系模式带来的深重影响,便步入衰退深渊。纽约市政府、康奈尔大学(Cornell University)、以色列理工学院(Israel Institute of Technology)、高通公司等联合建设耗资 20 亿美元的康奈尔科技(Cornell Tech),极大地推动了纽约

① Gerber S.How Entrepreneurship Can Fix Young America[N].Time,2012-03-05.

② Frary M.Plenty of start-ups,but where's the growth? [N]The Times,2015-10-09.

③ Vidra E.Inspire and invest in our innovators[N].The Times,2012-06-12.

④ 张项民.创业型人才理念的新变化[N].光明日报,2010-03-19.

发展和学生创业,正如斯坦福大学(Stanford University)对硅谷、MIT 对波士顿 128 公路的作用一样[①]。

被称为硅谷第二、创业国度的以色列,塑造出技术创业的风格。政府主导投资环境,形成活跃的科技创业生态系统,政府高层支持创业、助年轻人梦想成真、Chutzpah 精神(坚持不懈、挑战权威、不拘礼节、冒险精神)、引进创业型人才等节点有序链接,与魏茨曼学院、耶路撒冷希伯来大学、以色列理工学院等名校合作,不少人靠 YOZMA Program 的风投和 Office of Chief Scientist (OCS)的资金创业,建立了 8000 多家科技企业,人均科技企业密度全球最高;人均创业资本高达 237 美元,居全球之首。英国位居 2014 年全球创业指数(Global Entrepreneurship Index)欧洲榜首,拥有创始人、天使投资、风险资本、导师等创业需要的全部组件,具备人才、资金、思想等创业成功的三位一体要素,伦敦初创生态系统不断完善、密度不断增加。

我国的中关村呈现出改变中国的创业新业态。依托与北京大学、清华大学及中国科学院等高校及科研院所的互动,聚集了以联想、百度为代表的 2 万余家高新技术企业,孵化器成新生力量。产业联盟是产学研协作的重要载体,中关村集聚了人才、技术、资金、创业创新服务机构等资源,日益成为创业创新活动的活跃地带,每年新创企业达 1.3 万家,2013 年的 GDP 占北京市的 20%,经济增长贡献率超过 25%,创业活力不断强劲(辜胜阻和李睿,2015)。

习近平指出,要"围绕产业链部署创新链,消除科技创新中的'孤岛现象'"[②],为此应避免大学生创业资源分散的问题。如同美国 2011 年的调查结果显示,88% 大学生表示创业教育在新形势下更重要,然而 74% 大学生在高校里没有创业资源,当创业资源具备时,他们却普遍认为自身还不符合创业条件[③]。为什么硅谷、波士顿 128 公路、以色列、英国、中关村等的大学生创业如此盛行?可以说其中的一个本质原因就是高校与产业的完美联姻以及政府的适度介入,增进了创业网络的密度、创业文化的浓度,进而增进了创业机会。因此,政产学研合作是培养富有创业实践精神的大学生的有效渠道[④]。

---

① 　Gustin S.Cornell NYC Tech:Here's Why a Qualcomm Billionaire Gave ＄133 Million[N].Time,2013-04-23.

② 　杨承训."第一动力"论的重大意义[N].人民日报,2015-05-27.

③ 　Gerber S.How Entrepreneurship Can Fix Young America[N].Time,2012-03-05.

④ 　Frary M.Plenty of start-ups,but where's the growth? [N]The Times,2015-10-09.

1.1.1.2 提高大学生创业能力是我国高等教育改革的一个核心任务

(1)提高大学生创业能力是创新型国家建设背景下高等教育改革的应有之义。《国家创新指数报告 2014》显示,在世界 40 个主要国家中,我国创新指数排名居第 19 位,创新基础仍较薄弱,提升创新能力还需持续努力[①],亟须推进创新型国家建设。2012 年,党的十八大提出要"进入创新型国家行列"和"实施创新驱动发展战略"。2013 年,党的十八届三中全会明确"加快建设创新型国家"走向。2015 年,党的十八届五中全会强调深入实施创新驱动发展战略并以创新领衔"十三五"规划的五大理念[②]。习近平指出:"创新驱动实质上是人才驱动……创新是引领发展的第一动力。"中华民族向来不乏创造性,然而近几百年却遭遇"李约瑟难题"和"钱学森之问",在创新型国家建设背景下提高大学生创业能力的必要性不言自明。创新型国家建设的核心是自主创新能力的提高和技术创新体系的建设。创新意识的提高,要求和促进大学生创业能力的增强,对大学生创业的需求呼声愈加高涨。在我国,政产学之间的合作发展步伐不断加快,在一定程度上促进了大学生创业,但遗憾的是,目前这一合作更多的是面向横纵向科研项目而非人才培养。

(2)提高大学生创业能力是以创业促进就业战略下高等教育改革的必然要求。在国内就业形势趋紧的背景下,毕业生就业愈来愈成为政府操心、学校费心、家长闹心、学生烦心的工程,年年严峻之局面未根本扭转,因此必须深化教育改革,推进素质教育,创新教育方法。党的十八大要求"促进创业带动就业"和"提升劳动者就业创业能力"。习近平提出要发展"中国特色、世界水平的现代教育",而提高人才培养质量正是现代教育的核心[③]。习近平指出,"青年学生是创新创业的有生力量","全社会都要重视和支持青年创新创业,提供更有利的条件,搭建更广阔的舞台"[④]。《国务院关于大力推进大众创业万众创新若干政策措施的意见》(国发〔2015〕32 号)将推进大众创业、万众创新视为发展的动力之源、富民之道、公平之计和强国之策。"十三五"规划指出,要"完善创业扶持政策,鼓励以创业带就业,建立面向人人的创业

---

① 赵永新,房文雨.中国创新能力稳步提高[N].人民日报,2015-07-09.
② 刘延东.深入实施创新驱动发展战略[N].人民日报,2015-11-11.
③ 瞿振元.发展具有中国特色世界水平的现代教育[N].人民日报,2014-09-10.
④ 习近平祝贺 2013 年全球创业周中国站开幕[N].人民日报,2013-11-09.

服务平台"。

　　近年来,我国高校毕业生创业率一直在1‰左右徘徊,创业成功率仅约10‰[1]。在75所教育部直属高校《2014年毕业生就业质量年度报告》中,约23所直接或间接地公布了毕业生创业率(表1-1),平均为0.74‰,近3/4高校不到1‰。麦可思研究院《2015年中国大学毕业生就业报告》显示,2014届大学生毕业半年后的自主创业率仅2.9‰[2],全世界大学生的平均创业成功率是20‰(赖德胜和李长安,2009);美国大学生创业率为20‰~23‰[3],创业成功率高达30‰[4],加强我国大学生创业的迫切性可见一斑。

表1-1　教育部部分直属高校2014届毕业生创业率一览表(‰)

高　校	创业率	高　校	创业率	高　校	创业率
北京林业大学	0.40	华中科技大学	1.12	西南财经大学	0.40
长安大学	1.57	华中师范大学	0.23	厦门大学	0.48
东华大学	3.05	吉林大学	1.13	浙江大学	0.24
东南大学	0.93	南京大学	0.33	中国人民大学	1.35
复旦大学	0.36	南开大学	0.22	中国政法大学	0.32
合肥工业大学	0.14	清华大学	0.82	中南财经政法大学	0.09
湖南大学	0.49	四川大学	2.24	中南大学	0.40
华南理工大学	0.18	同济大学	0.53	/	

　　注:创业率=(应届毕业生创业人数/应届毕业生人数)×‰
　　资料来源:本研究根据各高校《2014年毕业生就业质量年度报告》整理

　　(3)提高大学生创业能力是新形势下我国创业教育发展的内涵所在。我国高校创业教育起步较晚,肇始于20世纪末21世纪初,近年来备受关注,其发展历程呈现出明显的阶段性特征(见表1-2)。

---

[1]　白天亮,刘亚.大学生创业,你最缺什么[N].人民日报,2014-07-25.

[2]　麦可思研究院.自主创业持续上升"重心下沉"趋势初显[N].光明日报,2015-07-17.

[3]　赵树璠.为什么美国大学生创业率高[N].光明日报,2014-08-07.

[4]　刘义杰.休学创业不能只是勇敢者的游戏[N].中国教育报,2015-08-12.

表 1-2　我国高校创业教育的发展简表

阶段	年份	事件
初步探索	1998	教育部《面向 21 世纪教育振兴行动计划》要求加强师生创业教育
		清华大学举办第一届创业计划大赛
	1999	清华大学承办首届"挑战杯"中国大学生创业计划竞赛
		北京航空航天大学成立北京首家面向师生、企业化运行的孵化器
	2001	复旦大学设专项研究生创新基金;多高校设创业教育课程、协会
	2002	北京航空航天大学成立全国首家创业管理培训学院
		教育部确定清华大学等 9 所高校试点创业教育
快速发展	2003	教育部在北京航空航天大学举办第一期创业教育骨干教师培训
	2008	教育部批准 30 个创业教育类国家人才培养模式实验区建设项目
	2010	教育部成立高等学校创业教育指导委员会;颁发《关于大力推进高等学校创新创业教育和大学生自主创业工作的意见》,要求创新创业教育面向全体学生,融入人才培养全过程
	2011	形成"政府促进创业、市场驱动创业、学校助推创业、社会扶持创业、个人自主创业"局面①
蓬勃发展	2012	教育部《普通本科学校创业教育教学基本要求(试行)》规定在普通高校开展创业教育
		党的十八大要求"加大创新创业人才培养支持力度"。此后,大学生自主创业、大众创业和万众创新的政策频出,互联网＋、创客(Maker)、众创空间、创业计划大赛此起彼伏
	2014	"'挑战杯'大学生创业计划大赛"更名为"'创青春'中国大学生创业大赛"
		《人力资源社会保障部等九部门关于实施大学生创业引领计划的通知》决定 2014—2017 年实施新一轮"大学生创业引领计划",预期引领 80 万学生创业
	2015	《国务院办公厅关于深化高等学校创新创业教育改革的实施意见》(国办发〔2015〕36 号)提出,2020 年学生的创新精神、创业意识和创新创业能力要明显增强,投身创业实践的学生应显著增加
		2015 年 3 月以来,国务院及有关部委出台多份文件,围绕以下重点部署深化创新创业:推进大众创业、万众创新;开展"互联网＋"创新创业行动;加快发展众创空间;深化高校创新创业教育改革

资料来源:本研究自行整理,截至 2015 年

---

① 姜泓冰.中国大学生自主创业工作经验交流会暨全球创业周峰会开幕[N].人民日报,2011-03-30.

传统教育偏重知识灌输、不够全面,而现代教育改革尚缺乏系统性。21世纪的青年,除接受传统意义上的学术教育和职业教育外,还应拥有第三张教育通行证——创新创业教育(杨贤金,2015)。《国家中长期人才发展规划纲要(2010—2020年)》表示,要"加大海外高层次创新创业人才引进力度"。党的十八大强调要"加大创新创业人才培养支持力度",这是党和政府首次提出加强创新创业人才培养,既是思维方式的跳跃,也是创业教育和人才培养模式的质变,昭示着对创新创业人才资源的强烈渴求及培养决心(刘有升和陈笃彬,2015)。我国近十几年创业教育的发展趋势也折射出,提高大学生创业能力并引领更多学生投入创业实践,强化创业型人才培养,是新常态下创业教育发展的根本目的和价值体现(刘军,2015)。

1.1.1.3 提高大学生创业能力成为创业型大学建设的关键

自中世纪以来,大学历经两次"学术革命",出现两次转型:19世纪初的洪堡改革引发第一次学术革命,大学除培养人才外新增"研究"职能,开始由教学型向研究型转变;20世纪80年代以来的第二次学术革命,使"创业"成为大学新的学术任务,催生创业型大学(见表1-3)。联合国教科文组织在1998年《21世纪的高等教育》报告中指出,有远见的高等教育体制和机构应建立最好称之为"进取性大学"(proactive university)的新型大学。创业型大学的产生并非空穴来风,在新经济的挑战和压力下,大学行为产生一些实质性改变。正如Etzkowitz指出的,政府时常以政策鼓励高校;高校从知识中收获资金的兴趣不断高涨,在精神层面上更接近于公司;公司对知识的兴趣总是与经济应用紧密相连。Slaughter表示,创业型大学以公司的运作方式展示市场化行为。在Clark看来,创业型大学的建设需要整合的创业文化,需要强化产学研合作等。创建创业型大学,成为高等教育发展的一个新趋势(杨贤金,2015)。创业型大学是一般水平大学走向高水平大学的路径之一,其本质是学术创业,是创业者的孵化器,注重学术创业精神的培育,通过发展模式和组织模式变革,开创出一体化创业文化,在服务社会过程中提升自身学术水平,学生从进校起就能感受到创业文化并融入其中[①]。

---

① 练玉春.创业型大学是创业者的孵化器[N].光明日报,2014-04-03.

表 1-3　大学的转型

	大学产生	第一次学术革命	第二次学术革命
开始时间	中世纪	19 世纪初	20 世纪 80 年代
功能	人才培养	人才培养、科学研究	人才培养、科学研究、知识创业
大学形式	教学型	研究型	创业型

资料来源：本研究整理

　　放眼全球，一些高校在创业型大学建设上颇有建树。如美国斯坦福大学教学与科研并举，重视社会和学生的多维诉求，既获取高额回报，又提高社会影响和学生创业能力，师生创办出 HP（惠普）、Sun（太阳微系统）、Cisco（思科）、Yahoo（雅虎）、SGI（硅图）等全球名企，创造了硅谷神话。斯坦福大学对硅谷发展的牵引作用不但在于直接提供研发成果、人才，还包括培训人才、以衍生企业为硅谷创造近 50% 的销售收入。又如，新加坡南洋理工大学鼓励师生投身产业项目，课程既前沿也满足产业需求，过去 5 年中平均每年接到 330 份创业等方面的暂时休学（最长达 3 年）申请，通过全资子公司 NTUitive 支持师生创业和创新成果商业化，截至 2015 年 3 月学校共创办 44 家企业，师生分别创办 13、31 家[①]。再如，MIT 与 128 公路的发展历程表明，高校社会服务职能不仅体现在研究成果的应用转化上，也必须在构建地区创业文化体系过程中发挥深层次作用。这些案例说明，创业型大学的一个发展理念就是紧紧围绕地区经济和科技的发展，高校的转型主要体现为对社会发展的关注，包括培养有助于社会发展的创业型人才，因此产学研合作与大学生创业两者能够融合。

　　我国目前有一些高校明确提出建设创业型大学，如福州大学、浙江农林大学、山东商业职业技术学院等；还有个别省份进行创业型大学建设试点改革，如浙江省 2011 年就确定了 7 所高校开展首批试点。推进创业型大学建设是深化教育综合改革的重要路径之一，这里特别突出"创业"二字要义，大学生作为知识主体，可以说以前是知识型创业，而现在应逐步向学术型创业转变，提高大学生创业能力成为创业型大学建设的关键，也赋予人才培养这一高校根本任务新的内涵。创业型大学建设中学生创业能力的提高路径有很多，政产学研合作是关键的一条。2010 年《国家中长期教育改革和发展规划纲要（2010—2020 年）》要求"支持学生参与科学研究，强化实践教学环节"和"创立

---

　　① 姜天海.新加坡南洋理工大学校长：大学，在创新中求变[N].中国科学报,2015-10-08.

高校与科研院所、行业、企业联合培养人才的新机制"。党的十八届三中全会号召"建立产学研协同创新机制,强化企业在技术创新中的主体地位"。《国务院办公厅关于深化高等学校创新创业教育改革的实施意见》(国办发〔2015〕36号)提出要形成协同育人新机制。教育部 2016 年工作要点指出要优化高校人才培养机制,引导高校进一步完善实践教学体系,建设一批与行业企业共建的协同育人开放共享实践基地。这些既阐明了产学研合作增进大学生创业能力的重要性,又指明了创业型大学建设的实施方向,但我们也要清醒地看到,目前产学研合作培养人才的成效尚未充分激发,量和质均有待提高。

可以说,加强创业型人才培养是国家建设和发展的需要,原先的人才培养模式需要转型,特别是政产学三者互动较少、创业教育定位存在偏差、教师匮乏创业实战经验、课程体系不够完善、政府与产业拉动作用有限等几个方面的问题亟待改进。加强创业型人才培养的基础性、战略性、重要性及迫切性不喻自明。在创业型人才培养的实践中,以下两个问题亟待从理论上进行合理的解释:

(1)不同国家和地区在创业型人才培养上产生差异的根本原因。具体来说,就是为什么一些国家和地区能培养出量多质优的创业型人才,而另一些国家和地区却高投入低产出?为什么一些国家或地区的政产学在创业型人才培养上能齐心协力,而另一些国家或地区三者却缺乏互动融合?政产学三者到底对创业型人才培养有何作用?如何作用?

(2)政府、产业、高校关注和支持创业型人才培养的行动逻辑。也就是为什么一些政府能制定有效激励产业的政策并推动创业型人才培养,而一些政府虽有制定政策,但无论是数量上还是效果上都乏善可陈?为什么一些国家或地区的产业关注和支持创业型人才培养,而另一些国家或地区的产业则缺乏实质性支持行动?为什么一些高校在培养创业型人才上如鱼得水,而一些高校却举步维艰?

1.1.2 理论背景

学者们对创业型人才培养如何持续发展进行了不懈的探讨。高校创业教育自 20 世纪 40 年代起便已开始,在 90 年代经过联合国教科文组织的倡导,该议题广受学者关注。正当人们不懈思索创业型人才培养如何持续推动之际,创业型人才培养理论(Drucker、Katz、雷家骕等)、人力资本理论(Schultz、Becker、Mincer)、社会资本理论(Bourdieu、Coleman、Putnam)、建构主义理论(Sternberg、David、Vygotsky)等提供了不少的有益启发。美国的 Etzkowitz,

荷兰的 Leydesdorff 以及我国的方卫华、周春彦、陈笃彬等学者推动了政产学三螺旋模式这一国家和区域创新理论中新的研究范式。他们的研究说明,在国家和区域创新及全球日趋白热化的竞争背景下,创业型人才培养必须走出高校"象牙塔",迈上政产学合作的"大舞台",政产学合作是创业型人才培养持续发展的动力之源。

随着研究的深入,特别是近十几年来,创业型人才培养在教育学、管理学和社会学等领域颇受重视。不少核心期刊上涌现出大量文献,内容涵盖生态系统(Dunn,2005;Larso et al.,2012;Bhat & Khan,2014)、与创业型大学的关联(Clark,1998;Etzkowitz,2002)、政府政策(Williamson,1987;Lundstrom & Stevenson,2005;Chmielecki & Seliga,2015)、产业支持(Chatman et al.,2008;Neck & Greene,2011)、高校投入(Katz,2003;Hammer & Han,2013)、教师能力(Friedman & Silberman,2001;Kundu & Sunita,2010;Ruskovaara et al.,2015)、学生能力(Charney & Libecap,2000;Voss et al.,2007;Johansen,2013)等。基于政产学合作对创业型人才培养持续发展具有根本性作用,它将可能成为全球创新背景下新的研究增长点。但是,创业型人才培养仍然属于较年轻的研究范畴,已有的理论探讨和经验分析尚不够完善,对一些问题仍然缺乏解释力。这表现在如下两方面:

(1)已有研究通过定性和定量分析,总体阐述了创业型人才培养的全球性趋势,并对政产学与创业型人才培养的关系开展了很多的经验分析,取得了不少研究成果。遗憾的是,已有研究以定性居多,从管理学层面上探讨创业型人才培养的较为缺乏,对各变量间相互作用的机制和路径研究不多。例如,一些学者在定量分析后发现,政府政策(Acs & Szerb,2007;Reynolds,2012)、产业支持(Santoro,2000;Audretsch et al.,2014)、高校投入(Pittaway & Cope,2007;Hammer & Han,2013)均对创业型人才培养绩效有促进作用,但大体都简单地认为这是一种直接作用(Reynolds,2012;Martin et al.,2013)。从已有研究来看,缺乏探讨政产学协同对创业型人才培养绩效的作用机制,以及在不同情境下两者关系将呈现的新情况。

(2)已有运用三螺旋理论探讨创业型人才培养的主流学者几乎都来自美日欧等发达国家(Etzkowitz,2000,2015;Leydesdorff,2008;Sun & Negishi,2010;Kondo,2012),分析采集的样本总体上局限于这些国家,对这些国家的创业及人才培养实际进行了理论与经验研究,获得的结论是否能适用于其他国家尚待考证。以发展中国家政府、产业、高校为样本的理论分析及经验研究备受期待,针对我国政产学实际开展创业型人才培养的研究就更为迫切了。

综合上述分析,现有研究中缺乏从三螺旋理论分析框架体系化地研究政产学互动影响创业型人才培养绩效的机制。尽管一些学者已从政府重视、产业支持、高校投入等角度探寻创业型人才培养的生成原理,但尚未将三者作为一个有机整体来分析。与此同时,在中国情境下,基于政产学协同视角分析创业型人才培养尤为重要和迫切,各界都希冀能获得符合我国人才培养实际的研究成果。可见,深入对创业型人才培养进行理论和实证研究均迫在眉睫。

1.2 问题的提出

在当前的中国乃至全球,创业型经济正成为新的经济范式。如何有效发挥政府、产业、高校对于创业型人才体系构建的协同推进作用,既是一个价值重大的理论命题,也是一个意义深远的实践问题。

从现实背景上看,随着中国政府将大众创业、万众创新作为经济与社会发展的新动力,急需大批创业型人才,政产学协同日益成为创业型人才培养的关键。在创业型大学中,人才的培养需要内外支撑,需要构建创业教育的生态系统,政产学之间的合作为持续推出创业型人才提供了可行的途径。基于这种现实背景,研究高校应如何通过政府和产业的支持来构筑创业型人才培养的持续上升通道,就具有非常重要的现实意义。

从理论背景上看,政产学参与和创业型人才培养绩效是否有关系、有什么关系等问题在学术界尚无定论。众多学者认为政产学参与同创业型人才培养绩效呈正相关(Charney & Libecap,2000;Wang & Ang,2004;Pittaway & Cope,2007;王秀梅,2009;Kundu & Sunita,2010;叶明海等,2011;Al-mobaireek & Manolova,2012;Reynolds,2012;Altmann & Ebersberger,2013;Hammer & Han,2013;Johansen,2013;高树昱,2013;苟燕楠和董静,2014;Bjorvatn et al.,2015;Chmielecki & Seliga,2015;Fulgence,2015),有些学者主张不相关(Zinger,2001;Varma et al.,2005;Pillis & Reardon,2007),有一些学者认为显现出弱相关(Finnie et al.,2003;Mayer-Haug et al.,2013;Volery et al.,2013;Bhosale & Bhola,2014),还有一些学者认为负相关(Griffiths et al.,2009;Abubakar et al.,2013;李静薇,2013;Lima et al.,2014;Moberg,2014;杨敏利等,2014)。这些分歧的产生,有着多方面的原因:一是采集的样本不同,有的来自美日欧发达国家,有的来自其他发展中国家,这将

导致数据处理及分析结果的差异。二是使用的方法不同,如有的是问卷方法,有的是计量方法,有的是案例研究方法等。三是研究的视角不同,有的更重视政府的作用,有的更重视产业的作用,还有的则更重视高校的作用等。这些分歧的实证研究样本总体源于发达国家,这就亟须基于中国情境深入探讨两者之间的关系。同时,政产学如何推进创业型人才培养、两者之间的关系有什么影响因素等问题,都有待深入研究。

可见,结合创业型人才的特殊性和中国经济发展进入新常态的趋势,有必要在整合以往相关理论的基础上,构建一个更具时代性和可操作性的新的理论框架。为此,笔者提出了基本的研究问题:政产学参与协同下创业型人才培养机制是怎么样的?并将这个基本问题分解为影响效应研究、影响机理研究、对策研究等三个具体的子问题。

子问题1:影响效应研究,包括政府参与度、产业参与度、高校参与度三个自变量对创业型人才培养绩效这一因变量是否有显著的正向影响。

具体来说,就是探讨创业型人才培养有什么样的影响效应?这需要考量政府参与度、产业参与度、高校参与度三个自变量对创业型人才培养绩效这一因变量是否存在显著的正向影响关系?这是本研究的关键点之一。

子问题2:影响机理研究,包括教师产学合作能力、学生创业实践能力这两个变量的中介机制研究和政产学协同度这一变量的调控机制研究,前者解析关系实现的途径,后者透视关系强弱的动态性。

政府参与度、产业参与度、高校参与度对创业型人才培养绩效影响的程度,是否会受到教师、学生能力的中介作用?政产学协同度有什么样的调节作用?在充分的理论分析之后,进行探索性案例研究是开展中介机制研究的一大策略。本研究首先对来自欧美及我国的三所典型高校开展探索性案例研究,便于后续理论分析和实证检验。基于本研究实际,本书分别选择了教师产学合作能力、学生创业实践能力作为中介变量,政产学协同度作为调节变量,分析它们对政府参与度、产业参与度、高校参与度与创业型人才培养绩效影响关系的中介(调节)作用,力求解释"政产学参与度—创业型人才培养绩效"关系在不同情境下呈现出的相关情况。这是本研究的又一关键点。

子问题3:对策研究,即可以采取哪些对策完善创业型人才培养机制,促进创业型人才培养。

在前两个子问题取得相关的正面回应后,自然就过渡到本子问题,也就是假如政府、产业、高校的重视和参与对创业型人才培养绩效的提高确实具有重要促进作用,那么应该采取哪些对策完善创业型人才培养机制,进一步推动创业型人才培养？该子问题的研究，不但是政府、产业、高校针对机制完善对策提出的一个关键点，而且是本书所探讨的基本问题的一个组成部分。本研究拟从政府的引导机制、产业的引擎机制、高校的引领机制、政产学的协同机制等维度进行对策探讨。

1.3 相关概念界定

1.3.1 高校创业型人才

《国家中长期人才发展规划纲要（2010—2020 年）》提出，人才是以专业知识或技能进行创造性劳动并对社会做贡献的人。综合 Drucker(1985)、Refaat (2009)、刘有升和陈笃彬(2015)等学者的研究，本书基于品德、能力和意识三个层面，认为高校创业型人才是在素质教育思想指导下，在突出、强化创业教育过程中培养起来的现代高素质人才，具有崇高社会责任感和良好职业操守，具备突出的创新意识、创业意愿、创业能力，团队精神、诚信意识和实践能力较强。为行文方便，以下高校创业型人才简称创业型人才(Entrepreneurial Talent)。

1.3.2 创业型人才培养绩效

根据 Schultz(1960)、Fayolle et al.(2006)、Fulgence(2015)等学者的探讨，本研究认为创业型人才培养绩效是社会各界对创业型人才培养工作的成果期许和价值判断，主要体现在创业型人才培养的效能、效率及满意度等方面。

1.3.3 三螺旋

概括 Etzkowitz(1996,2008)、Etzkowitz & Leydesdorff(2000)、Beard et al.(2007)等学者的研究，本书认为三螺旋是一种创新模式，政府、产业、高校三个创新主体既保持自身的独立身份，又承担其他两个主体的职能；既两两互动、密切合作、相互作用，又三者联动，激荡起一股新的创新流，从而产生持续的螺旋上升力量。

1.3.4 政产学参与度

根据 Hardy et al.(2003)等学者们的研究，本书将政产学参与度界定为：政府、产业、高校三方在创业型人才培养这一系统工程中所投入的时间和精力，以及各自所创造促进创业型人才培养的资源、服务和保障。这一复合概念从主体上可细分为政府参与度、产业参与度和高校参与度；从构成上包括内容（广度）、层次（深度）和影响力（力度）。产业参与度实质上表现为企业的参与程度，但考虑到在三螺旋理论中，"产"一般是指产业，为了与以往研究保持概念上的延续性，所以使用产业参与度。在本书的实证研究中，产业参与度通过企业参与创业型人才培养的程度来间接测量。

1.3.5 政产学协同度

综合 Liñán(2008)、Wiklund & Shepherd(2008)、Xavier et al.(2014)等学者的有关论述，本书中的政产学协同度指创业型人才培养中各方面资源的供给能力，在创业型人才培养演化中政产学三方彼此和谐一致的程度，它决定了创业型人才培养复合系统由无序走向有序的趋势及程度，具体涵盖实际和虚拟两个构面。

1.4 研究目标、重点难点、研究意义

1.4.1 研究目标

以创业型大学生的形成和发展为分析对象，以构建基于"政府—产业—高校"协同互动的创业型人才培养体系为研究核心，有机统筹教育学、管理学、经济学、社会学等学科知识，借鉴三螺旋理论，将创业型人才培养置于政产学协同互动的大框架，解析政产学参与度对创业型人才培养绩效的影响及作用机

制,提出完善创业型人才培养机制的对策,为我国推进创业型人才培养提供一定依据和借鉴。

1.4.2 重点难点

本研究的重点主要有两个:一是三螺旋理论的剖析和新的运用。传统的三螺旋理论侧重于研究政产学合作,在新的发展形势下亟待拓展,但如何将三螺旋理论运用于创业型人才培养机制的研究,是一个较新的理论视角,涉及的内容具有多维度、系统性的特征。二是提出符合中国国情的对策建议。即如何提出符合中国国情的对策建议,进一步推进创业型人才培养,涉及的对策内容包括高等教育、科技创新和产业发展等。

本书的难点在于两个方面:一方面是关键变量的界定和测量,主要包括对创业型人才、创业型人才培养绩效、政产学的参与度、协同度等考量;另一方面是分析模型的构建,即如何构建符合中国情境的理论模型。

1.4.3 研究意义

1.4.3.1 理论意义

(1)拓展三螺旋理论应用。目前学者们主要将三螺旋理论用于研究区域创新体系,本研究在少数学者将其应用于人才培养的基础上,进一步拓展该理论应用领域,将其移植于创业型人才培养。学者们在早期探讨三螺旋理论,主要以高校为单位进行评价,强调高校使命的转变,分析高校与政产研的合作;在中期则主要以教师、产业和研究所为单位进行评价,强调资源流动,分析产学研合作。本研究立足于全新但易被忽视的视角,即以教师和学生为单位评价,强调人员和信息流动,发挥政产学合作人才培养中教师和学生的主体作用。

(2)增进人才培养研究深度。传统的人才培养研究一是主要考虑教与学等环节,基本局限于高校的小系统,在教育学的学科领域内分析教与学各具体节点,受限于小视野内考虑人才培养工作;二是赋予高校的任务太多太重,而对政府和产业的作用重视和考虑不够。本研究一方面从更广阔的学科领域出发,将管理学、教育学、社会学等多学科相关知识有机统筹;另一方面以三螺旋理论为基础,从政、产、学三个层面思考创业型人才培养工作,挖掘其培养机制,进而在创业型人才培养中积聚政产学合力,促进效益最大化。

1.4.3.2 实际意义

(1)为党和政府制定高校人才培养政策提供依据。当前,党和政府在高校人才培养上不可谓不重视,但成效仍需加强。本研究以三螺旋理论为统领,分析国内外典型高校创业型人才培养的实践经验;以结构方程模型和多元回归分析方法挖掘基于三螺旋理论创业型人才培养机制;提出完善创业型人才培养机制的对策建议,研究成果能为党和政府制定高校人才培养政策提供依据。

(2)为高校推进创业型人才培养提供思路。人才培养是高校的天职,但这一工作涉及方方面面的利益相关者,是个复杂的系统工程,不可能仅囿于高校圈子内。深挖创业型人才培养机制,有利于高校厘清人才培养的利益相关者及其相关关系,主动争取各方资源支撑,使学生在相应环节中得以锻炼提高,推进创业型人才培养,进而增进高校竞争实力。

(3)为产业融入创业型人才培养增进动力。产业在创业型人才培养中既应力所能及地参与,也能从这一实践中受益,互助互惠。创业型人才培养能推进产业人员培训和素质提升,促进科研成果转化和服务水平提高。探讨创业型人才培养机制,理顺产业在其中的地位、职能及可能产生的收益,进而增进这些利益相关者的主观能动性及驱动力。

1.5 研究路线、研究方法与章节结构

1.5.1 研究路线

本研究总体按照"阐述关系—解析机制—提出对策"的逻辑思路,在理论梳理基础上构建政产学参与度与创业型人才培养绩效关系的分析框架,重点探讨政产学参与度对创业型人才培养绩效的影响及作用机制,并有针对性地提出基于三螺旋理论完善创业型人才培养机制的对策。

根据研究目标,本书提出如图 1-1 所示的技术路线图,主要可概括为四步。第一步,依照研究问题和文献综述,紧扣政府、产业、高校等单位的访谈及探索性案例研究实际,构建政产学参与度对创业型人才培养绩效的影响及作

用机制、完善创业型人才培养机制的对策等分析架构。第二步,遵循分析架构中包括的研究内容,展开问卷设计与调查。第三步,在问卷调查采集数据的基础上,采取恰当的分析方法,陆续论证提出的问题,并提出相应对策。第四步,展开研究总结,正视研究中存在的问题及后续探讨的着重点。

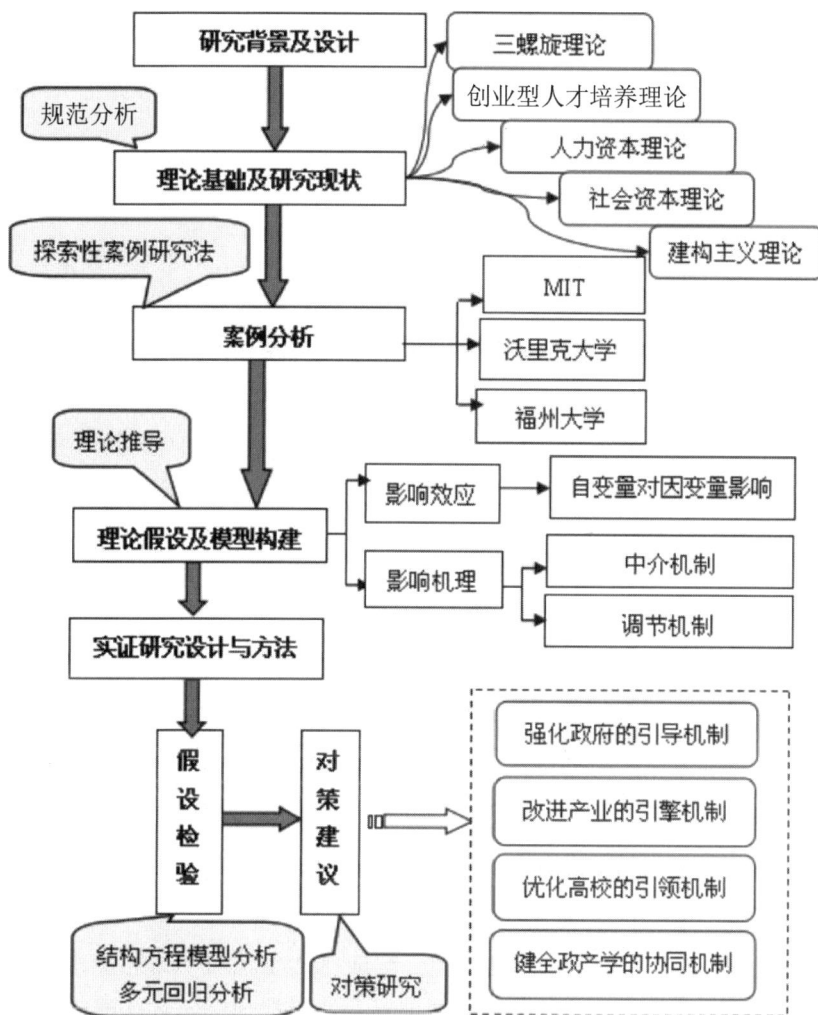

图 1-1　研究的技术路线图

1.5.2 研究方法

本书研究前述三个问题的方法是规范分析与实证研究相结合。前者侧重探讨应该怎样和是否应该，为研究中问题的提出、认识和阐述打下理论根基；后者侧重解析是什么和能不能，为问题的深度剖析、验证和解决创设实际根据。本研究的思维逻辑是：规范分析→访谈研究→探索性案例研究→构建模型和提出假设→问卷调查→实证分析。

1.5.2.1 规范分析

要想对基于三螺旋理论的创业型人才培养机制有初步认识，就须系统回顾有关文献，理清研究主线和动态，挖掘已有研究缺陷，提出这一主要问题的分析框架。为此，笔者广泛使用图书馆、互联网资源，对与本研究相关的国内外数据库动态检索，包括国外 Web of Science（https://apps.webofknowledge.com/）、Ei Village（http://www.engineeringvillage.com/）、Social Science Research Network（http://www.ssrn.com/）、Directory of Open Access Journals（http://www.doaj.org/）、Emerald Insight（http://www.emeraldinsight.com/），以及国内中国知网（cnki）远程包库、万方数据库跨库检索、维普信息资源系统、国家哲学社会科学学术期刊数据库（http://www.nssd.org/）等。笔者还侧重关注与本研究领域关联度较高的核心期刊，包括国外 Triple Helix、International Entrepreneurship & Management Journal、Journal of Small Business & Enterprise Development、Journal of Entrepreneurship Education、Entrepreneurship Theory & Practice、Research Policy、Journal of Small Business Management、Higher Education，以及国内《教育研究》《高等教育研究》《教育学报》《管理世界》《科研管理》《科学学研究》《中国高教研究》《中国高等教育》《教育发展研究》《高等工程教育研究》等，这些为本研究如期推进打下牢固根基。在较系统地梳理三螺旋理论、创业型人才培养理论、人力资本理论、社会资本理论、建构主义理论以及北美洲、欧洲、大洋洲、亚洲地区创业型人才培养做法等相关文献基础上，搭建本研究理论基石。

1.5.2.2 探索性案例研究

本研究采用探索性案例研究揭示政产学参与度对创业型人才培养作用机制的特点和规律，有三个方面的原因。其一，基于三螺旋理论的创业型人才培养机制这一研究对象,是要解析"怎么样"和"为什么"的问题,这也是探索性案例研究的适用范畴。其二,探索性案例研究能立足客观记录创业型人才培养实践及其背景的基础,从原始数据中提炼有关概念并分析相关关系,有助于解答"怎么样"和"为什么"的问题。尽管已有文献从政府、产业、高校等主体重视的有关视角探讨创业型人才培养的路径问题,但鉴于缺乏以政产学参与度对创业型人才培养绩效影响机制为对象的研究,而且已有创业型人才培养的相关研究结果也表明创业型人才与一般性人才的培养存在较大区别,因此政产学参与和协同下创业型人才培养机制尚属于探索性研究的范畴,需遵循探索性研究范式。其三,关于创业型人才培养机制的已有文献无法充分解析政产学参与度影响创业型人才培养机制问题,需要根据实践总结归纳并提炼出初步模型,此时采用探索性案例研究能将案例故事转化成理论。尽管政产学参与和协同与创业型人才培养均非新鲜事物,已有文献中也已涉及两者协同理论的探索,但尚未出现从政产学参与和协同角度探索创业型人才培养机制的研究,使得本研究主题的理论基础仍存在一定空缺,因此探索性案例研究在本书中具有较强的适用性。

本书总结麻省理工、沃里克大学、福州大学等高校不同做法,力求梳理这些国内外典型经验对我国开展创业型人才培养的启迪作用。在探索性案例研究基础上,笔者拟定了研究设计初步方案,同时通过与导师、同学及其他学者深入探讨,最终确定了本研究的分析框架。

1.5.2.3　实证分析

根据研究特点,本书实证分析包括结构方程模型方法和多元回归分析方法,在中介作用研究中用结构方程模型方法;在调节作用研究中考虑到数据特殊性和参考其他学者做法,用多元回归分析方法。这些是基于现场访谈和问卷调查基础。

(1)现场访谈。通过导师主持课题的参与经验以及笔者主持课题的实践经历,在国家自然科学基金项目以及福建省社科联、福建省科技厅、福建省教育厅、福州市团市委等课题资助下,2014 年 7 月至 9 月期间,笔者先后对 13个政府、产业、高校单位调研(见表 1-4),力求探寻创业型人才培养机制,尤其政产学参与度对创业型人才培养绩效影响机制,访谈对象都是中高层管理人员或专家,所有访谈均为半结构化方式(访谈提纲参见附录 2),每次访谈时间大概为 1.5 小时,涵盖政府参与、产业参与、高校参与、创业型人才培养绩效等方面的内容。为避免访谈信息丢失或错乱,笔者在访谈当天即整理好访谈记录。

表 1-4　现场访谈的政府、产业、高校单位一览表

序号	被访单位			被访对象		访谈时间
	性质	名　称	所在地	人数	职务/职称	
1	政府	福建省人社厅	福建福州	2	处长	2014.07
2	政府	福建省发改委	福建福州	1	副处长	2014.07
3	政府	福建省教育厅	福建福州	1	副处长	2014.07
4	政府	福州市团市委	福建福州	1	副书记	2014.07
5	产业	福建星网锐捷通讯股份有限公司	福建福州	1	运营经理	2014.07
6	产业	浙江东南网架股份有限公司	浙江杭州	1	副总工程师	2014.08
7	产业	北京字节跳动科技有限公司	北京	1	经理	2014.08
8	产业	阳光城集团股份有限公司	福建福州	1	总经理	2014.08
9	高校	北京大学	北京	1	博士、教授	2014.08
10	高校	天津大学	天津	1	教授、处长	2014.09
11	高校	上海财经大学	上海	1	博士、教授	2014.09
12	高校	厦门大学	福建厦门	1	博导、教授	2014.09
13	高校	福州大学	福建福州	2	博导、教授	2014.09

（2）问卷调查。2014 年 10 月至 12 月，立足文献研究、实地调研和理论分析的基础，笔者设计出问卷的测量题项，采取 Likert 5 分量表的形式，大部分题项借鉴既有研究成果，部分题项依实地调研设计。形成问卷初稿后，笔者对在政府、产业、高校单位中任职中层以上岗位、较了解问卷题项的朋友进行调查并获取修改意见及建议；同时向对该领域有相关研究的专家、学者和博士生征询修改意见。

在问卷初稿初步完善的基础上，笔者于 2015 年 1 月对福州和厦门的政府、产业、高校单位试调查，根据试测的数据分析结果，删除个别信度系数较低的题项，对问卷题项进一步完善。在问卷终稿完成后，笔者于 2015 年 2 月至 5 月，通过 Email 发放、现场发放、委托政产学朋友发放等方式，合计发出问卷1 475 份，收回 951 份，剔除 455 份无效问卷后得到实际有效问卷 496 份，有效问卷回收率为 33.6%。

（3）结构方程模型方法和多元回归分析方法。立足上述问卷设计、数据搜集基础，本研究运用 AMOS21.0 软件，以结构方程模型方法检验政府参与度、产业参与度、高校参与度与创业型人才培养绩效关系，以及教师产学合作能力、学生创业实践能力的中介效应的理论假设。同时，运用 SPSS21.0 软件，以多元回归方法检验政产学协同度在"政产学参与度—创业型人才培养绩效"关系中调节作用的理论假设。

1.5.3 章节结构

按照图 1-1 的研究技术路线，本书的逻辑思路与章节分布如图 1-2 所示，全文共包括八个章节。

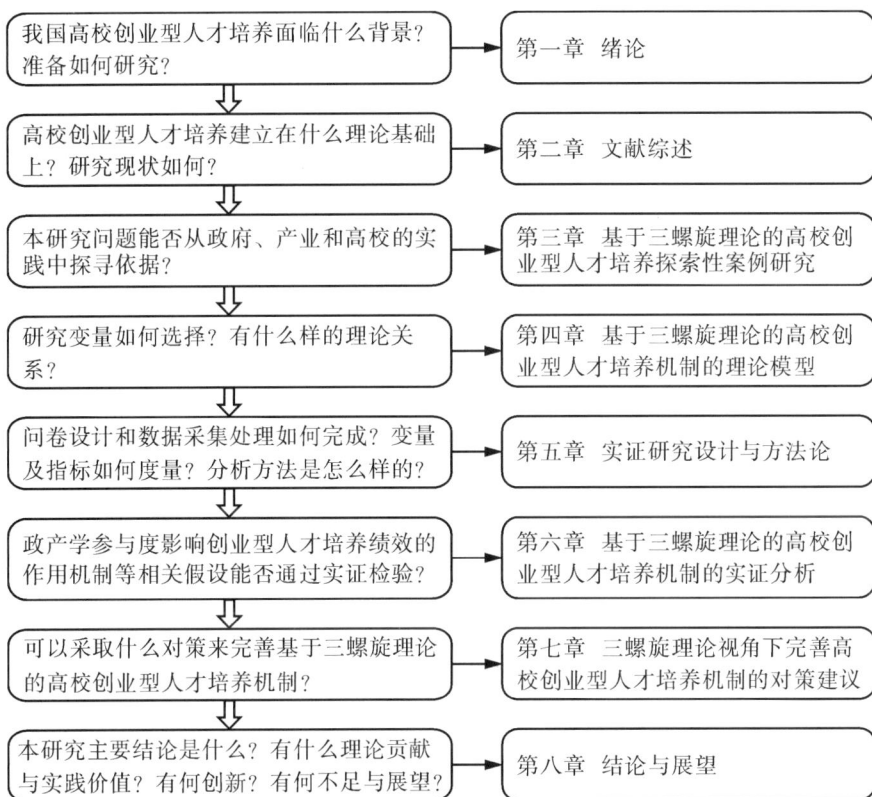

我国高校创业型人才培养面临什么背景？准备如何研究？	→	第一章 绪论
高校创业型人才培养建立在什么理论基础上？研究现状如何？	→	第二章 文献综述
本研究问题能否从政府、产业和高校的实践中探寻依据？	→	第三章 基于三螺旋理论的高校创业型人才培养探索性案例研究
研究变量如何选择？有什么样的理论关系？	→	第四章 基于三螺旋理论的高校创业型人才培养机制的理论模型
问卷设计和数据采集处理如何完成？变量及指标如何度量？分析方法是怎么样的？	→	第五章 实证研究设计与方法论
政产学参与度影响创业型人才培养绩效的作用机制等相关假设能否通过实证检验？	→	第六章 基于三螺旋理论的高校创业型人才培养机制的实证分析
可以采取什么对策来完善基于三螺旋理论的高校创业型人才培养机制？	→	第七章 三螺旋理论视角下完善高校创业型人才培养机制的对策建议
本研究主要结论是什么？有什么理论贡献与实践价值？有何创新？有何不足与展望？	→	第八章 结论与展望

图 1-2 本研究的逻辑思路与章节分布

第二章

文献综述

本章将以规范分析的方法,梳理高校创业型人才培养的相关理论,主要包括三螺旋理论、高校创业型人才培养、三螺旋理论与高校创业型人才培养的关系、人力资本理论、社会资本理论、建构主义理论等,并在此基础上构建本书的研究框架。

2.1 三螺旋理论研究回顾

2.1.1 三螺旋理论的发展趋势及分析框架

1996 年,Etzkowitz 和 Leydesdorff 提出三螺旋理论(Triple Helix Theory),为学者进行创新方面的研究提供了新的理论视角。三螺旋理论成为学术界的研究热点,发展趋势及分析框架不断明朗。

2.1.1.1 三螺旋理论的发展趋势

三螺旋理论是兴起于学术界的创新理论流派,其奠基人 Etzkowitz 被誉为"三螺旋之父"。中国知网检索发现,国内学者自 1999 年引入三螺旋理论(当年共 3 篇),到 2006 年周春彦《三螺旋:大学、产业、政府三元一体的创新模式》一书的翻译出版,该理论在国内渐成热点。

三螺旋创新是全球发展的趋势,更是发展中国家提升综合竞争力的基本转型策略。知识是科学研究的基础,以组织和机构范围之间合作为基本特征的创新日益成为时代新趋势,三螺旋理论在创新领域越来越受到学术界的高度重视,一些学者甚至认为在知识经济中还可能存在四螺旋、五螺旋,甚至是N重螺旋等多螺旋结构(Leydesdorff,2012)。三螺旋理论以其自身先进性,日益受所有希望通过创新谋发展的国家或地区的政府、产业、高校三方重视(方卫华,2003;马永斌和王孙禺,2008),但也饱受争议(Lundvall et al.,2002)。

1996 年至 2015 年间,共召开了 13 届三螺旋大会(见表2-1)。这些大会的主题丰富,但聚焦于创新、政产学关系、创业型大学、经济与社会发展等,集中体现了国内外学术界对三螺旋理论的关注点及其走向,也在一定程度上折射出三螺旋理论的发展趋势。总体来说,大会基本在欧美等发达国家举行;关注的主题不断凸显三螺旋理论自身的完善,以及对政治、经济、社会、科技、教育发展的指导作用。

表 2-1　历届三螺旋大会概览

届	时间	地点	主　题
1	1996.01	荷兰 阿姆斯特丹	政产学三螺旋关系研究(A Triple Helix of University-Industry-Government Relations)
2	1998.01	美国 纽约	政产学关系研究的未来定位(The Future Location of Research)
3	2000.08	巴西 里约热内卢	无限的转变:社会、经济和科技的发展(The Endless Transition)
4	2002.11	丹麦哥本哈根、 瑞典德隆	突破界限,构建桥梁(Breaking Boundaries and Building Bridges)
5	2005.05	意大利 都灵	基于认知、经济、社会及文化的知识资本化(The Capitalization of Knowledge:cognitive,economic,social & cultural aspects)
6	2007.05	新加坡	新兴的创业型大学模式:区域多样化还是全球趋同(Emerging Models for the Entrepreneurial University:Regional Diversities or Global Convergence)
7	2009.06	英国 格拉斯哥	三螺旋在国际创新、竞争和可持续发展议程中的作用(The role of Triple Helix in the Global Agenda of Innovation,Competitiveness and Sustainability)
8	2010.10	西班牙 马德里	三螺旋在城市知识创造、社区发展和区域联系的作用(Triple Helix in the Development of Cities of Knowledge,Expanding Communities and Connecting Regions)

续表

届	时间	地点	主　题
9	2011.07	美国 斯坦福大学	硅谷:全球模式还是独树一帜(Silicon Valley:Global Model or Unique Anomaly)
10	2012.08	印度尼西亚 万隆	发展中国家的三螺旋模式:从概念化到执行(Emerging Triple Helix Models for Developing Countries:From Conceptualization to Implementation)
11	2013.07	英国 伦敦	全球变革背景下的三螺旋:持续、突变或大势所趋(The Triple Helix in a context of global change:Continuing, mutating or unravelling)
12	2014.09	俄罗斯 托木斯克	高校—产业—政府互动的全球经验(Discussing the Global Experience of the University-Industry-Government Interaction)
13	2015.08	中国 北京	学术—产业—政府三螺旋模型——服务于正在崛起的发展中国家(Academic-Industry-Government Triple Helix Model for Fast-Developing Countries)

资料来源:本研究根据 http://www.triplehelixconference.org/整理

2.1.1.2 三螺旋理论的分析架构

三螺旋理论着重探讨学术界(以高校为代表)、产业、政府部门等创新主体,如何将各自的功能最大化,借助市场需求纽带,围绕知识生产与转化主题,形成政产学三方相互影响、紧密联系而又螺旋上升的三重螺旋关系。三螺旋理论的分析架构如表 2-2 所示:

表 2-2　三螺旋理论的分析架构

定义	三螺旋是一种创新模式,指政产学三方在创新过程中密切合作、相互作用,同时每一方都保持自己的独立身份
要旨	主体中每一方都能承担其他方的一些功能,同时又保持独立性,促使三者间互动,三条螺旋线均获得比以往更强的能力,产生源源不断的创新流,最终共同发展
观点	政产学三者的互相作用是改善创新的关键,当它们"都起其他机构范围的作用",同时保持自己独特身份时,每个机构的功能都被放大了
原则	高校在社会中应起更大作用;在共同的社会创新结构中,高校日益成为领导性机构
途径	(1)在与创新最相关的机构范围间,通过传统作用进行合作。向三螺旋方向转变往往建立在过去已存在的政府—产业和高校—产业双螺旋关系基础上 (2)每个三螺旋参与者除完成传统任务外,都起其他机构范围作用。通过三螺旋互相作用被确认的知识产业化正成为经济与社会发展战略的基础

续表

主要学者	Etzkowitz(1996,2005,2008);Clark(1998);Etzkowitz & Leydesdorff(2000);Fujigaki & Leydesdorff(2000);Leydesdorff(2003);Beard et al.(2007);Leydesdorff & Sun(2009);Han & Leydesdorff(2010);Sun & Negishi(2010);Kim et al.(2011);Kwon et al.(2012);Shapiro(2012)

资料来源:本研究整理

三螺旋模型包括政府、产业、高校三个轴心,这里的高校有时候还包括诸如学术、研究、知识生产等机构;产业主要指企业;政府包括联邦、州、县等组织范畴(Etzkowitz,1996)。在三螺旋创新过程中,尽管政府有时候在项目审批和资源供给方面起主导作用,但高校往往扮演领导性作用(Etzkowitz,2008),这区别于国家创新体系和新自由主义的进化经济体系(它们将企业作为创新核心,认为创新被企业引入最终市场)。诸如市场和政治力量、组织控制、社会运动、技术转移、政治体制等机构或范围的内外部是个复杂的动力和次动力系统(Etzkowitz & Leydesdorff,2000),它们以非线性、互动、交叉、持续变革、无穷尽的再造重组等为主要特征,并源源不断地产生创新流。随着组织内部及组织间技术转移、孵化和风险资本等媒介作用的介入,辅助线性模式日渐普遍,它能把新的动力源注入区域与国家经济中。三螺旋中的机构参与者除履行传统的责任义务外,还要起其他参与者的作用。三个机构范围的互动合作保证了持续创新和发展过程。根据 Schumpeter 的创新理论,知识资本化意味着无穷尽的创造性重构,形成一个促进可持续发展的创新中心,而三螺旋扮演着自我推动和强化该创新范式的作用。如果研究成果与商业化出现断层,即高校研究者缺乏将科研成果向市场转化的能力,就会出现所谓的"死亡之谷"(Beard et al.,2007)。

三螺旋理论有三个基本要素:在以知识为基础的社会中,高校在创新中的角色更突出且与政府及产业不相上下;创新政策是政产学三方相互作用的结果,而非仅源于政府一方;各方既完成自身传统功能又承担其余两方角色(Etzkowitz,2009)(见图 2-1)。

创新活动需要政产学三方共同参与和协同,三螺旋正是互相作用创新系统运行的核心,存在两种运动形式。一是水平方向循环:在宏观层面上,政产学三螺旋间相互进行人员、信息、输出等方面的循环,由此形成合作政策、项目、网络平台等混成机制;在微观层面上,三螺旋各主体的内部也发生人员、信息、输出等循环,并可向外输出各自成果,以此促成三螺旋模型的有序运行(见图 2-2)。二是竖直方向循环:政产学三种力量交叉影响,政府形成行政链、产业形成生产链、高校形成科技链,各链之间充分互动,在螺旋内部产生联系、网络和组织

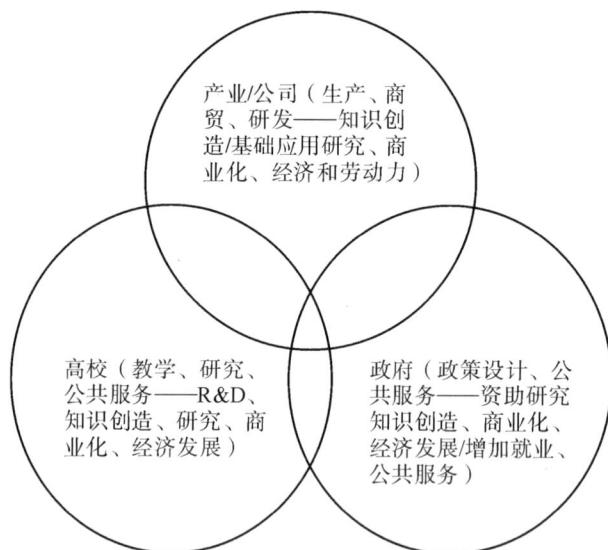

图 2-1 三螺旋模型

资料来源：Etzkowitz(2009)

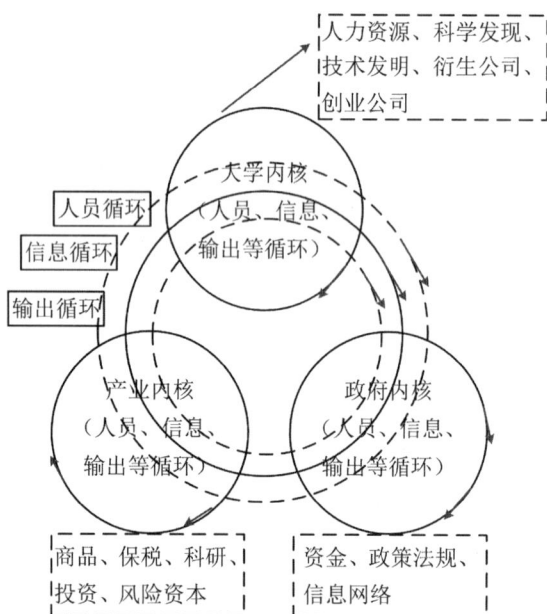

图 2-2 三螺旋水平方向循环

资料来源：周春彦和 Etzkowitz(2008)

的重叠,最终形成三螺旋新关系;三螺旋理论的目的就是将这三者合为一体。在三螺旋中,人员、信息和产品等方面的循环可形成一个动态系统,促进创新及知识创造(周春彦和 Etzkowitz,2008)。

知识经济的背景下,高校知识生产能力和对外作用更为彰显,三螺旋具备了产生的先决条件(周春彦,2006)。Etzkowitz(2008)认为,知识空间、共识空间和创新空间共同构成了系统演化的三个主要阶段。知识空间致力于营造区域创新环境,提供孵化高技术企业的资源,集中相应的研发活动和其他运作,让不同参与者共同推动区域创新体系建设,促进社会经济发展。共识空间领导与政府和产业的合作,是各种体制部门间通过综合互动形成的共识和战略。创新空间是创造的新组织形式,是为实现以上阶段所达成的目标而采取的种种努力,吸引公共和私人风险投资是其主要核心。三螺旋的核心价值在于将不同组织机构与组织价值的政产学在区域创新系统上统一起来,形成行政、商业和知识的三力合一,从而为经济与社会发展提供坚实基础。

2.1.2 三螺旋理论的实证研究

20 余年来,国内外学者广泛地将三螺旋理论运用于实证研究,形成了很多代表性成果,呈现出以下特点:

2.1.2.1 研究方法上,案例研究及实证分析法备受推崇

一是案例研究方法。学者们在三螺旋理论的研究中,非常重视案例,代表性的如麻省理工和 128 公路以及斯坦福大学和硅谷(Etzkowitz,1996)、沃里克和特文特等 5 所大学(Clark,1998)、大唐移动通信公司等的 TD-SCDMA(孙耀吾等,2009)、中国科学院(柳岸,2011)、日本的 RIKEN(Kondo,2012)、剑桥郡和牛津郡(Smith et al.,2013)、新竹科学园区(高运胜等,2013)、澳大利亚莫纳什大学(陈笃彬和李坤皇,2014)、美国阿什兰地区(Etzkowitz,2015)、美英中等国(Etzkowitz & Etzkowitz,2015)。

二是实证分析方法。很多学者通过三螺旋算法开展研究(Leydesdorff,2003;Leydesdorff & Sun,2009;Sun & Negishi,2010;Han & Leydesdorff,2010;Kwon et al.,2012;许侃和聂鸣,2013)。此外,量表分析(Shapiro,2012;Balomenou et al.,2014)、纵向研究(Leydesdorff,2013;Hume,2014)、广义最小二乘估计量(FGLS)(Kim et al.,2012)、多元回归分析(饶凯等,2012;王鹏和张剑波,2013)、DEA-Tobit 两步法(庄涛等,2015)、复合系统协调度模型

（康健和胡祖光,2014）、结构方程模型（汤易兵,2007）、随机前沿分析（SFA）
（李小丽和余翔,2014）、系统动力学（孙耀吾等,2009）、主成分分析（张海滨和
陈笃彬,2012）等也得到使用和推广。

2.1.2.2 研究内容上,三螺旋动态发展、区域创新和技术转移是主导

具体来说,广大学者对三螺旋动态发展给予了高度关注（Leydesdorff,
2003;Leydesdorff & Sun,2009;Sun & Negishi,2010;Han & Leydesdorff,
2010;Kwon et al.,2012;Shapiro,2012;许侃和聂鸣,2013;Leydesdorff,2013;
Smith et al.,2013;高运胜等,2013;Hume,2014）。不少学者将三螺旋理论用
于研究区域创新（汤易兵,2007;张海滨和陈笃彬,2012;王鹏和张剑波,2013;
康健和胡祖光,2014;Balomenou et al.,2014;Etzkowitz & Etzkowitz,2015）。
一些学者借鉴三螺旋理论探讨技术转移（孙耀吾等,2009;柳岸,2011;Kondo,
2012;饶凯等,2012;李小丽和余翔,2014）。除此之外,学者们还对其他问题进
行讨论,如区域创业（Etzkowitz,1996;Kim et al.,2012;Etzkowitz,2015）、创
业型大学（Clark,1998;陈笃彬和李坤皇,2014）、创新效率（庄涛等,2015）、人
才培养（Hume,2014）等。值得一提的是,学者们应用三螺旋理论研究创业型
大学的流派主要有两种。一种是 Clark 研究范式,关注"内涵",更多地研究人
才培养、组织转型（见图 2-3）;另一种是 Etzkowitz 研究范式,聚焦"外延",认
为创业型大学通过产出社会资本、智力资本和人力资本,加大其在经济发展中

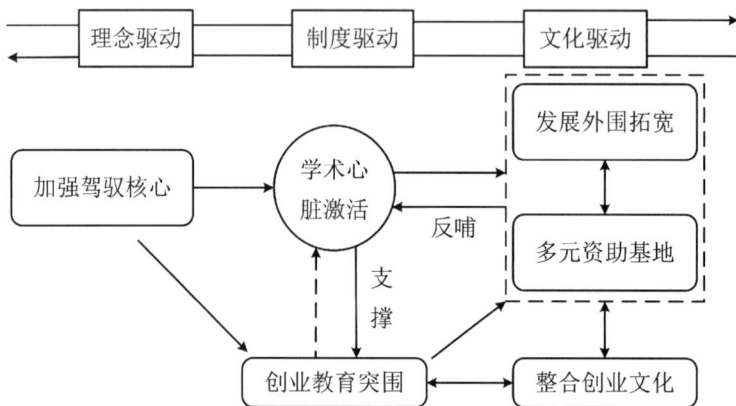

图 2-3 地方院校向创业型大学转型路径模型

资料来源:Clark(1998)

的基础性作用,国内学者的研究大多属于这种(彭绪梅,2008;吴伟等,2011)。

2.1.2.3 研究结论上,三螺旋发展的不平衡性、动态性及高校的引领性渐成共识

国内外学者通过实证研究等方式提出和发展了三螺旋理论,取得了很多有价值的结论(见表2-3),归纳起来主要有:

第一,发展的明显不平衡。各国的三螺旋发展很不平衡(Leydesdorff,2003)。美国的产业拉动作用非常突出(Hume,2014);日本的国内官产学合作少、国外多(Sun & Negishi,2010);韩国的政府研究机构是政产学协作的最大推动者,科技和产业网络效应仍需激发(Han & Leydesdorff,2010;Shapiro,2012);中国目前的政产学三方协同较弱,产业贡献较低,仍为政府主导(汤易兵,2007;许侃和聂鸣,2013)。

第二,发展的日益动态性。各国三螺旋普遍存在两层次三领域动态关系(Leydesdorff,2013),但具体表现形式各异。一方面,发达国家的三螺旋动态性较突出。英国三螺旋各阶段在科技驱动下纵向发展(Smith et al.,2013);韩国的三螺旋受政府政策影响大(Kwon et al.,2012);日本的三螺旋正衰退并向四螺旋模型迈进(Leydesdorff & Sun,2009;Kondo,2012)。另一方面,发展中国家的三螺旋尚处于蓄势待发阶段。如中国的三螺旋强度不断提高,作用不断凸显(王鹏和张剑波,2013;李小丽和余翔,2014),科技投入和产业化的作用不断彰显(孙耀吾等,2009;饶凯等,2012)。

第三,高校的显著引领性。高校尤其是创业型大学的发展强烈地推动着区域创业(Etzkowitz,1996;Clark,1998;陈笃彬和李坤皇,2014),高校的创业教育对区域创业有着显著促进作用,这点在美国的高创业地区表现得相当突出(Kim et al.,2012)。创业教育、知识溢出与区域创新构成三角模型,如希腊和匈牙利,形成了很好的发展合力(Balomenou et al.,2014;庄涛等,2015)。

表 2-3　三螺旋理论实证研究的代表性成果

学者	方法	样本	期间	数据来源	主要结论
Etzkowitz (1996)	案例研究	MIT 和 128 公路、斯坦福大学和硅谷	N.A	N.A	提出三螺旋理论;高校助区域创业
Clark (1998)	案例研究	沃里克、特文特等 5 所大学	1980—1995	访谈录音及其他文献	创业型大学转型的五条基本路径
Leydesdorff (2003)	三螺旋算法	1 239 848 篇论文	1993—2001	SCI;美国专利商标局	三螺旋在各国发展不平衡

续表

学者	方法	样本	期间	数据来源	主要结论
汤易兵 (2007)	结构方程模型	浙江省 R&D 体系	1991—	浙江省科技统计年鉴等	区域间创新存差异,目前政府主导
Leydesdorff & Sun(2009)	三螺旋算法	日本学者的 1 277 030 篇论文	1981— 2004	SCI、SSCI、 A&HCI	日本三螺旋衰退,提出四螺旋模型
孙耀吾等 (2009)	系统动力学、案例研究	大唐移动 通信公司等 TD-SCDMA	1999— 2007	国家知识产权局	R&D、技术标准和产业化的三螺旋促进技术标准化
Han & Leydesdorff (2010)	三螺旋算法	韩国学者论文数	1970— 2010	SCI、SSCI、 A&HCI	韩国忽视科技和产业网络效应
Sun & Negishi (2010)	三螺旋算法	日本学者的 1 277 823 篇论文	1998— 2011	SCI、SSCI、 A&HCI	日本国内官产学合作少,国外多
Kim et al. (2011)	广义最小二乘估计量	10 大块数据, 基于 250 次以年 为跨度的面板观察	2000— 2004	SBA、NSF、 Census、BLS	在高低创业地区,高校、税率政策分别影响创业
柳岸 (2011)	案例研究	中国科学院	N.A	N.A	我国三螺旋模型
Kwon et al. (2012)	三螺旋算法	韩国学者的 189 460 篇论文	1968— 2009	SCI	韩国国际合著关系随政策而变
Shapiro (2012)	量表分析	韩台 325 名项目或研究的主管	2005— 2006	问卷调查	政府研究机构是协作最大推动者
Kondo (2012)	案例研究	日本的 RIKEN	N.A	N.A	剥离法是日本技术转移最终形式
张海滨和 陈笃彬(2012)	主成分分析	津鲁苏沪浙闽粤 7 省市	2009	《高等学校科技统计资料汇编》	建立高校支撑区域创新评价体系
饶凯等 (2012)	多元回归分析	27 个省市区 8 年 215 个省级面数据	2003— 2010	政府科技投入促高技术转移
Smith et al. (2013)	案例研究	剑桥郡和牛津郡创业纵向数据	1985— 2011	英国国家统计局	三螺旋各阶段纵向发展,科技驱动
Leydesdorff (2013)	纵向研究	三螺旋模型 在各国的运用	1995— 2012	三螺旋模型发展历史	三螺旋两层次三领域动态关系
王鹏和张剑波 (2013)	多元回归分析	京津辽吉沪苏浙闽 鲁鄂粤渝川 13 个 省市面板数据	2001— 2010	《中国科技统计年鉴》	官学、官研和产学合作显著正向影响产出
许侃和聂鸣 (2013)	三螺旋算法	中韩各 336 124、 130 256 篇论文	2001— 2006	SCIE 等	中国产业贡献低,三方协同弱

续表

学者	方法	样本	期间	数据来源	主要结论
高运胜等 （2013）	案例 研究	新竹科学园区	2001— 2010	《2012年台湾 产业技术 白皮书》等	台湾的三螺旋互动 机制
Hume （2014）	纵向 研究	德国（普鲁士）、 美国的经济发展史	近 150年	普鲁士史、 莫里尔法案	美以土地、投资及 知识产权推动
Balomenou et al. （2014）	量表 分析	希腊、匈牙利的 高校及研究机构	近 20年	UNESCO 2001、2003、 2005年报告	创业教育、知识溢 出与区域创新成三 角模型
陈笃彬和 李坤皇（2014）	案例 研究	澳大利亚 莫纳什大学	N.A	N.A	澳大利亚创业型大 学的发展
康健和胡祖光 （2014）	复合 系统 协调度	中国2个地级市	2005— 2011	N.A	两个并行区域协同 创新三螺旋
李小丽和余翔 （2014）	随机前 沿分析 （SFA）	29所教育部属 高校TTO的 145个面板数据	2005— 2010	《高等学校 科技统计资 料汇编》等	三螺旋强度对 TTO技术转移效 率提高显著作用
Etzkowitz & Etzkowitz （2015）	案例 研究	美国、英国、中国等	N.A	N.A	各国应对经济衰退 办法各异
Etzkowitz （2015）	案例 研究	美国阿什兰地区	N.A	N.A	提供硅谷式的启发 模式
庄涛等 （2015）	DEA- Tobit 两步法	高技术产业 5大行业面板数据	1998— 2012	《中国高技 术产业统计 年鉴》等	企业技术、政产学 合作及高校参与度 显著正向影响效率

注：N.A是"Not Available"的缩写，表示本数据不可获取

资料来源：本书根据以往研究整理

2.1.3 三螺旋理论研究小结

自Etzkowitz、Leydesdorff等在20世纪90年代中期提出三螺旋理论以来，政府、产业、高校之间的互动与协同被普遍认为是推进区域技术转移、创新和经济增长的重要途径，三螺旋理论得到了理论界和实务界的青睐。根据研究需要，本节重点回顾学者对三螺旋理论发展趋势、分析框架等方面的理论探讨，以及多方面的实证运用。已有研究中，前期主要是国外的学者研究，早在

1996 年美国的 Etzkowitz 和荷兰的 Leydesdorff 就提出了三螺旋理论,受到 Clark(1998)、Lundvall et al.(2002)等学者热议;中期随着创业教育在全球的兴起及教育效应的扩散,国内外均有不少学者关注,如 Leydesdorff & Sun (2009)、Han & Leydesdorff(2010)、Sun & Negishi(2010)以及方卫华 (2003)、周春彦(2006)、汤易兵(2007)、马永斌和王孙禹(2008)、孙耀吾等 (2009)学者都进行相应探讨。近年来,随着国外学者研究成果的推广(如 Kim et al.,2011;Kondo,2012;Shapiro,2012;Kwon et al.,2012;Leydesdorff, 2013;Smith et al.,2013;Hume,2014;Balomenou et al.,2014;Etzkowitz, 2015)及国内对创业教育重视力度的加大,国内学者(如柳岸,2011;王鹏和张剑波,2013;许侃和聂鸣,2013;高运胜等,2013;康健和胡祖光,2014;李小丽和余翔,2014;陈笃彬和李坤皇,2014;张海滨和陈笃彬,2014;庄涛等,2015)的研究亦层出不穷。

学者们就其主题皆有相当精辟、深入的分析,以多元化的方法和丰富翔实的资料形成了代表性的理论成果,为本研究提供了较好的分析视角与研究框架,但也给本书留出了一个较有理论前景的探讨空间,表现在:

一是基于中国情境进行三螺旋研究的偏少,目前采集的主要是发达国家的样本,这虽然与三螺旋理论产生于国外有关,但也映射了以中国情境进行三螺旋研究的广阔空间和前景。

二是学者们主要探讨三螺旋动态发展,将三螺旋理论用于研究区域创新和技术转移,但分析范围仍限于以高校(早期研究)、教师(中后期研究)作为评价对象,强调高校使命的转变,关注高校与政产研的合作、知识转移与资源流动。

三是已有学者将其移植于人才培养,但数量上凤毛麟角,且对人才培养中的机制研究很少,即使偶有涉猎也仅仅是泛泛而谈,不够深入,尚未深入剖析政产学合作对创业型人才培养的影响。

四是方法上虽然较为多元化,但总体偏向于案例研究及三螺旋算法,已有学者设计了有关的指标体系,但对三螺旋在创业型人才培养中的机制研究深度、力度均显不足。

2.2 高校创业型人才培养研究回顾

2.2.1 创业型人才培养的理论探讨

高校创业教育于 20 世纪 40 年代起源于美国,但直到 90 年代随着新经济的兴起才快速发展。学者们对创业型人才培养的理论探讨主要有以下几个角度:

2.2.1.1 基于创业教育的研究

长期以来,学者们颇为关注创新、创业等领域的研究,基于创业教育视角的探讨增进了社会各界对创业型人才培养的基础性认知。联合国教科文组织 1989 年在"面向 21 世纪教育国际研讨会"上提出了"创业教育"概念,以培养具有首创和冒险精神、创业和独立工作能力的个体为目标;1998 年又在《21 世纪的高等教育:展望与行动世界宣言》中提出,"毕业生不再仅仅是求职者,首先将成为工作岗位的创造者","高等学校应将创业技能和创业精神作为基本目标,成为创业者的熔炉",将创业型人才培养推向新高潮。

梳理国外学者们的研究发现,有的从创业教育的可行性角度来解析,指出创业是可以学习的行为,创业教育是增加创业意图、企业存活率及成长率之来源(Drucker,1985)。Sarasvathy(2004)则从创业教育的必要性视域展开思考,表示天生创业者和非创业者均很少,更应关注介于两者之间的人,加强创业教育。学者们还对创业教育的内容进行了广泛的研究,Bridge et al.(2010)强调,创业教育要培养个体基本技能和知识,包括创业者自身、商业活动、创业环境和创业网络、管理企业等,使他们在择业或创业中都能做出独特的、具有创新和创造力的贡献。我国的一些学者也进行了类似探讨,如台湾学者陈瑜芬和赖铭娟(2007)指出,创业教育的核心是培养创业精神和创业观念,它是培养创业的机会发觉、认知、技能发展等系列课程或训练活动之总和。席升阳(2007)表示,创业教育源于以知识、个人和社会为本位的教育观,分别以"精神学范式""知识论结构""行为学要求"为内核、中介和目标,其价值在于指导创业型人才培养,它与传统教育以"传道、授业、解惑"为目标不同,本质是培养创业型人才。徐小洲和张敏(2012)认为,创业精神是创业教育的核心,创业技能是创业竞争力的基础,创业教育链是摆脱创业教育封闭状态的突破口,知识创业是实现创业转型的关键。虽然很多学者认同创业教育的可行性、必要性和重要性等,但亦有学者持不同观点,如 Zinger(2001)就认为,创业特质是天生的,创业教育和训练并不能协助创业者达成目标;而且通常创业者对自己的能力过度自信,主观上不愿也不想接受创业教育。

2.2.1.2 立足创业型人才培养内涵的研究

国内外学者对创业型人才培养内涵着墨不少。关于创业者和企业家,Drucker(1985)提出用 Entrepreneurship 表示创业教育、企业家精神和创业精神,企业家需要冒险以期望将来获得利润,界定创业者的依据不是等级与地位,而是创新、承担风险和主动进取的行为情况。创业型人才培养有三种不同的训练:关于创业的教育(创业意识等)、为了创业的教育(培养创建企业的人等)和创业中的教育(为已创业的人提供培训),实际上可概括为"5K"内容:know why(态度和动力);know how(能力和技术);know who(社会关系);know when(时机把握);know what(基础知识及信息)(Johannisson,1991)。Refaat(2009)则表示,创业教育的内容包括了解创业、培育创业品质、发展创业价值、掌握创新和创造技能、学会创业和道德的自我评估、加强人际关系网并增进谈判及交易技巧等。创业型人才的培养并非仅仅是提供实践技能,还要建立思维、终身学习;创业并非就是简单地拥有很多资金建企业,而是鼓励个体增进可迁移技能,将自我雇佣作为一种职业生涯选择(Chawawa & Raditloaneng,2015)。

近年来,随着我国对创业教育的重视,国内学者亦对创业型人才培养内涵进行了广泛研究。周方涛(2013)认为创业型人才是人才资源中最为活跃的群体。陈奎庆等(2014)指出创业型人才是用人单位的首选、更具备成为新型企业家的潜力。王雁和李晓强(2011)将创业型人才培养的目标概括为两个层面,直接目标是培养学生的创新精神、创业意愿、创业能力等;最终目标是促进知识资本化和产业化并带动经济社会发展。刘有升和陈笃彬(2015)界定创业型人才的概念,认为要深入发掘学生个体创新意识和创业潜能,促进个性释放、和谐发展,使他们不但拥有胜任岗位能力,而且具备创造岗位潜质,毕业后无论求职就业、自主创业或学习深造,身上蕴藏的这种潜质都能成为其成功的催化剂。

2.2.1.3 聚焦创业型人才培养困境的思考

学者们普遍认为我国的创业型人才培养刚起步,存在一些亟待解决的问题。一方面,从高校内部建设的视角来看,还停留于理念构建和形式过多阶段(张务农,2014;徐志强,2015),这体现在创业教育的学科地位边缘化、实践教学环节弱、学术研究待深化(雷家骕,2010[1];李伟铭等,2013);教师缺乏创业实践(严毛新,2015);受益面比较窄,学生创业积极性待提高(黄兆信等,2013),未能体现创业型人才培养目标(孙纬业,2010;孟新等,2015;徐志强,2015);创业文化还不够浓厚(严毛新,2015)。另一方面,从外部支持的角度来看,创业型人才培养涉及的政府、产业、高校等利益相关者中政府缺位明显,存在功利化倾向,政策约束力和资源投入不足;市场化不足,产业热情不高,配合和支持不够(刘有升和陈笃彬,2015;常青和韩喜平,2015;马永斌和柏喆,2015;刘军,2015)。

2.2.1.4　基于创业型人才培养路径的探索

广大学者主要从以下五个角度进行了探索:一是学习方式,包括经验学习、认知学习和实践学习(Hamilton,2011)。鉴于高校适应社会的真谛是"主动",高校的地位与作用是"赢得"的,创业型人才培养首先要搞清楚学生的主体地位及学习内容(闫广芬,2013)。二是对象选择,王占仁(2015)[2]认为创业型人才培养需要分层次、分阶段、分群体具体推进,即"通识型"(面向全体在校生)、"嵌入型"(面向各学科专业的学生)、"专业型"(面向不同专业有创业意向的学生)、"职业型"(面向选择创业的高校毕业生)。三是培育阶段,创业型人才培养的过程也是创业意向培育的过程,可采用创业意识培养、创业能力开发、创业准备、创业预孵化的四阶段模式(孙纬业,2010)。四是培养体系,创业型人才培养要在指导思想、创业课程体系、教学形式、"开放式"社会化创业教育网络、创业教育师资选拔和培训、多元化人才培养评价体系等几个维度上有所建树(陈骏,2015)[3]。与此同时,还要以"激励—实训—反馈"路径构建三位一体的创业课程体系(韩晨光等,2015);创建以特色专业为龙头的团队学习模式(李伟铭等,2013;陈奎庆等,2014),支持学生实践,培养学生创业行为、鼓励积极反思(Edwards & Muir,2005)。五是发展趋势,今后创业型人才培养将在价值取向、组织取向、运作机制和实施环节上出现变化(马小辉,2013);需要在经济、社会资本、文化和身份上实现四位一体的融合,甚至出现社会创业(social entrepreneurship)等新范式(李远煦,2015)。

---

① 雷家骕.中国高校需要怎样的创新创业教育[N].中国教育报,2010-01-13.
② 王占仁.高校创新创业教育要做好分类[N].光明日报,2015-07-14.
③ 陈骏."创业型大学"应成高校科技转型方向[N].中国科学报,2015-03-04.

2.2.2 创业型人才培养相关的案例研究

众多学者从案例的视域对创业型人才培养进行了研究,归纳起来主要包括:

2.2.2.1 基于国家的视角

学者们认为,美国、澳大利亚重视学科发展。正如考夫曼基金会主席 Schramm 指出的,人才的企业家精神是美国能在世界上保持政治、经济领导地位的核心竞争优势(Mars & Ginter,2012)。为此,美国政府高度重视创业学科的引擎作用,30 多年来创业学已成美国高校尤其是商学院和工程学院发展最快的学科领域,极大地推动了创业型人才培养(Pittaway & Cope,2007)。澳大利亚在创业型人才培养的课程体系化和师资专业化上也较为突出,2005年的 39 所高校中,就有 34 所开设了创业教育课程(其中 11 所开设了研究生创业教育课程),8 所设置了创业教育专业(Chan,2005)。又如,Lundstrom & Stevenson(2005)发现,芬兰、荷兰及英国注意做好顶层设计,均将创业型人才培养纳入国家长期教育发展规划方案,统筹考虑,使创业型人才培养有条不紊地开展;法国政府资助创业型人才培养。再比如,英国政府允许高校教授以顾问或部分主人的身份参与学生企业的运作(Clark,1998)。

2.2.2.2 聚焦高校的案例

关于高校在创业型人才培养方面的实践案例,Fredholm、Sijde、Baumol、Jones、张昊民、沈雁、刘有升等众多学者进行了卓有成效的探索(见表 2-4)。

表 2-4　部分高校在创业型人才培养方面的典型特点

国家	学校	特　　点	研究学者
美国	百森商学院	注重培育创业精神	张昊民和马君(2012)
	哈佛大学	倾向积累创业管理经验	
	斯坦福大学	以培育企业家为主	
	欧林工学院	创业、人文艺术及工程教育的欧林三角;期中兼职、假期全程参与项目;创业加速器 TEA 体验创业	Fredholm et al. (2002)
芬兰	阿尔托大学	师资多来自产业,如创意与文化产业学院 70%是艺术设计师和动画设计师;还有设计工厂、中芬中心	任之光和张志旻(2012)
荷兰	特温特大学	创业孵化项目:临时创业安置、成功做你自己老板;70%的成功率	Sijde & Ridder (2008)

续表

国家	学校	特　点	研究学者
丹麦	哥本哈根商学院	创意、设想和商业的验证全程化;2010 年新知识券增进与中小企业合作;2014 年聘 14 名校外高级创业导师,4 家专业咨询机构支持	沈雁 (2015)
英国	牛津大学	建"创业赛德(Entrepreneurship Said)"网站作为学生、校友及周边 1 500 余家企业门户	Baumol (2009)
	剑桥大学	剑桥创业中心、创业学习中心项目多元化:ETECH 项目、点火项目、创业者项目;豪瑟专家中心中介方式的创业课程培训。学科融合创业课程,俱乐部、商业竞赛等,建造衍生或合资公司,创业实习和实训	胡瑞 (2015)
澳大利亚	TAFE 学院	创业教育课程加强培训和实践,分级教学	罗滌等 (2012)
	阿德莱德大学	创业与创新研究中心有 9 位核心专家;普遍性教师发展计划;挑选政产学专家	
	墨尔本大学	新生代课程培养可雇佣技能;顶峰体验课程,职业导师联系计划	钱铭和汪霞 (2012)
	莫纳什大学	文化特征是创业精神和企业精神,采取同态化策略和有效整合学校的创业文化;培养教师创业意识和国际视野	陈笃彬和李坤皇 (2014)
	塔斯马尼亚大学	创业型人才培养的初衷是缓解就业压力,现更应塑造新型企业家	Jones (2010)
新加坡	新加坡南洋理工大学	设创业技术转化处、技术创业家中心、产业联络处;学术性与服务性有效结合,2013、2014 年企业经费收入均居全球第一	江小华和程莹 (2015)
日本	鹿儿岛大学	产学官合作;从地方视点获人才培养情报,与产业协作开课;地域、离岛、行政企业体验实习;"想象作为职业人的自己"项目	刘有升和陈笃彬 (2015)
韩国	晋州产业大学	创业过程中课程为主(53.8%),兼顾创业前后理论与技巧(各 15.4% 和 30.8%);2 年级"快速投资"(Rocket Pitch)创业种子基金	朴钟鹤 (2013)
中国	华中科技大学	从创新到创业的孵化体系,未来企业家训练营,创新项目的产业化实践,技术创新和科技引领的创业,创新团队—创业团队—创业公司。2001 年至 2013 年6 月投入 676 万元,培育 28 家高科技创业公司	柯进和粟晓丽 (2013)①

资料来源:本书根据以往研究整理

①　柯进,粟晓丽.创新沃土培育创业精英——华中科大探索研究生创业型人才培养模式[N].中国教育报,2013-06-24.

2.2.2.3 开展培养模式的梳理

由于区域实际和高校校情的区别,各区域及有关高校在创业型人才培养模式上的特点各不相同,学者们对此梳理了几种,比较典型的模式(见表2-5)。

表 2-5 创业型人才培养的典型模式

区域	模式名称	特 点	研究学者
发展中国家	国际劳工组织SIYB 和 KAB	SIYB(创办并改善你的企业),含 4 个环节;KAB(知晓创业),先体验后讨论,8 模块	孙纬业(2010)
美国	管理聚焦、光芒四散并存	"管理聚焦"模式向"管理聚焦"与"光芒四散"共存的全大学模式转变	Streeter et al.(2002)
	创业教育协会"五阶段"	基础阶段、能力意识阶段、创造性实践阶段、启动阶段、完善阶段	孙纬业(2010)
中国香港	香港中文大学	自下而上:商学院为来访或受训学员开创业课程;自上而下:中大创业研究中心设"创进坊"(ACE Hub),咨询培训、探寻商机	商应美(2014)
中国大陆	中国人民大学	以提高学生整体能力素质为重点	雷家骕(2010)[①];李伟铭等(2013)
	北京航空航天大学	以提高学生创业技能为重点	
	宁波大学	以第二课堂有机整合为重点	
	黑龙江大学	以创建创业实践基地为重点	
	清华大学	综合式的创新创业教育	

资料来源:本书根据以往研究整理

2.2.3 创业型人才培养研究述评

随着创新创业对经济增长的作用日益突出,有关创业型人才培养的研究得到了中外学者的广泛重视,学者们进行了多角度的研究,既取得了一些突破、结论,也还存在需要改善的地方。

2.2.3.1 主要突破

总结现有文献,学者们的研究为探索创业型人才培养的内涵、影响因素及支持体系等奠定了理论基础,深化了人们对创业型人才成长的思考,在如下两

---

① 雷家骕.中国高校需要怎样的创新创业教育[N].中国教育报,2010-01-13.

方面取得了明显突破：

一方面，将创业型人才培养视为一个完整的学术概念予以分析，拓展了创业型人才培养研究的理论广度和深度。由于全球创新趋势的发展、高等教育的变革以及创业在经济和社会发展中倍增效应的凸显，创业型人才培养受到越来越多的重视。Johannisson(1991)、Katz(2003)、Sarasvathy(2004)、Pittaway & Cope(2007)、雷家骕(2010)、黄兆信等(2013)有关学者将创业型人才培养视为一个完整的学术概念加以研究，在内容体系上既包括基于创业教育的研究，也涉及创业型人才培养的内涵、困境及路径等理论探讨，加深了人们对创业型人才培养的理论认识。

另一方面，通过个案分析，特别是着眼于不同国家、高校的创业型人才培养实践，以众多国家的高校为研究样本，开展了多样化的创业型人才培养经验分析，并进行了国别或高校校际层面的对比，Lundstrom & Stevenson (2005)、Sijde & Ridder(2008)、Baumol(2009)、Jones(2010)以及我国的张昊民和马君(2012)、胡瑞(2015)、刘有升和陈笃彬(2015)等国内外学者在这方面的研究不断增多，积淀了较充实的经验。尽管各国、各高校的创业型人才培养实际不尽相同，但不容置疑的是，现有的理论探讨、案例分析和经验研究推动了对创业型人才培养规律的摸索。

2.2.3.2 主要结论

学者们在两个方面达成了共识。第一，创业型人才培养是不可逆转的趋势。放眼国际，创业型人才培养于 20 世纪 90 年代随着新经济兴起而快速发展；立足国内，创业型人才培养历史虽然较为短暂，但近几年来却跨越发展，其重要性已获得普遍性认识，这与它对教育、经济的促进作用有关，也与广大学者的长期呼吁密切相关。在大众创业、万众创新方兴未艾的新形势下，创业型人才培养只能加强、不能削弱。第二，创业型人才培养要协同推动。创业型人才培养已经取得了长足的发展，但也存在一定的瓶颈，要想走出困境，将创业型人才培养推向新的高度，就不能再局限于高校的小系统，必须逃离藩篱的束缚，取得社会各界的广泛重视和支持。虽然这些结论仍停留于理论的层面，系统性还有待增强，但是为本研究提供了有益的启发和理论借鉴，本书也将对这些结论进行深入探讨。

2.2.3.3 有待改善之处

国内外学者已在创业型人才培养方面进行了不少研究，但迄今为止它依旧是一个较新的研究范畴,既有研究尚不够体系化,总体来看对创业型人才的培养机制这一核心问题的研究还不够深入,有关的理论分析也缺乏系统性,亟待在中国开展创新驱动发展战略这一新形势下进行完善。以下是较需要改善的两个方面:

(1)既有的理论分析大多缺乏系统的理论解释框架,理论支撑不足,热衷于揭示现象和描述状态,定性分析为主、实证研究较欠缺。以往文献中定性分析的研究占据了主导地位,使创业型人才培养的研究不断推进,对创业型人才培养成为热点话题起到了推波助澜的作用。实际上,已有研究可以很好地诠释"创业型人才培养的内涵及路径"等问题,却不能合理地回答"创业型人才的形成机制是什么""如何推进创业型人才培养"等问题。

(2)既有的实证分析主要还停留于简单的层面,虽然已经在一定程度上与理论分析形成了有益的互补,但在案例选取及分析的深度、广度、力度上均较为不足。尽管一些学者力图使用数据或案例的方法解析创业型人才培养,但在分析的复杂性、系统性等方面仍需改进。另外,现有实证研究印证了创业型人才培养的路径等,但总体没有回答"创业型人才的形成机制是什么"等问题,这既为本研究的开展提供了基础,又创设了进一步拓展的空间。

2.3 三螺旋理论与高校创业型人才培养的
关系研究回顾

2.3.1 三螺旋理论与创业型人才培养的耦合

近年来,从政产学合作的角度探讨如何推进创业型人才的培养成为新的关注点,其中三螺旋理论是这一分析的关键。已有研究表明,三螺旋理论与创业型人才培养两者之间并非不相关或关联度不高,相反地它们具有较高的耦合度。

2.3.1.1 三螺旋理论和创业型人才培养通过高校这一主体紧密相连

三螺旋理论之于创业型人才培养的生命力就在于,将政府、产业亦纳入到创业型人才培养的系统,联通政府、产业、高校三者在创业型人才培养体系中的资源流和知识流,最终助推知识资本化和区域创新(Etzkowitz,2009)。一言以蔽之,三螺旋理论强调政产学三方在创业型人才培养中的重任及作用:政府提供政策和资金;产业注入资金和项目;高校则回馈知识、技术和人才。高校在创业型人才培养系统工程中被推到了三螺旋的核心位置,其含义延展为创业型大学,任务升华为创业教育,使命则凸显创业型人才培养;对内建立起以创业研究中心、技术转移组织等为核心的创业网络组织,对外和政府、产业建立广泛的合作关系,吸收外部资源助力创业型人才培养,同时向政府和产业输送创业知识及创业型人才(刘有升和陈笃彬,2015)。政产学的交互是创新系统的中枢,在知识向生产力转化的过程中,三方共同推动创新螺旋上升,最终实现价值创新目标(马永斌和王孙禺,2008)。

三螺旋理论是创新研究新范式,能给创业型人才培养提供新的生长点,这是一种有意识创新,表明从物质生产到创新技术生产的转移(Etzkowitz,1996)。政产学之间透过组织的结构安排和制度设计,加强资源与信息沟通并提高效率及效能,其目标是寻求政产学三方的思想通识,在宏观上战略合作以形成创新和育人的长效动力机制,构建非线性螺旋形模式,产生新的知识和资源组合并促进效率提高(Ranga & Etzkowitz,2013);市场力量的拉动与渗透也使学生观念趋于创业(易高峰和赵文华,2009)。

2.3.1.2 三螺旋理论强调创业型大学与创业型人才培养的契合

政产学三螺旋发展的动因和推进器是创业型大学,即教师、学生和管理者都具有创业态度且在不同层面上积极主动推进,可能产生如下良好格局:政府简化企业运转程序;高校在与当地经济发展的相关领域培养更多学生;企业间协商达成新供给关系,以组建研发实体、初级产业群等高级模式为创业型人才培养创设平台(Etzkowitz,2009)。创业型人才培养与创业型大学看起来"平行"而非"蓄意契合",它们几乎同时兴起,这似乎表明两者之间存在着某种关联(Sorina et al.,2012)。最早开设创新创业课程的高校,如哈佛大学、康奈尔大学,都是早期创业型大学的典范;而创业活动最为突出的高校,如 MIT、斯坦福大学,它们的创业型人才培养也都名列全球前茅(夏清华,2007)。美国和澳大利亚等国的实践也表明创业型大学使创业型人才培养成为普及性教育,而非局限于工科和商科学生(Etzkowitz,2009;施冠群等,2009;马小辉,2013)。高校特别是创业型大学承担了两个使命:一是训练能建立自己事业并具有创业精神的未来企业家(即使不从事产业开发的毕业生也应能为创造就业机会贡献价值,必须孕育创业的思维和行动,毕业后以创业方式工作);二是以企业化方式操作,建立孵化器、技术园并使学生参与其中,帮助学生成就事业(Schulte,2004;孟新等,2015)。

2.3.1.3 三螺旋理论能够指导创业型人才培养

创业型人才培养中存在的困境迫切需要用先进理论加以指导和解决,三螺旋理论能为深入发现并解决创业型人才培养中存在的不足提供启迪和突破口。这是因为:首先,三螺旋理论强调政产学协同。三螺旋理论是创业型人才协同培养的理论基石,培养创业型人才是政府、产业、高校的共同价值追求和利益联结点,三螺旋模式下三方不断扩大耦合界面,功能出现交叉和重叠,横向上资源的整合与循环同纵向上的分化与演进相伴,推动协同育人系统螺旋上升,为创业型人才培养提供充分的互动空间。发挥各主体资源优势,激发多级倍增效应,有助于实现创业型人才培养利益最大化,三者相互叠加的创新区域中产生大量混生组织,为协调各方行动、信息、资源提供组织制度保障,如各类学生组织既是学生自我教育的基地、创业实践平台,又能使高校吸收政府和产业优势并实现三螺旋互动(陈桂香,2015)。再次,三螺旋理论彰显学生主体性地位。政产学合作培养创业型人才更为关注学生参与形式的反应,提高人才培养效益,更加强化服务和引领社会、增进企业家精神和情怀(Ranga et al.,2013)。政产学合作营造浓厚的创业文化,这是当代高校的第三种文化,既能鼓励毕业生投身创业实践,又能使在校生不断受到教化和熏陶,创新精神和创业能力得以凝聚和提升,而创业型人才培养的学术资本化更是促进学生从"学者"到"创业者"的转变,把优势学术资本转化为创新创业资本并热衷于自主创业(马小辉,2013)。最后,三螺旋理论强调创业型人才培养的社会价值。三螺旋模式下的创业型人才培养要回归国家和区域创新体系,既要在发挥区域特色基础上促进创业型人才培养,也要回报区域经济和社会发展(曾尔雷和唐苏琼,2011)。

2.3.2 三螺旋理论下创业型人才培养中主体的作用

创业型人才培养是一项复杂的系统工程,离不开各参与主体的协同合作。三螺旋理论下各参与主体在其中既发挥自身传统功能,又起着其他主体的作用。对此,学者们从理论思考和案例验证上都进行了探索,取得了一些有益的成果。

2.3.2.1 政府的作用

三螺旋的概念源于不同社会中政府在与学术界、产业关系中角色的转变。政府应着眼于三方相互作用与交流稳定的契约关系,既做传统游戏规则制定者,也担当公共企业家和风险投资者的角色,推动风险投资在州政府和联邦政府的合法化并不断推动知识资本化与自我创造,同时促成高校与产业良好合作(Etzkowitz,2008)。要确保高校自主权,通过科技政策引导和推动高校、科研机构、产业界与政府合作(Louis-Michel et al.,2008)。学者们从理论上论证了三螺旋理论下创业型人才培养中政府这一宏观调控主体的作用:完善法律法规政策,设计运行机制并监督执行,从计划、财税、金融、市场等方面入手,优化协同育人环境,促进创业型人才培养的资源和要素合理流动(王军胜,2013)。

基于这一理论背景,学者们还广泛进行案例探索。德国政府允许创业投资机构适用公司征税条例,免征创业投资公司商税、新一轮创业投资股权转让收益税;各城市工商协会(IHK)指导创业者;人人都有税号,企业报批手续便捷(仅约需一个月,涉及三个部门)(饶博发,2015)①。澳大利亚政府仅 1998 年就提供了 4.01 亿澳元支持小企业,小型企业享受 4 种资本所得税优惠;2007 年生效的新的高等教育贷款计划(HELP)以无息贷款(免息、自愿还款)助力学生创业(罗涤等,2012)。台湾行政部门施行跨学科弹性多元学分制,中小企业处提出产学合作育成加值计划,国科会与高校制定创业教育计划(刘有升和陈笃彬,2015)。香港政府 1999 年启动创新及科技基金(ITF),截至 2014 年 10 月共资助 87.1 亿港元,设专款扶持创业项目(常青和韩喜平,2015)。还有些学者从我国中关村的实践中提炼出高层次创新创业人才循环模式(见表2-6),从中可以生动地折射出政府在创业型人才培养及建设中的关键作用(段玉厂和傅首清,2015)。陈劲等(2014)学者认为,正是因为政府的推动而形成了完善的人才机制和环境,中关村基本建成了全球高端创新创业人才集聚的人才特区。

---

① 饶博发."手把手的支持比资金扶持更重要"——一位中国女孩的德国创业故事,国际先驱导报,2015-05-15.

表 2-6　我国高层次创新创业人才循环的基本模式

模　式	典型代表	政府关键作用
创新人才—创业人才—创业导师—再发现创新人才	李开复及创新工场	创新人才到创业人才：创业活力、氛围营造、支持政策。创业人才到天使投资人：对特定产业的支持及对投资回报的追求
创新人才—创业人才—系列创业家—天使投资人（风险投资）—支持创新创业	雷军	
创业—资本增值—投资创业（本土）	曾李青、戴志康	
创业人才—系列创业家—天使投资人（风险投资）—支持创新创业	杨宁、周鸿祎	
留学—创业—资本积累—天使投资人（风险投资）—支持创新创业	徐小平、朱敏等	

资料来源：根据段玉厂和傅首清（2015）研究整理

2.3.2.2 产业的作用

按照三螺旋理论，创业型人才培养中，政产学合作能为产业带来几何倍数增长的经济效益，产业的职能主要是提供实训平台、项目支持、联合培养、资金供给，为此要促进产业与高校深度互嵌（严毛新，2015）。实际上，企业提高技术水平便会接近学术模式，从事高水平培训及知识共享（Etzkowitz，2008）。产业应一改过去主要提供实习实践基地、支持竞赛的方式，激发更多功能：为有潜力创业项目提供风险资金、科技孵化，联合开发创业教材、课程体系，设计实施人才培养方案、提供兼职师资、接纳校内专职教师实践（曾尔雷和唐苏琼，2011）。学者们对产业在创业型人才培养中作用的代表性研究见表 2-7。

表 2-7　产业在创业型人才培养中作用的代表性研究

区域	产业的作用方式	研究学者
美国	160 多个非营利组织提供资金、场地、设备等扶持	Robert（2007）
德国	校外研究机构（DFG、马普协会、弗朗霍夫协会、亥姆霍兹联合会等）与高校合作，学生在慕尼黑高科技企业内边工边读，师资改善，学生实习机会增多	吴伟等（2011）
英国	2010—2014 年剑桥创业有限公司的 CESF、CEVP 基金支持学生创业 3 000 万英镑	胡瑞（2015）
中国香港	天使投资脉络 2 年内为 20 余家企业筹亿余港元，香港盛汇商机有限公司（HKBI）成为商学院及职业训练局的个案	常青和韩喜平（2015）

续表

区域	产业的作用方式	研究学者
中国台湾	宏碁基金会龙腾微笑竞赛、中华电信创新应用大赛、研华文教基金会 TiC100 创新事业竞赛等;"中国青年创业协会"与逢甲大学设"创业课程"推广教育班	刘有升和陈笃彬(2015)
	建"两岸百校大学生创新创业联盟",资金扶持、项目导入、创业辅导、成果转化、校际交流、创业比赛	张建琛和郭伟(2015)[①]
中国大陆	清华大学 x-lab,14 个院系初建,清华科技园、清华控股和清华企业家协会成战略合作伙伴,与法国电力、IBM 等合作,100 多家投资机构 2 年内为 40 余个创业团队融资 1.5 亿多元	刘晓军和潇潇(2015)[②]

资料来源:本书根据以往研究整理

2.3.2.3 高校的作用

在三螺旋模式下,高校在创业型人才培养中具有多元化的作用。扩展创业培训,实现教学使命,同时带动学生在校外承担研究任务并创办企业,成为技术创业者,这在瑞典和巴西都已得到发展,而美国等许多高校明确倡议和引入、传播创业文化(Etzkowitz,2009)。高校教师带领学生以咨询和直接创建新企业等方式服务产业,而通过承接重大研究项目等做法服务政府(周春彦,2006)。激发产学合作的双向知识流,即通过主题论坛、项目中心、专项计划办公室、联合实验室、合作平台、资源网络等促进人员、信息和资源等交换,使源于教授的建议通过学生传达以改进项目,企业的实践结果反馈给教师,并提供给当地政府部门(Etzkowitz,2009)。高校还要做好评估以提高创业型人才培养效益(李伟铭等,2013)。实际上,高校在创业型人才培养中发挥作用的最好渠道之一便是建立创业型大学,这是工业向知识社会转变的关键驱动力,势必推动创业型人才培养(Etzkowitz,1996)。学者们认为,高校在创业型人才培养中的探索中各有特色,代表性的研究见表 2-8。

[①]　张建琛,郭伟.两岸百校大学生创新创业联盟成立,科技日报,2015-08-26.

[②]　刘晓军,潇潇.从"0"到"1"——探访清华大学创意创新创业教育平台,科技日报,2015-03-30.

表 2-8　高校在创业型人才培养中作用的代表性研究

高校	方　式	研究学者
美国 犹他大学	孵化的创业数列全美第一,2010 年孵化 18 家企业,创 1.6 万余个岗位、7.55 亿美元营业额	孟祥霞和黄文军 (2012)
慕尼黑 工业大学	实施入学倾向性测验、特定学习课程计划,减少提前放弃学习计划学生数	Herrmann (2008)
	教一研一训结合强化适应和实用性,部分课程习题、讨论、实验课占逾 30％;成立德国科技学院,学生在德国实习 2 月,在新加坡或德国撰写硕士论文 6 月	吴伟等 (2011)
香港 中文大学	设学能提升研究中心、资讯科技服务处、大学通识教育部;提供寰宇暑期实习计划、师友计划等培育计划;推出"I·CARE博群计划",增进社会责任	商应美 (2014)
台湾 中兴大学	成立产学智财营运中心助推教师社会服务	付八军 (2014)
台湾 政治大学	开创"科技创业管理学程",设立"创业育成中心",实现从创业教育到真实创业的衔接	
台湾 中山大学	通过网上公开课提供通识教育、文理工商课程,请校外创业教育和实践领域专业人士参与教育	刘有升和陈笃彬 (2015)
福建 师范大学	教育端口前移至大一,首创本科生创业导师制;创业见习;以创业启动金、扶持金、奖励金等方式扶持	

资料来源:本书根据以往研究整理

2.3.3 三螺旋理论下创业型人才培养中相关主体间的关系

三螺旋理论下创业型人才培养是一项复杂的系统工程,需要众多主体的参与和协同合作。学者们基于不同情境和思路,就三螺旋理论下创业型人才培养以哪个主体为主导的角度进行了系列探讨。

2.3.3.1 以政府为主导

在美国、英国、丹麦等欧美发达国家及我国香港地区的创业型人才培养中,政府负有主导责任,以其自身的优势和力量推动全国(地区)创业型人才培养的实践(沈雁,2015;常青和韩喜平,2015)。鉴于国情特殊性,政府在我国的三螺旋理论中更是居于主导地位,它对高校、产业及其政产学三者之间互动的影响明显强于前述国家和地区(柳岸,2011;饶凯等,2012),图 2-4 就是一个例证。这一判断并非空穴来风,主要是因为:我国创业型人才培养亟须的政产学合作制度安排更容易被政府主导,创业型人才培养呼唤政府赋予更多的政策倾斜、资金扶助和平台创设(饶凯等,2012;罗涤等,2012)。也有一些学者对上述观点并不赞同,他们认为在创业型人才培养的实践中,一个完全由政府主导的三螺旋模式并非最有活力,因为这种局面下理念只来源于中央政府这个资源平台,力量局限在所难免(Etzkowitz,2009)。在我国的创业型人才培养中,政府主导的"精英创业教育"和市场推动的"就业创业教育"交融发展、交相辉映,也就是说,政府主导和市场推动共生共荣(张务农,2014)。

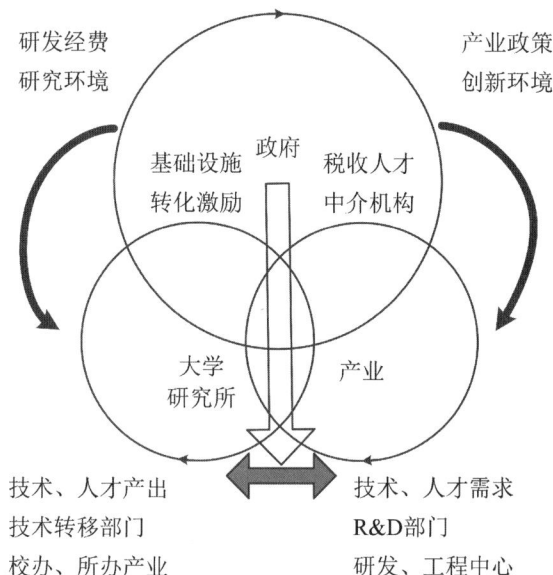

图 2-4　政府主导的三螺旋模式

资料来源:柳岸(2011)

2.3.3.2 以高校为主导

学者们发现,日本形成了以高校为主体,辅以中小学教育并以"主人翁"为视角推进的创业型人才培养新模式(张昊民和马君,2012)。在我国"政府—产业—高校"的三螺旋理论中,创业型人才培养的本质相当复杂,这是一种以高校为推动主体的教育活动,它同时带有很浓的经济活动性质,高校本应发挥更主要的引领和整合作用(何郁冰和丁佳敏,2015;严毛新,2015)。在政产学协同培养创业型人才的实践过程中,促进政产学等多主体协同联动固然重要,但更应注重充分发挥高校在创业型人才培养协同机制中的主导作用,应以"高校推动"模式为主,而不是实行以企业为主导的"大公司引导"模式和以政府为主导的"政府拉动"模式(蒋开东和朱剑琼,2015)。不过亦有一些学者认为:我国三螺旋理论下的创业型人才培养实践中,高校—产业间的合作最深,政府参与度不高,产业反而出人意料地处于合作的主导地位(庄涛和吴洪,2013)。

2.3.3.3 政产学协同

三螺旋理论本身并不强调谁是创新主体,三方都可以是创新的组织者、主体和参与者,并形成动态三螺旋(周春彦,2006)。创业型人才培养对经济产生影响的最直接方式是,培养具有创新精神和创业能力的人才,使他们进入社会经济领域开办企业,直接或间接地促进经济增长(Audretsch & Lehmann,2005)。不少学者认为,创业型人才培养仅有政产学三个主体自身力量远远不够,不但亟须三方协作,还要在政府、产业、高校和社会组织间形成互动共享的参与机制并凸显创新驱动的导向,形成政产学三位一体的协同创新机制。在这一机制中,三方各司其职并合作共赢,政府的作用主要在于宏观调控和政策引导;产业的作用聚焦投资及实践平台创设;高校的作用强调培育创业文化并与学术文化结合,社会的作用则以提供支持创业的氛围为主,唯其如此,才能集聚创业型人才培养的合力,推动创业型人才培养向纵深发展(黄兆信等,2015)。还有些学者研究发现,不少国家和地区对政产学协同的召唤,如日本(Suzuki et al.,2002)、硅谷(Saxenian,2005)、台湾新竹科学园区(图 2-5)(高运胜等,2013)。

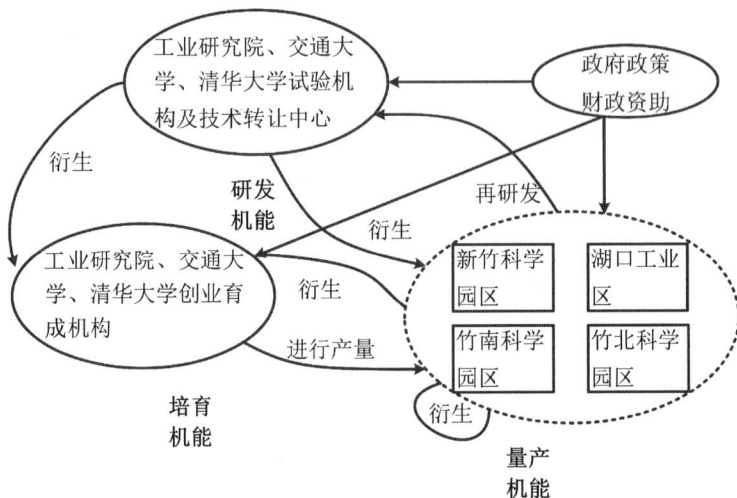

图 2-5 台湾的政产学合作模式

资料来源:高运胜等(2013)

2.3.3.4 创业教育生态系统

三螺旋模式下创业型人才培养具有系统性和开放性,国内外众多学者从创业教育生态系统的角度开展研究(见表 2-9)。

表 2-9 创业教育生态系统的代表性研究

维度	内　　容	研究学者
内涵和构成	首提"创业生态系统",MIT"创业生态系统"由数十个项目组织和中心组成,共同在校园内培养创业精神	Dunn(2005)
	将美国、法国和新加坡等国家高校的创业教育生态系统归纳为创业精神、创业技能和支持系统	Fetters et al.(2010)
	英国 Tansley1935 年提出生态系统。创业教育与周围生态环境间以信息流动、激励保障、辐射带动等相互依存而成。从国家政策、师资、课程体系等因子角度分析美国实例	刘月秀(2012)
	高校创业生态系统包含 8 项生态因子:学生、国家政策、社会资助、高校师资、课程体系、决策部门、社团及实践基地	刘振亚(2014)
	斯坦福大学、慕尼黑工业大学、新加坡南洋理工大学构建创业教育生态系统(Entrepreneurship Education Ecosystem,EEE)。内部由研究中心、社团和技术转移机构等组成动态化网络组织,以政策、基金、培训为支撑;外部与企业、政府及其他高校互动	何郁冰和丁佳敏(2015)
	站在全社会的视角认为创业教育生态系统涵盖五维度:大中小学一体化;创业前一中一后;政府、高校、社会协同;精英大学——一般高校—高职高专—职业中专组成;学校内部	张务农(2014)
作用机制	将创业教育生态系统细分为校内、校外两个创业生态系统	高树昱(2013)
	印尼万隆科技学院创业教育生态系统架构核心是创业课程体系;外围囊括市场、政策、财务、文化、支持、人力资本 6 要素	Larso et al.(2012)
	在对印度 Jammu、Kashmir、Ladakh 三地区 250 名学生实证调查基础上,评价高校创业教育生态系统	Bhat & Khan(2014)
	创业生态系统运行机制包括资源汇聚、价值交换、平衡调节机制	林嵩(2011)
	斯坦福大学重网络化,2007 年启动斯坦福创业网络(Stanford Entrepreneurship Network,SEN),校内 16 个创业组织,服务包含商业联系和创业研究资源,创业课程教育,技术搜索研究等	施冠群等(2009)
	相互作用、相互影响、相互促进所形成的动态平衡系统,构成创业人才生态系统,具有较大的经济弹性和政策弹性	周方涛(2013)
	斯坦福创业网络推进创业型人才培养,帮助教师社会服务的斯坦福大学技术许可办公室(OTL)承担重要角色	付八军(2014)
	"大学—政府—企业"生态网是政产学任何一方为持续发展,通过资源流动及网络交流与其余两方构成的相互作用系统。如清华深圳研究生院 i-Space 创业平台、清华—伯克利深圳学院的运营	马永斌和柏喆(2015)

资料来源:本书根据以往研究整理

2.3.4 三螺旋理论与创业型人才培养关系研究的评析

运用三螺旋理论研究创业型人才培养是新兴的研究热点,国内外学者对三螺旋理论与创业型人才培养的耦合分析、三螺旋理论下创业型人才培养中主体的作用及主体间的关系等主题给予了较大的关注,为本研究的开展提供了较好的借鉴,但也存在一些不足,需要进一步深化。

2.3.4.1 主要突破

梳理现有文献,学者们在以下两个方面取得了明显突破:一方面,将三螺旋理论移植到创业型人才培养中,丰富了三螺旋理论的使用范畴、完善了创业型人才培养的理论基础。前述研究表明,创业型人才培养在理论的指导上需要加强,而 Etzkowitz、Schulte、Sorina 等国外学者及徐小洲、王雁和刘有升等国内学者已在这一方面进行了有益的尝试,增进了研究的深度。另一方面,试图从政府、产业、高校参与的角度透视创业型人才培养的形成。国外的 Dunn、Kitagawa、Herrmann、Bhat 以及国内的陈劲、王军胜、何郁冰、严毛新等分别从不同层面进行了探索。有的学者还着力通过个案分析,以不同国家、不同高校为研究样本,开展了多样化的创业型人才培养经验研究。

2.3.4.2 主要结论

综合已有研究,学者们达成了两个共识。其一,三螺旋理论可以移植并指导创业型人才培养,两者具有耦合性。学者们对三螺旋理论和创业型人才培养的结合,三螺旋理论指导创业型人才培养的有益性都进行了摸索,论证了三螺旋理论与创业型人才培养的耦合。国内外大量研究表明,三螺旋理论能有效指导创业型人才的培养,两者在实践上也具有耦合性。其二,三螺旋理论下创业型人才培养要增进政产学三个主体的互动。学者们的研究发现,三螺旋理论下,创业型人才培养中政府、产业、高校等参与主体均发挥着不同程度的作用;创业型人才培养中各主体之间存在较为复杂的关系,既包括以政产学某方为主导,也有从政产学协同或创业生态系统的角度进行分析的,不一而同。政府、产业和高校的协同,不仅是构建区域创新系统的关键,也有助于构建区域创业教育生态系统。虽然这些结论系统性略逊一筹,但却不失为本研究的理论基石,有助于本研究驾驭这些观点并深入开展理论与实证分析。

2.3.4.3 尚待改善的地方

这些研究为探讨创业型人才的培养机制提供了较好的知识基础,但在理论上尚缺乏系统性的分析框架,也缺乏微观层面的探索;在具体研究中,学者们大多以叙述和个案分析为主,鲜见基于科学研究范式的实证研究结果,总体来看尚未涉及政产学参与和协同对创业型人才培养的影响机制。具体表现为:

(1)研究的系统性还不够,不少研究仍局限于高校内部,忽略政府、产业的作用,系统性有待增强。虽然有学者将三螺旋理论移植于人才培养,但多从宏观角度出发,泛泛地置于政产学的大框架下,没有将三螺旋理论的应用深入到创业型人才培养的相关环节中,尤其是在考虑创业型人才培养的参与主体时,只强调了政府、产业、高校所扮演角色的重要性,单方面突出某一主体的作用,而忽视了政产学主体的整体协同影响。

(2)尚不能从机制的高度回答政产学参与度与创业型人才培养的关系。现有研究以简单的统计描述为主,假设检验式的量化研究相对较少;聚焦于分析培养方案等,尚未见对政产学合作背景下创业型人才培养机制等深层次问题的挖掘。实际上,解析并把握创业型人才培养机制,促进创业型人才的形成,是当前政产学各方都要面对并推动的课题。因此,对创业型人才培养形成机制性认识,这是下一步需要重点推进的方向。

(3)研究总体较为宏观,基本未涉及政府、产业、高校协同对创业型人才培养影响的程度,未对教师、学生能力进行具体解析。创业型人才培养除了需要政产学三方的两两互动,还需要三方的协同。纵观近年来有关这一主题的研究,学者们主要分析了政产学协同的外部氛围对高校创业型人才培养的影响,着重从宏观上探讨如何构建有利于创业型人才脱颖而出的环境要素,如协同主体的角色转变、科技创新和产业政策、管理制度设计等,现有研究的深度有待挖掘。与此同时,虽有部分学者提出建立创业教育生态系统,但对创业型人才培养的核心参与主体——教师和学生的作用仍重视不够,也没有理清教师和学生的作用在政产学参与下创业型人才培养中的地位和价值。

2.4 相关理论基础

上述研究已分别就三螺旋理论、创业型人才培养及两者之间的关系进行了较为系统的综述,毋庸置疑地为本研究的开展打下了较好的基础,但创业型人才这一新形势下稀缺性人才资源的培育并非一蹴而就。也就是说,仅仅有三螺旋理论、创业型人才培养相关理论还不足以支撑,还需要再找寻政产学合作下创业型人才培养实践的相关理论。基于这些考虑,本书引入人力资本理论、社会资本理论、建构主义理论三个理论作为重要的其他理论,以下逐一进行简述。

2.4.1 人力资本理论

人力资本理论(Human Capital Theory)于 20 世纪 60 年代提出,主要探讨人力资本的基本特征、形成过程、投资形式、投资成本与收益等问题,不少学者进行了丰富的研究。在 Schultz(1960)看来,人力资本表现为人的知识、技能、资历、经验和熟练程度等异质性素质;是稀缺的企业家型人力资本;是投资的产物,可通过投资形成,例如教育和健康的支出;具有价值回报性,可使个人收入增长,减少影响收入不平等的干扰因素;是社会经济发展的源泉,如美国 1929—1957 年国民经济增长额中,约 33% 是由教育形成的人力资本做出的贡献。我国近年来人才效能不断提高,人力资本投资占国内生产总值14.5%,人才贡献率达 31.9%,人才对经济增长的促进作用进一步提升(盛若蔚,2016)[①]。Becker(1975)把人力资本理论发展为确定劳动收入分配的一般理论,新发展经济学将其作为社会经济发展的内生变量,并认为它是造成各国经济发展差异的根本原因。Mincer(1991)用生命周期年表描述人力资本收益,探讨收入的决定以及导致收入差别的原因和规律,技术变动与人力资本之间具有互补性,技术进步对人力资本需求具有正向影响。李晓曼和曾湘泉(2012)提出了新的人力资本理论框架,认为包括能力(认知和非认知技能)、技能(教育或培训)及健康(身心健康)等要素,其中能力是核心,基于能力的人力资本对个人经济社会表现具有重要的影响。

2.4.2 社会资本理论

20 世纪 90 年代以来,社会资本理论(Social Capital Theory)逐渐成为学

---

① 盛若蔚.为民族复兴筑牢人才之基——党的十八大以来我国人才事业蓬勃发展[N].人民日报,2016-01-31.

界关注的热点之一。社会资本一词最早出现于社区研究中,具有促进社区发展与强化人际关系的功能,它有三个不同层次的经典定义。微观上为实际或潜在的资源集合体,是对某种持久性关系网络的占有,这一关系网络是广为熟知、认可的,集体中的每一个成员都拥有这些资源(Bourdieu,1986)。中观上为存在于社会结构中的资源,通过人际间的互动进行信息与资源交换,与某些活动具体联系,在促进某些活动的同时可能无用甚至有害于其他活动;义务与期望、信息网络、规范和有效惩罚以及权威关系是社会资本的基本表现形式(Coleman,1998)。宏观上是社会组织的某种特征(例如信任、规范和网络),可通过促进合作行动提高社会效益,但社会资本的作用范围有限,对于某一参与网络的成员来说是积极的,对于该参与网络以外的成员却可能带来消极后果(Putnam et al.,1993)。社会资本所提供的不只是有形资源,还包括声誉、信任等无形资源;不仅利于企业家精神的形成与培养,还能帮助新创企业的建立与发展,可创造出更多想法与商机,促进信息有效传递(Koka & Prescott,2002)。

2.4.3 建构主义理论

建构主义理论(Constructivism Theory)萌芽于 20 世纪中期,到八九十年代时成为风靡西方乃至全球的学术流派。Piaget 最早提出建构主义,他设计双向建构过程,创立日内瓦学派,指出主体通过同化(图式扩充)和顺应(图式改变)达到与周围环境的认知平衡。之后,Kohlberg 对认知结构的性质、发展条件等进行拓展;Sternberg 和 David 等则强调个体主动性在建立认知结构过程中的关键作用及发挥办法。在此基础上,Vygotsky 提出文化历史发展理论(个体认识发展在一定的社会和文化情景中进行)和"最近发展区"概念(现实、潜在发展水平间的区域);重视学生原有经验(自下而上,日常生活中获得)与新知识(自上而下,学校里获得)间的相互作用;强调教学在发展中的主导作用及教学的本质特征在于激发、形成尚未成熟的心理机能,倡导主动学习和互动式教学。

建构主义理论认为学生的知识是通过自身主动性知识建构得到;知识是在情景学习、团队学习及实践交融中形成的;学习者是学习的主体。建构主义理论将学习的核心特征概括为六个:探究定性(discovery-oriented learning)、情境化(contextul learning)、问题定性(problem-oriented)、基于案例(case-based learning)、社会性(social learning)、内在驱动(intrinsically motivated learning)。建构主义理论旨在重构知识观、学习观、学生观、教学观和教育环境。以学生为中心,通过情境创设、团队学习及学习主体已有经验这三者的相互融合,使学习主体通过主体参与建构知识,达到预期学习效果,从而开辟更具优势的人才培养模式,它也衍生出学习理论、教学理论和教学设计理论。在当代信息技术成果的强有力支撑下,建构主义逐渐成为培养创业型人才的理论基础之一,如结合现实问题向学生建设性地分享创业点子;阅读、听看、体验活动三者对学生创业决策的影响呈递进关系,且都与学生兴趣呈正向关系(Sherman et al.,2008)。又如,在行动中获得隐性知识(tacit knowledge),强调"做中学",倡导案例教学、问题研讨、角色扮演、实践实训等方式方法,促进教学相长(潘懋元,2009)。

2.4.4 上述三个理论对本研究的启示及支持

上述三个理论给本书带来了较好的启示和支持。

其一,创业型人才培养的实践是人力资本积累的过程。人力资本理论提出以来,在经济发展、公司治理、教育发展、薪酬管理和人才培养等方面具有重要运用价值,对本研究也有重要的启示。创业型人才是重要的人才资源,在经济和社会发展中均有不可估量的能动和推动作用,其重要性、稀缺性很明显,战略地位不可忽视,可以说创业型人才等人才资源是决定人类未来的重要因素之一。创业型人才的培养具有价值回报性,它既可使创业者个人收入增长,又可促进社会经济发展。创业型人才培养是一个以人力资本积累为核心的复杂系统工程,并非一朝一夕之功,要有长远眼光,以人为本、以生为本,充分发挥学生的主观能动性,不断增进学生的知识、技能、资历、经验和熟练程度等异质性素质,使他们能从人才大军中脱颖而出,并且人尽其才、才尽其用。

其二,创业型人才培养要广泛促进政府、产业和高校等多维主体的协同,增进主体动力及合力。目前,社会资本理论被广泛应用于社会学、管理学、教育学等领域,能给创业型人才培养带来不少启发。一方面,要增进社会资本。拥有社会资本的多寡会影响创业型人才的创业兴业,这是因为社会资本不但可促进创业型人才的事业与社会网络顺利连接,增进创业的智慧资本,而且还能强化组织间凝聚力,建立和维持竞争优势。另一方面,社会资本在一定意义上体现为所在区域协同度。一般来说,社会资本强的区域,其协同度也高,各方面资源的调用更便捷、效率更明显;反之,社会资本弱的区域,其协同度亦低,各方面资源运转易出现高投入、低产出等现象。为此,创业型人才培养要促进政府、产业、高校的协同,提供好的区域环境,促进三方主体功能发挥和资源效益最大化。从这个角度来说,在创业型人才培养中,社会资本可以理解为高校所在区域的政产学协同度。

其三,创业型人才培养建立在全新的教与学模式基础上,应凸显实践、思维启迪等。创业型人才培养要建立与建构主义学习理论及建构主义学习环境相适应的教学模式,以学生为中心,明确教师的组织者、指导者和促进者的地位,凸显学生的学习者、实施者和实践者的角色,以情境和协作等学习环境要素激发学生的主观能动性,使学生能有效地对当前的所学知识进行意义建构。

2.5 本书的研究框架

本章回顾了三螺旋理论、高校创业型人才培养、三螺旋理论与高校创业型人才培养的关系等相关研究,总结了取得的主要突破、形成的主要结论、尚待改善的方面,寻求人力资本理论、社会资本理论、建构主义理论等三个理论对本研究的启示及支持,在此基础上构建本书的分析框架,聚焦于三个方面:政产学参与度对创业型人才培养绩效的影响效应及作用机制、完善创业型人才培养机制的对策建议。

(1)鉴于政产学参与度能增进创业型人才培养绩效,但两者的关系并非完全直接,需要分析其作用机制。因为教师、学生的能力高低与创业型人才培养效果的好坏密切相关,所以可在同一范畴考虑政产学参与度、教师及学生能力和创业型人才培养绩效。本研究择取教师、学生能力的两个主要角度:教师产学合作能力、学生创业实践能力,分析其在政产学参与度影响创业型人才培养绩效关系中的中介作用。

(2)政产学参与度与创业型人才培养绩效的关系并非静态,两者的关系将视具体的情境呈现相应改变。在文献整理及实地调研的基础上,本研究择取政产学协同度作为调节变量,分析其对"政产学参与度—创业型人才培养绩效"关系的调节作用,同时兼顾高校所在区域、高校类别、高校科研实力等控制变量对这一关系产生的影响。

(3)政产学参与度是一种影响创业型人才培养绩效变化的重要因素,根据这一结果提出完善创业型人才培养机制的可操作性对策。在上述研究基础上,本书考虑政产学参与度、政产学协同度的作用和地位,思考三螺旋理论视角下完善创业型人才培养机制的对策,让想创业的去创业、会创业、创成业,让不想创业的敢创新、能创新、有创新,开创人人皆可成才、个个尽展其才的生动局面。

为弥补已有研究的不足,本研究结合三螺旋理论及学者们的研究成果,基于"七维度"研究创业型人才培养,即政府参与度、产业参与度、高校参与度、所在区域政产学协同度(为行文方便,以下通称政产学协同度)、教师产学合作能力、学生创业实践能力、创业型人才培养绩效。本书对政产学参与和协同应该如何加强创业型人才培养进行理论阐述,并构建相关影响因素模型和假设,通过多角度交叉与融合,力求开拓理论研究新视野,充实和深化创业型人才培养的研究。在研究设计上,本研究以"案例探索—理论构建—实证检验"为脉络,对本书的整体研究框架(如图 2-6 所示)开展理论分析与实证研究。

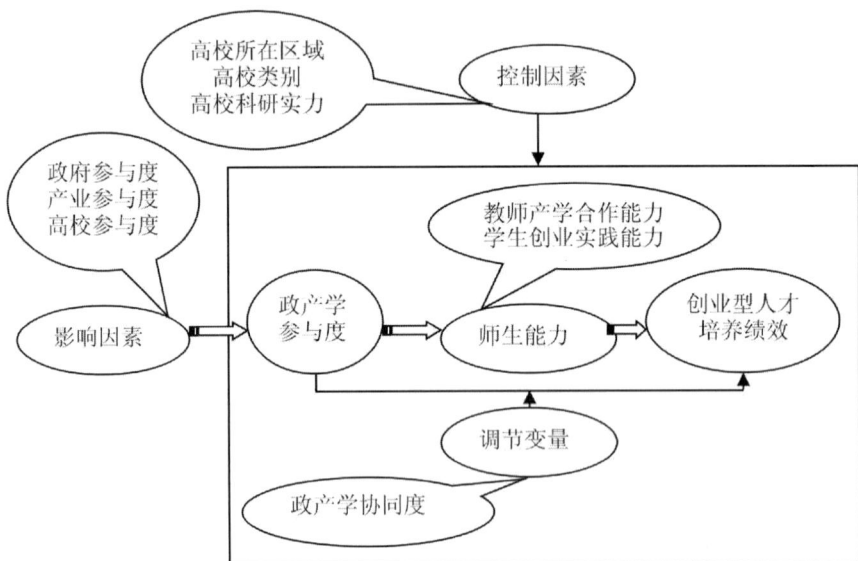

图 2-6　本书整体研究框架图

第三章

基于三螺旋理论的高校创业型
人才培养探索性案例研究

　　三螺旋理论视角下的高校创业型人才培养机制是本研究的关键,但已有文献中能提供指导的理论屈指可数,所以应通过解析高校的实践以获得分析构想。本部分将立足上述文献综述形成的理论背景,择取三所典型高校进行探索性案例研究,分析政产学参与度如何经过教师产学合作能力、学生创业实践能力的作用影响创业型人才培养绩效的机制,在案例分析与对比的基础上,获得本研究的初步模型。

3.1 理论框架

　　前文已述,政产学参与度会影响创业型人才培养绩效,但这一影响方式并非完全直接,还会有经由提高教师产学合作能力、学生创业实践能力等渠道。本章拟通过探索性案例研究,分析政产学参与度经由教师产学合作能力、学生创业实践能力影响创业型人才培养绩效的机制。

　　正如文献综述中论述的,三螺旋理论下政府、产业、高校三个主体在创业型人才培养中发挥着重要作用且有着复杂关系,它们对教师产学合作能力、学生创业实践能力的培养作用各不相同,这已成为众多学者的共识(Schulte,2004;Dunn,2005;Herrmann,2008;Louis-Michel et al.,2008;Fetters et al.,2010;Etzkowitz,2011;Larso et al.,2012;Bhat & Khan,2014;Kitagawa et al.,2015)。分析学者们的关注点,解析政产学参与度对创业型人才培养绩效的影响效应及作用机制是高等教育人力资源研究的一大方向。尽管教师产学合作能力、学生创业实践能力有助于政产学参与度更好地提升创业型人才培养绩效,但是现有研究并未遵从由"A→B、B→C 推出 A→B→C"的推导思路。虽然文献检索发现,个别学者探讨了教师产学合作能力、学生创业实践能力在政产学参与度与创业型人才培养绩效关系中的作用(如 Liñán,2008),但不无遗憾的是,这些研究只是单一探讨了教师产学合作能力、学生创业实践能力,或者教师产学合作能力、学生创业实践能力与创业型人才培养绩效的关系,而未将政产学参与度、教师产学合作能力和学生创业实践能力及创业型人才培养绩效统一纳入考虑的范畴。

因此,从理论层面来说,已有研究对政产学参与度作用于创业型人才培养绩效的机制解析仍然较为欠缺,虽然一些研究偶有涉猎并且形成了一些结论,但是体系化的探讨仍待启动。从现实层面来说,21 世纪特别是党的十八大以来,大众创业、万众创新这一"双创"战略成为我国新常态下经济发展的引擎之一,创业型人才培养也得到了空前的关注,摸索创业型人才培养机制并予以推进,进而为"双创"战略提供强有力的人才资源支撑,是我国创业型人才培养的重要趋势。基于这些考虑,本研究拟以国内外典型高校为探索性案例研究的样本,透视政产学参与度如何作用于教师产学合作能力、学生创业实践能力,进而作用于创业型人才培养绩效,为三螺旋理论下的创业型人才培养机制研究提供思想碰撞并产生智慧火花。

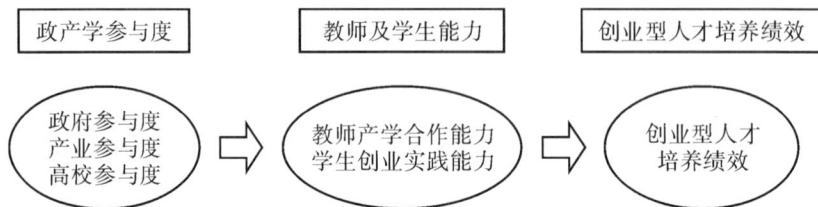

图 3-1　探索性案例研究的理论框架

结合理论文献以及案例的研究背景和目的,提出了本书探索性案例研究的理论框架(图 3-1 所示)。政府参与度、产业参与度、高校参与度、教师产学合作能力、学生创业实践能力、创业型人才培养绩效都是本书的重要变量。与其他的实证方法不一样,目前文献检索中尚未发现这些变量,尚无明确概念可以对应和使用;且在具体的案例分析中,未见专门或统一测量这些变量的指标。为此,本研究将对这六个变量在创业型人才培养工作中的相关形式和现象进行归纳,力求通过一些重要事件或数据来间接地表达。

3.2 研究方法与数据来源

3.2.1 大体步骤

当研究者对一组事件没有或者只有极少的操控时,常采用案例研究方法(case study),最适合"怎么样"和"为什么"的两类研究,它可以收集不同证据以便展示事件的丰富画面,以多数据汇集和相互验证来确认新发现,避免因偏见而影响最终的判断,可依探讨目的分为描述性案例研究、解释性案例研究、探索性案例研究(Yin,1989)。该方法还很适宜提出最有趣、颇具影响力的原创性理论(Eisenhardt,1989)。

案例研究的过程包括定义问题、选择代表性案例、确定数据收集来源、现场收集数据、分析数据、形成假设、与已有文献比较、进一步改进现有理论共 8 个阶段(Eisenhardt,1989)。Yin(1989)将案例研究整合为 5 个步骤:研究设计、收集数据的准备、收集数据、分析数据和撰写研究报告。本研究在已有案例研究方法有关文献的基础上,结合三螺旋理论下创业型人才培养的特点,拟定案例研究的大体步骤(如图 3-2 所示)。值得一提的是,尽管案例研究方法

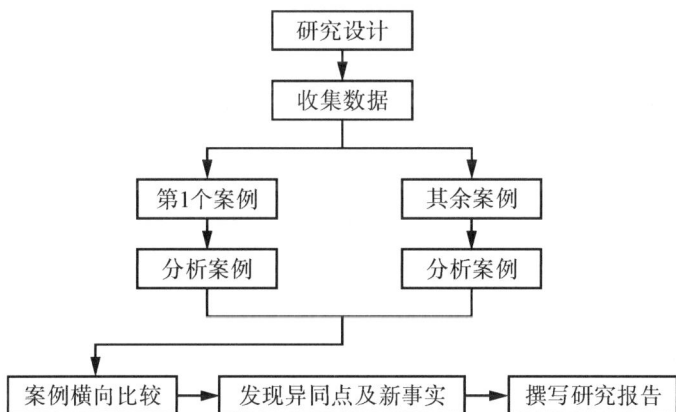

图 3-2　案例研究的大体步骤

资料来源:根据 Yin(1989)等研究改编

有其大体上的步骤,但在具体实践中会有一些变动,不会妨碍案例研究的正常推进。

3.2.2 信度与效度实现

信度(Reliability)即测量的一致性(Consistency),是指对同一事物进行重复测量时所得结果一致性的程度,一致性程度越高表明信度越高;效度(Validity)即准确度,若一项测量所测得的并非它要测量的事物时,就称该测量不具有效度,或者说它是一项无效的测量(风笑天,2014)。关于案例研究信度、效度及评价指标,Gibbert et al.(2008)等学者已做了一些探讨。叶伟巍(2009)认为存在四种评价方法:构建有效性(construct validity)侧重于度量测量标准的正确性、操作性;内部有效性(internal validity)着重于推导的逻辑性和因果关系;外部有效性(external validity)侧重于研究结论的推广价值;可靠性(eliability)则是指数据搜集的重复性、客观性,这四种方法中以前三种最为关键。案例研究实践中,凸显理论的作用可增进内部效度;完善草稿和明晰数理分析利于增进构念效度;多案例研究助于提高外部效度;案例研究计划书和数据库的完善则可提高信度(原长弘等,2013)。综合学者们的相关论述,可归纳出案例研究的有效性和实现形式(见表3-1)。

表 3-1　案例研究的有效性和实现形式

标　准	关注点	实现策略	研究阶段
构建有效性 (Construct validity)	数据是否充分 反映被测意识	三角测量、文献佐证 向关键被测征询意见	数据搜集 与整理
内部有效性与可靠性 (Internal validity,eliability)	观察结论是否 随被测而改变	分析预测模式差异, 横向案例模式对比, 组团剖析数据	数据分析
外部有效性 (External validity)	某地产生概念和理 论是否它处仍适用	选择理论样本(分布于 不同类别且有相似背景)	研究设计

资料来源:Yin(1989)、Eisenhardt(1989)、Gibbert et al.(2008)、叶伟巍(2009)、原长弘等(2013)

3.2.3 案例选择

选取典型案例是案例研究法的常见做法,既可较好地反映案例共性,又不失其个性光芒,使得共性和个性有机综合。单案例研究侧重故事叙述,多案例分析倾向于理论提炼和构建(Eisenhardt,1989);正如原长弘等(2013)论证,为提高探索性案例研究的效度特别是外部效度,宜采用多案例研究。这些表明,多案例研究相对于单案例研究方法有其必要性、重要性。

前述分析已论证以典型多案例开展探索性研究之要义,而关于多案例的具体个数,学者们的观念不一而同,有的认为最佳数目为 3～6 个(Sanders,1982);也有学者认为 4～10 个较合适(Eisenhardt,1989)。鉴于研究对象——创业型人才培养机制的复杂性,本书的探索性案例研究实施路径为:选择 MIT、沃里克大学、福州大学,这三所大学分布于三大洲,均是当地较知名的高校,MIT、沃里克大学是世界闻名的创业型大学,而福州大学是我国正在着力建设创业型大学的"211 工程"高校,它们的创业型人才培养模式特色浓、影响力和代表性强,可保证本研究的科学性和有效性。在数据的收集上,笔者通过文献整理或现场访谈进行。案例研究中数据分析至关重要,本研究依据理论框架模型将数据归为六大维度:政府参与度、产业参与度、高校参与度、教师产学合作能力、学生创业实践能力和创业型人才培养绩效。研究中,遵循 Yin(1989)的方法原则,首先开展案例内研究(within-case analysis),简要介绍各高校的个性情况;其次进行案例间(cross-case analysis)的比较,归纳共性情况,通过定性的数据来间接探寻变量之间的联系,为理论深化提供基础。

3.2.4 数据收集

根据可行性和可靠性原则,本书三个案例的数据收集主要通过高校官网查询、公开数据库检索及现场访谈三种方式进行,MIT 和沃里克大学通过前两种方式推进;福州大学则以三种方式结合开展。在数据收集之前,本书先准备好收集提纲并请熟悉本研究领域的专家指正。具体收集过程中,查询高校官网(MIT 官网 http://www.mit.edu/;沃里克大学官网 http://www2.warwick.ac.uk/;福州大学官网 http://www.fzu.edu.cn/)、检索公开数据库是主要途径。对福州大学的现场访谈这一方式则采用 Eisenhardt(1989)的建议,在征得受访者的同意后,通过录像、录音等方式记下当时的所有访谈内容,并于当日整理完毕。每个高校的数据收集平均耗时累积 200 小时以上,而个别高校的收集时间可能会更长一些。在本章案例分析涉及的三所高校中,沃里克大学的收集时间最长;但总体上均于 2015 年 1 月完成,个别数据后续进行了适度更新。数据收集第一阶段结束后,笔者对从各高校收集的资料进行归类整理,涵盖访谈记录、高校宣传册、年度报告、网上公开信息等。

3.3 案例分析与主要发现

3.3.1 MIT

MIT 创办于 1861 年,位于美国马萨诸塞州首府波士顿,名列 QS 世界大学排名(QS World University Rankings,2015/16)第 1。Etzkowitz(2008)认为,MIT 结合研究型大学和赠地学院这两种办学模式,以非线性交互创新方式变革而成世界首所创业型大学。下文将从六个方面进行分析。

3.3.1.1 政府参与度

美国政府对创业型人才培养的重视集中于三个方面:

(1)设置专门机构。1953 年设立 SBA(Small Business Administration,小企业管理局,总额逾 450 亿美元的商业贷款、贷款担保及风险资金扶持衍生的科技型企业)及其下属机构 SBDC(Small Business Development Center,小企业发展中心,服务大学生创办的科技型企业),SBA 在《2011—2016 年度战略》中出台扶持中小企业的政策评估指标体系。如马萨诸塞州的 SBDC 中,SBA 出资 1/2,州政府以及州内五所高校分别出资 1/4,咨询内容以财务、经营计划、市场营销、技术和融资为主,来访者近半为正准备创业者。1999 年,美国创业委员会(National Commission on Entrepreneurship)的成立,使人们认识到要以体系化教育帮助政府官员了解创业价值。2001 年,美国小企业委员会(U.S.Senate Commission on Small Business)更名为小企业与创业委员会(U.S.Senate Commission on Small Business and Entrepreneurship),激励着国民创业导向。此外,美国州长联合会(National Governor's Association)将创业列入议题;马萨诸塞州经济教育理事会也颇为关注学生创业。美国的公共政策与创业活动间的联系越来越紧;政府还创设小企业事业开发援助机构、企业信息中心和小企业发展中心、制造技术推广伙伴关系和推广中心(MEP & MOC)等非营利性创业辅导机构。

(2)完善法制环境。有针对性的法律法规(见表 3-2)能为创业型人才培养保驾护航。从该表中可以看出,这些法规聚焦于融资、税收、采购、知识产权等方面,为创业型人才培养提供了相应的保障。

表 3-2 美国及马萨诸塞州政府出台的部分中小企业创业相关法规

年份	名 称	主要内容
1947	商标反淡化法	马萨诸塞州在美国最先制定,著名商标保护及使用
1953	小企业法案	帮助小企业获政府技术、资金及管理扶持
1958	小企业投资法	鼓励民间融资,私募创业基金合法
1978	破产改革法	革新破产制度,降低创业风险
1980	大学、小企业专利程序法案	从事政府研究的高校合同人可获专利并许可给企业
1981	经济复兴税法	与小企业密切相关的个人所得税降低 25%
1982	小企业创新开发法	鼓励小企业研究创新
1984	联邦采购条例	政府采购重点向小企业倾斜,报价优惠
1986	税制改革法案	降低创业型企业应缴税收
1994	小企业股权投资促进法	为小企业投资公司(SBIC)提供长期资金
2000	新市场税收抵免方案	投资"社会发展基金"的税收抵免最高 39%
2001	小型企业法	小型企业每年获批不少于政府总合同 23%
2009	刺激经济法案	政府投 7 870 亿,其中 1 000 亿用于教育
2010	2010 年小企业就业法案	强化 SBA 传统贷款,推出两个新融资项目
2012	创业企业扶助法	帮助投资者获融资,适当的投资者保护

注:除"商标反淡化法"由马萨诸塞州制定外,其余由美国政府制定

资料来源:本研究整理

(3)提出有力举措。其一,项目和计划。1982 年施行 SBIR 计划(Small Business Innovation Research Program,小企业创新研究计划,11 个 R&D 经费超 1 亿美元的政府部门每年共投入 25 亿美元,支持初创企业的高风险创新项目)并于 1992 年发展为 STTR 计划(Small Business Technology Transfer Program,提供最高 10 万美元的可行性研究经费和最高 50 万美元的后续研究经费,促进先进技术向中小企业转移)。截至 2012 年底,SBIR、STTR 计划分别累计支持小企业项目 13 余万和 9 600 项,金额各超过 320 亿、25 亿美元。其二,融资和税收政策。1998—2001 年,美国的创业投资占 GDP 的 0.55%,1969 年资本利得税税率 49% 时创业投资额为 1.71 亿美元,在调高的影响下 1975 年创业投资额剧减至 0.01 亿美元,而 1978 年降至 28% 时创业投资额猛增至 5.7 亿美元。纳斯达克便利创业企业进入证券市场;大学生可用信用卡

借贷来创业。《2010 年小企业就业法案》推出小企业信贷计划(SSBCI)和小企业贷款基金(SBLF)两个新融资项目。其三,便利服务。白宫通过 Demo Day 推介早期创业企业;大学生创办企业从注册到运营仅需 6 个环节、5 天即可办完,经济成本仅占该国人均国民收入总值的 1.5%。世界银行《2015 年全球营商环境报告》显示,美国的营商环境便利度在全球 189 个经济体中排名第 7。在美国这样一个崇尚个人主义、以成就为导向的国家,高校教授有勇气、有动力从事个体学术资本主义行为,全国近 91% 的人认为创业"令人尊敬"。

3.3.1.2 产业参与度

据不完全统计,现有 750 多家企业以如下三种形式参与 MIT 的创业型人才培养:

(1)设立专门组织。如退休经理服务团(Service Corps of Retired Executives,SCORE),以退休企业家、商界领袖和高管为核心整合社会资源而成,在全国有 389 个分部、800 个分支站点、1.4 万余名成员,可根据企业需要匹配导师、就近指导,40 多年来以义工形式每年约为 30 万个小企业提供管理咨询和技术服务,被誉为"美国小企业的顾问"。此外,还有校友或基金会等捐赠的 150 余个创业孵化机构,以及全国创业中心联盟(National Consortium of Entrepreneurship Centers,NCEC)等信息交流平台等,风险资本、种子基金等私营机构设立的营利性创业辅导机构,形成了以 MIT 为中心的波士顿 128 号公路高技术园等高科技产业集聚区。

(2)支持比赛和项目。1951 年,成立首个主要赞助创业教育的基金会——科尔曼基金会(Coleman Foundation),尔后创业基金会如雨后春笋般涌现:考夫曼创业流动基金中心、国家独立企业联合会、新墨西哥企业发展中心等,它们每年以商业计划大赛奖金、论文奖学金、捐赠教席等形式提供创业教育基金。考夫曼基金会以"创业教育者终身学习计划"加强师资队伍建设,特别强调终身性和实践性;以"考夫曼校园""混合学习"和"冰殿创业"等项目使全校学生受益。产业对 MIT 学生创业比赛的支持,最经典的当属 10 万美金杯创业大赛(MIT $100K Entrepreneurship Competition),该比赛的赞助商可分为三个层级。白金赞助商(Platinum Sponsors)有西格尔家庭基金会(The Segal Family Foundation)、卡塔尔科学科技公司(Qatar Science & Technology Park)等。金牌赞助商(Gold Sponsors)有三星(Samsung GIC)、Founder.org、古德温宝洁律师事务所(Goodwin Procter LLP)、威凯平和而德律师事务所(WilmerHale)、阿卡迈 CDN 服务商(Akamai;Arts at MIT)等。

银牌赞助商(Silver SponsorsMatrix Partners)有 Massachusetts Life Sciences Center、Owl Ridge Wine、Dun & Bradstreet、Blackduck、Sanofi、AARP、路透社(Thomson Reuters)等。

(3)提供资金供给。美国是市场主导的资金投入模式,个人或企业家、慈善家、校友设基金会;证券融资、天使投资(Angel Investment,权益资本投资形式,对具有专门技术或独特概念的原创项目或小型初创企业一次性前期投资)、风险投资、私募股权基金等措施多。1946 年,MIT 校长 Compton 及同仁成立美国研究与开发公司(ARD,全球首个风险资本公司)。目前,每年约有35 万个天使投资人对 5 万个项目累计投资约 300 亿美元,占创业投资总额的40%~50%;大概有 4.6 万余家私募创业基金会。美国国家科学机构(National Science Foundation,NSF)统计发现,MIT 是全球研发经费预算中获产业资助最多的高校,该校 2014 年 6.78 亿美元的研发经费中,仅产业赞助就占19%,达 1.28 亿;在 788 家资助的产业中有 36 家资助额超过 100 万美元(如图 3-3 所示)。

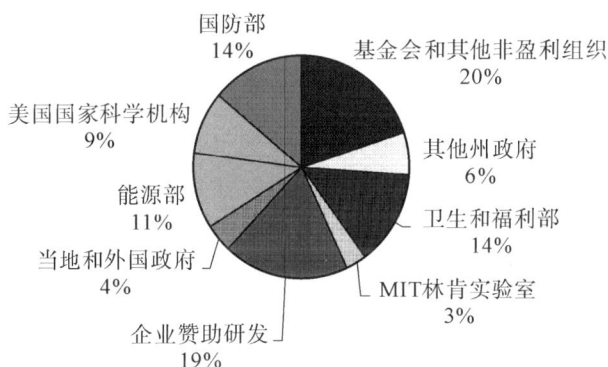

图 3-3　MIT 研发经费的组成

资料来源:http://www.mit.edu/

3.3.1.3 高校参与度

MIT 开美国高校创业生态系统建设风气之先河,以先进的理念、多元化的课程、丰富的项目及健全的组织形成创业型人才培养的"全大学范式"。

(1)先进的理念。MIT 崇尚实践,这可从它的校训"Mens et Manus"(动脑与动手并学)中看出来;也可从其"手持铁锤工人与手捧书本埋头苦读学者形象并存"的校徽上体现。该校认为技术源于实践,应把先进的技术服务于社会,为社会做出卓越贡献。MIT 还凸显包容,倡导"包容性社区"(inclusive community)、"包容性文化"(culture of inclusion)、"多样与包容"(Diversity & Inclusion)战略目标,激发师生员工、校友资源的参与激情。斯隆管理学院(MIT Sloan School of Management)是该校的代表,它有 5 个知名的办学理念:实践知识(Practical knowledge)、从做中学(Action Learning)、参与社区(Engaged community)、麻省剑桥区域合作(MIT and Cambridge)、合作团队(Collaborative spirit)。这些理念凸显实践、包容、多样和合作,成为学生创业的精神动力。

(2)多元化的课程。一是多样性。MIT 的创业相关课程由 2002 年的 18 门增至 2015 年的 35 门:一般性的如"营销科学""新企业""商业计划的具体细节""创业者技能升级""创业 101:你的客户是谁?";体验性的如"创业实验"(E-Lab)和"全球创业实验"(G-Lab:让学生在接触市场新兴企业中获实践经历,涵盖全球 50 多个国家 400 多个项目);传承性的如"十字路口的公司:CEO 的观点"让学生与 CEO 交互学习;"硅谷创业研究观光"聚焦创业生态系统。2015 年的秋季课程表中与创业有关的有:特别项目(Special Programs),新生校友实习项目(Freshman/Alumni Internship Program)、研讨会(Seminar XL)及教育网络课程(Open Course Ware,MITx,and edX)。二是灵活性。麻省斯隆管理教育(MIT Sloan Executive Education)课程时长从 2 天到 1 年不等。麻省高级工商管理硕士课程(MIT Executive MBA)通过 20 个月集中学习,提供高级的工商管理课程。三是实践性。MIT 很多专业课设置独立课题,学生与导师协商确定题目,内容上既可以是参与学校的学术研究或科研项目、也可以是与企业或研究机构的合作实践,最低 12 学分,能与毕业设计联系起来甚至代替毕业设计。新生暑期实习计划(FSIP)将优秀学生派往知名企业,由校友担任导师。本科生实践机会计划(UPOP)将企业的课题带回学校,由企业工程师对大二学生指导;本科生研究机会计划(UROP)吸引全校约 75% 的学生和过半教师参与。独立活动计划(LAP)每年提供大量科研课题供学生 4 周内完成。斯隆管理学院有 14 个实验室,包括从全球健康、创业到可持续发展的田野项目等;与产业合作,多元化教学、跨学科合作的一大体现便是全球运营领导者(Leaders for Global Operations,LGO)这种生产教育的实践。四是国际化。斯隆管理学院本身就是一个国际社区,大约 1/3 工商管理硕士课程和 1/2 高管课程的参加者来自国外。斯隆与全球 100 多个国家的校友建立起强大网络;国际影响力日益扩大,与其他国家联合组成教师研究团队(Faculty Research Spotlight),进行创业课程开发培训和研究。

(3)丰富的项目和健全的组织。麻省董事会(MIT Corporation)是 MIT 的管理机构,由科学界、工程界、产业界、教育界及公共服务界的 78 名成员组成。MIT 与创业有关的项目和组织数量众多、职能丰富(见表 3-3),凸显创业实践、注重与政产学互动。其中麻省 10 万美金杯创业大赛是全球最好的商业项目比赛,其初衷是鼓励 MIT 社区的学生和研究者将聪明才智和点子付诸实践并产生未来的企业,完全由学生管理。该比赛分三个系列:MIT $100K Pitch Contest,展示商业点子,让投资者感兴趣;MIT $100K Accelerate Contest,点子转化为现实,配备导师和专业人士指导;MIT $100K Launch Contest,商业计划竞争赛,提供机构资源和专家导师组全程指导,奖励 10 万美金。MIT 有众多的创业型人才培养项目,如麻省工程领导能力项目,每年有 120 余名本科生动手实践培养团队领导能力,产业导师课内和课外指导。又如,麻省国际科学技术项目是 MIT 最大的国际项目,每年有 400 多名学生与全球企业、高校、科研机构共建,帮学生找到实习或研究单位,提供 MISTI 全球种子基金(MISTI Global Seed Funds)。MIT 在学生创业方面有不少的代表性组织。Deshpande 科技创新中心,以提供小额资助创新早期研究为纽带,让 MIT 技术运用于市场。麻省企业论坛,在全球设立了 24 个服务中心和 200 多家企业及创业教育合作机构,提供创业培训机会、加速技术商业化。技术特许办公室,将 MIT 研究成果向社会推广,吸引师生参与和产业支持。公司关系办公室(Office of Corporate Relations,OCR),专家和员工与 MIT 的高级管理教师团队和企业管理者个性化合作。OCR 下属机构产业联系项目(Industrial Liaison Program,ILP),促进全球 200 多家企业与 MIT 教师、实验室和研究中心合作,在 MIT 获赠的研究经费中 ILP 会员企业贡献度高达 53%。MIT 要求创业协会会员无偿捐赠企业 3% 至 25% 的股份来支持学校创业教育,他们能以 VIP 身份参加该协会有关创业活动。

表 3-3　MIT 创业相关的项目、组织及其功能表

项目或机构名称	功能					
	A	B	C	D	E	F
莱姆尔森项目(Lemelson Program)					·	·
麻省 10 万美金杯创业大赛(MIT $100K Entrepreneurship Competition)					·	·
导师制团队促进领导力项目(Community Catalyst Leadership Program)	·					

续表

项目或机构名称	功能					
	A	B	C	D	E	F
麻省工程领导能力项目（Gordon-MIT Engineering Leadership Program）	•					
全球伙伴项目（Global Fellows Program）	•					
学生校友实习联系项目（Student/Alumni Externship Program）				•		
MAPE 辅导计划（MAP E-Mentoring Initiative）	•					
缓解压力摩擦资源项目（Resources for Easing Friction and Stress）	•					
斯隆伙伴项目（Sloan Fellows Program）	•					
系统设计和管理项目（System Design and Management Program）	•					
麻省国际科学技术项目（MIT International Science and Technology Initiatives，MISTI）					•	
本科生实践机遇项目（Undergraduate Practice Opportunities Program）	•					
伯纳特戈登工程领导项目（Bernard M. Gordon-MIT Engineering Leadership Program）	•					
Deshpande 技术创新中心（Deshpande Center for Technological Innovation）		•		•		
麻省创业教育中心（MIT Entrepreneurship Center）	•			•		
麻省企业论坛（MIT Enterprise Forum）	•	•				
Legatum 开发创业中心（Legatum Center for Development and Entrepreneurship）	•	•				
麻省风险资本和私募股权俱乐部（MIT Venture Capital & Private Equity Club）					•	
马丁信托创业中心（Martin Trust Center for Entrepreneurship）	•					
麻省企业论坛（MIT Enterprise Forum）	•					
掌控你的未来组织（Master Your Future）	•					
技术特许办公室（Technology Licensing Office，TLO）		•		•		
麻省全球教育和职业发展中心（MIT Global Education and Career Development）	•					
斯隆职业发展办公室（Sloan Career Development Office）	•					
全球创业工作坊（Global startup Workshop）			•			

续表

项目或机构名称	功能					
	A	B	C	D	E	F
麻省创业者俱乐部（MIT Entrepreneurs Club）			•			
麻省创业社区（MIT Entrepreneurship Society）			•			
麻省创业辅导服务中心（MIT Venture Mentoring Service）	•					
MIT 技术与文化论坛（Technology and Culture Forum at MIT）			•			
MIT 能源俱乐部（MIT Energy Club）			•			
麻省技术链接（MIT TechLink）		•	•			
麻省创新俱乐部（MIT Innovation Club）			•			
科学与工程商业俱乐部（Science and Engineering Business Club）			•			

注：为行文方便，本研究将其功能进行梳理，字母的具体释义为：A—"创业教育"；B—"技术转移"；C—"创业社团"；D—"网络组织"；E—"资金募集"；F—"组织竞赛"

资料来源：本研究根据 http://www.mit.edu/整理

经过长期的探索，MIT 形成了"选择—导向—链接"的创业生态体系（如图 3-4 所示）。需要说明的是，阶段 1 中的莱姆尔森项目是全球最大单项发明现金奖。阶段 5 中的 MIT 创业教育中心是匹配业内人士，为创业者提供一对一长期指导的服务机构，当发现好点子时学校拨小笔补助金（Ignition

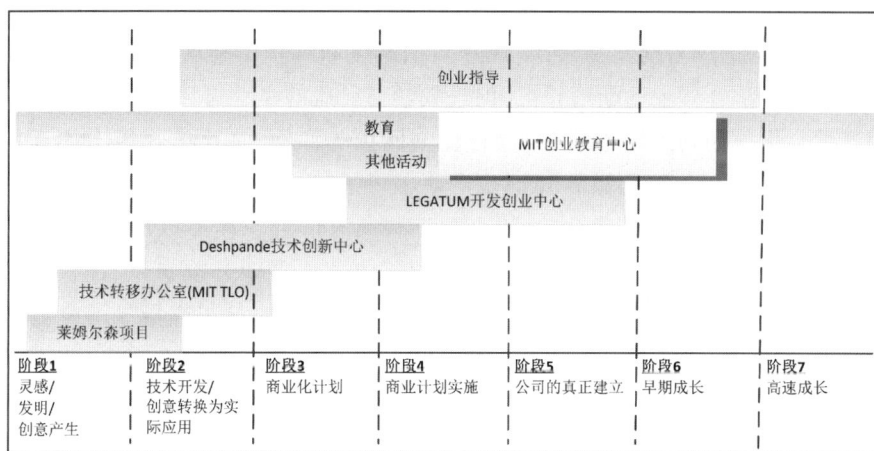

图 3-4　MIT"选择—导向—链接"的创业生态体系流程图

资料来源：首届麻省理工中国创新与创业论坛（MIT·CHIEF）

Grant),完善科研、降低技术风险;当点子成为发明时,学校再拨几千美元津贴(Innovation Grant)帮助找市场、提供培训导师激发创业热情;催化项目(Catalyst Program),常需 2~3 年;学校为这一创新链接外部天使投资、风险投资。

3.3.1.4 教师产学合作能力

MIT 以政府和成熟的大企业为导向,凭借与政府和军队的良好关系及合作声誉,教师经常兼职为当地政府或产业部门提供咨询服务,成为政府或产业发展的智囊团和人才的策源地。实际上,该校早在 20 世纪 30 年代就提出了"1/5 原则"或"每周 1 天制度"(教授每周有 1/5 或 1 天的时间可用于咨询或服务企业挣钱;其余工作日须向高校尽义务),将教授参与企业咨询的活动合法化;企业可以向提供服务的师生而非高校支付费用换取咨询。在 MIT,教授个体的创业行为得到了高校层面组织的扶持,设立了诸如负责合同管理的外部关系办公室、负责专利转让的专利委员会和专利管理委员会等机构。在相当高的政产学参与度下,MIT 教师将教学、科研和社会服务三个使命有机统筹和平衡,教师的创业活动被普遍接受,并受到政府、产业、高校等系统的广泛支持。有相当多的教工创建企业,并用所得收入支持高校里的科研和其他活动。教师以创业科学路径同产业开展协同创新,合作形式有校企合作、自创企业、专利许可证交易和联合建研发中心等,但以校企合作居多,这一趋势自上世纪 90 年代起愈发明显。

教师通过外部的企业以及从 MIT 教师自身科研和咨询活动中衍生的新企业,不断增进学科交叉和渗透,规避知识老化和结构不合理的现象,形成学术研究和产学合作上的新增长点,促进教学与科研的良性循环和优势互补,教师产学合作项目的来源不断丰富、合作空间更为广阔、产学合作能力不断提高。教师不但有效地承担着知识生产者及传播者的使命,而且还很好地扮演着知识产权出售者和衍生企业风险资本家的角色。教师以出版论文、为产业培育输送创业型人才、知识产权转移等方式向产业开放知识、提供知识服务。获诺贝尔奖、菲尔兹奖等的教师数量不断增多,参与或指导的创业活动屡获嘉奖,推进着创新创业项目的产业化进程。与产业联系频繁、收效甚丰的教师成为既熟悉市场规则、又认清市场方向的"学术创业家",而 MIT "该校 1990 年来毕业生和教师平均每年创办 150 家新企业"的统计结果对此颇有解释力。

3.3.1.5 学生创业实践能力

MIT 学生创业实践能力锻炼的一大动力来源是卓有成效的教师产学合作。由于 MIT 教师与政府及产业的良性互动,教师能及时了解社会对毕业生的需求动态并向学生传递,给学生提供一起参与研究活动的机会,建构更好发展契机,这利于为学生打造合理的知识、能力和素质平台,使得学生既肯动脑又能动手;既不缺乏理论知识,又具备较强的实践能力。在政府、产业、高校的合力重视和推动下,MIT 学生创业实践能力不断提高,仅在 UPOP 项目实践的 1 年时间里,就约有 3 385 名研究人员与 MIT 师生合作,参与研究政府机构及产业资助的项目,约 2 460 名研究生被聘为研究助理,570 名学生被聘为教学助手,1 780 名学生被聘为助手,学生能更加充分地理解所学的专业知识,优化知识结构,学习自主性和积极性更加高涨,对理论知识与实际运用的关系认识更加深刻,调查研究能力和动手能力更加突出,创新精神和实践能力不断得到启迪和培养。又如,麻省 10 万美金杯创业大赛至今已产生几百个成功企业,为社会创造巨大价值,美国表现最优秀的 50 家高新技术企业中有 46% 出自该比赛,现在每年都有五六家新企业诞生,且有相当数量"计划"被附近高新技术企业以数百万美元的价格买走。

可以说,与教师产学合作研究是 MIT 学生进入研究院或就业岗位的最佳推荐书,已为众多学生较快步入升学或工作正轨铺平了道路,较好地实现了研究、学术、生活的一体化,学生间相互合作、师生间紧密互动、师生在产学研合作中的优势不断彰显已成为 MIT 的显著特征之一。学生在教师紧密的产学合作下,不仅学会解决技术问题,还提升自身素质,善于融会贯通、创新实践、沟通合作、积极乐观、带着好奇心、使命感、爱和责任去探索及求知,给这个世界带来有益的改变。很多学生既有成功的雄心与计划,也不怕失败,敢于承担风险、拥抱未知。学生在很高的高校参与度下,主动利用身边优势和丰富资源,在数量众多的学生组织、项目合作、实习训练等平台上培养潜质,注重思考实践了什么、学到了什么,从中吸取养分、学为所用,领悟和弘扬 MIT 创新、务实、融汇科技和人文的精神,创业实践能力备受称道。

3.3.1.6 创业型人才培养绩效

在美国实用主义文化的影响下,MIT 将政府参与、产业支持和高校推动三者结合,发挥历史悠久、科研能力强、与政府产业间合作渊源深的优势,在服务政府和地方产业发展中大受裨益,创业型人才培养成绩斐然。如,Deshpande 技术创新中心,自 2002 年创立来已用 900 万元资助 80 多个项目,18 个项目已转化成商业企业,集聚了 13 个风险投资公司的 1.4 亿美元投资。又如,自 1886 年 Arthur D.Little,Inc.公司在剑桥市创立以来,MIT 校友、教职工、学生在帮助全球几万家企业成立方面发挥了关键作用。MIT 有动态的专利注册活动,在 FY14 中有 743 项新发明,收入 0.79 亿美元。早在 MIT 1961 年百年校庆之时,每 5 名毕业生中便有一名是其所在企业的总裁或副总裁,仅在马萨诸塞州便有 75 家企业由 MIT 毕业生所创立。MIT 在 1999 年时统计发现,其毕业生已创办 4 000 多家企业,仅 1994 年就雇佣 110 万人,销售额高达 2 320 亿美元。2011 考夫曼机构创业研究(2011 Kauffman Foundation Entrepreneurship Study)显示,MIT 校友创立的 3.3 万多家企业共创建了 300 多万个就业岗位,年销售额超过 2 万亿美元,培养了 12 万名校友,覆盖 90 多个国家,著名企业有 E * Trade、Gartner、Genentech、HubSpot、InVivo Therapeutics、Teradyne、Zipcar 等。Roberts & Eesley(2009)认为,MIT 毕业生创办的高科技企业规模和生产总值已相当于世界上独立国家经济实力排名的第 17 位,其声望在全世界有口皆碑。

3.3.2 沃里克大学

沃里克大学(University of Warwick)创立于 1965 年,位于英国考文垂市市郊,是 Clark 所关注的 5 大典型创业型大学之一。在 QS 世界大学排名(2015/16)中列第 48 名。沃里克大学以坚守高校的学术属性为本,经过 40 多年发展,在 2008 年加入素有英国常春藤之称的罗素教育集团,跻身世界一流大学行列。接下来,本书将从六个方面进行解析。

3.3.2.1 政府参与度

英国政府参与创业型人才培养中(见表 3-4),其中创业教育投资 80% 来自政府。世界银行发布的《2015 年全球营商环境报告》显示,英国的营商便利度排名第 8,仅次于美国。

表 3-4　英国政府在创业型人才培养中的参与

类别	年份	名　称	内容
组织保障	1997	创意产业项目小组（Creative Industries Task Force）	推动创意产业，提倡原创力
	1998	创意产业出口推广咨询小组（Creative Industries Export Promoting Advistory Group）	支持创业产业开拓出口市场
		英国企业孵化中心（UKBI）	高质量的技能和信息等服务
	1999	英国科学创业中心（UK Science Enterprise Centers，UK-SEC）	全国 13 个。创业企业孵化、服务支撑与咨询
	2000	小企业服务局（Small Business Service）	年预算 26 亿英镑助 15 万企业
	2004	全国大学生创业委员会（National Council for Graduate Entrepreneurship，NCGE），后升级为创业教育中心	资金支持、企业推广、创业咨询。7％学生、135 所高校合作。每英镑投资回报 11 英镑
		区域高校创业网络（regionally-based University Enterprise Networks）	DIUS、BERR、NCGE 联合建立
	2005	地方发展署（Regional Development Agency）	对地方小企业提供咨询
	2009	商业、创新和技能部	在政府中为企业界代言
		英国国家学徒制服务中心（NAS）	创设的学徒岗占全国 80％
政策法规	1994	《公司投资法规》（EIS）	所得税、利得税等减免
	1995	《创业投资信托法规》（VCT）	个人所得税、资本利得税抵免
	1998	《高等教育机构和商务机构白皮书》	优先高校的新创科技型企业
		《竞争力白皮书》	发展局抓科技园及产业群
		《延期支付商业债务（利息）法案》[the Late Payment of Commercial Debts（Interest）Act]	中小企业可要求大型团体和公共部门为债务支付利息
	2006	《公司法》	高校自动享有教师知识产权
	2008	《创新国家白皮书》	强调科学家和工程师的创新
	2009	《全国大学生创业教育黄皮书》（NCGE Yellow Paper 2009）	重视高教培养创业精神，社会组织与高校合作

续表

类别	年份	名　　称	内容
项目计划	1983	青年创业计划	年助 5 000 人创业,60％成功
	1986	联系计划(Link Collaborative Research Scheme)	政府研发基金调节研发行为
	1987	高等教育创业计划（Enterprise in Higher Education Initiative)	提高学生可迁移创业能力
	1998	大学生创业项目（The Graduate Enterprise Programme)	18－25 岁学生创业的企业顾问和创业导师指导
	1999	青年创业国际计划（YBI)	创业启动金达 2 800 多万美元
	2003	知识转移合作伙伴计划(Knowledge Transfer Partnerships Scheme,KTP)	协同创新主体含地方管委会、企业、知识库及第三方组织
	2004	创业竞赛活动"显示你的成功——开始谈论创意"(Make Your Mark——start Talking Ideas)	1/3 英国青年认识创业价值,已 6 000 多次,逾百万人参与
		政府关于小企业的行动计划	扶持小企业,建中小企业文化
	2006	"弹性学习"改革计划	2 年学 3 年课程;学分制评价
	2009	国家实习计划	学生到企业带薪实习 3 个月
		创业教育中心"梦想成真"创业资助项目	2011 年时助 1 379 家企业转手
	2010	失业青年实习计划	19 岁以上失业青年培训 3 个月
资金	1975	贸工部教学公司 TCS 基金(Teaching Company Scheme)	为大学科技园提供资金与项目
	1981	小企业贷款担保计划（the Small Firms Loan Guarantee Scheme,SFLG)	1980—2004 年 8 万多笔共计 30 多亿英镑,每笔 0.5－10 万英镑
	1983	王子基金(the Prince's Trust)	低息贷款;前 3 年志愿指导
	1990	实施减税政策鼓励创业投资	拓私人股权投资,价值增 3 倍
	1995	可选择投资市场（Alternative Investment Market,AIM)	伦敦交易所推出,专为中小企业筹集资金服务
	1998	高校挑战基金(University Challenge Fund)	5 000 万英镑中政府出 2 000 万
	1999	凤凰基金(Phoenix Fund)	1999—2008 年 1.77 亿英镑扶持
		科学创业挑战基金（Science Enterprise Challenge Fund)	5 700 多万英镑专注于创业教育和知识技术转化
		公司所得税	中小企业的由 30％降至 20％

续表

类别	年份	名　　称	内容
资金	2000	纳税起点	由 4 万英镑提高到 5 万英镑
		英国高科技基金(the UK High Technology Fund)	私人资本、基金方式帮助初创企业
	2001	高等教育创新基金(Higher Education Innovation Fund)	支持高校向产业转让知识
		SBS 商业孵化基金(SBS Business Incubation Fund)	为中小企业提供初创阶段资金
		创业基金	1.6 亿英镑高科技创业启动金
	2002	英格兰地区风险资本基金(English Regional Venture Capital Funds)	中小企业最高 50 万英镑风险资本。9 地区设立
		早期成长基金(Early Growth Funding)	对初创企业平均 5 万英镑风投
	2004	2004—2014 科学与创新投资框架	第三轮高教基金 2.34 亿英镑
		企业年度审计	免审增 6.9 万家年省近亿英镑
	2009	企业融资担保项目(EFG)	商业、创新和技能部担保 75%
	2011	英国中小企业成长基金(Business Growth Fund,BGF)	为高成长企业提供 200—1 000万英镑
	2014	中小型企业的贷款担保计划	高达 13 亿英镑银行贷款担保

资料来源:本研究根据 http://www2.warwick.ac.uk/整理

3.3.2.2 产业参与度

(1)资金供给。英国大学生创业委员会(NCGE)2010 年统计显示,欧盟基金(EU funding)对包括沃里克大学在内的 40% 英国高校予以创业教育支持。沃里克企业机构提供两种沃里克证据概念基金(two Proof of Concept funds):沃里克印象资助(the Warwick Impact Fund)和沃里克证据概念资助(the Warwick Ventures Proof of Concept Fund),提高开发技术可行性及验证市场潜力。阿提哈德航空公司合作发起阿提哈德保证奖学金(EY Assurance Scholarship programme),学生不但学习创业知识和技能,还将得到经济资助和创业经验。产业的这些支持也可以从沃里克大学 2014 年经费构成表(见表 3-5)中反映出来。

表 3-5 沃里克大学 2014 年经费构成表

项 目	金额(百万英镑)
学术费用和资助	213.2
教 学	21.4
科 研	33.3
研究资助和租赁费用	90.1
其他运营收入(餐饮、会议及管理培训中心等)	110.9
政府专项及其他资助	12
合 计	480.9

资料来源:本研究根据 http://www2.warwick.ac.uk/整理

(2)项目支持。有民间学团性质的英国创业教育者联盟旨在促进沃里克大学等培养大学生的企业家资质、鼓励毕业生创业;400 余家企业与沃里克大学联手解决棘手问题。很多知名企业与沃里克制造业集团(Warwick Manufacturing Group,WMG)合作促进运用性研究,学生通过不同类型的厂校交替计划了解企业运作。如 2015 年工程和物理研究委员会(EPSRC)以 100 万英镑资助捷豹、路虎等研发项目,而该项目完全由学生先后在国际制造中心(IMC)和国家汽车创新中心(NAIC)研发;维珍集团公司(Virgin)为学生设计培养项目;德勤会计师事务所(Deloitte)提供教学支持,把从业者带入课堂教学;沃里克商学院董事会(WBS Board)从策略上管理创业教学。

(3)基础服务。英国大学生创业网提供包括创业计划、大事列表等支持。沃里克企业帮助形成商业金点子并将其变成商业现实。沃里克校园对外开放为学校带来良好商业实践:沃里克科技服务、沃里克印刷均设在校内,提供一整套事件解决型服务。1984 年,沃里克大学科技园(University of Warwick Science Park)在校园附近创建开放,由沃里克、考文垂市、沃里克郡和威斯特米兰德兹的当地企业合办,将高校教授们的发明创造力,各级政府、银行及工业界的支持拧成一股绳,已孵化 85 家科技企业,占地面积 42.4 万平方英尺,年贸易额达 440 万英镑。国际数码实验室和国际产品和服务创新机构为威斯特米兰德兹和新兴企业提供开发支持。三个发展繁荣的住宅区培训中心(Arden House,founded in 1982;Radcliffe House,1986;Scarman House,1991)将学术与创业结合的理念付诸实践,其经济收益对沃里克大学创业型人才培养发挥重要作用。2013 年,沃里克大学与英国其他 4 个高校合作成立企业研究中心(Enterprise Research Centre,ERC),解析影响中小企业投资运作及成长的因素。沃里克大学还与少数民族创业研究中心(Centre for Research in Ethnic Minority Entrepreneurship,CREME)、企业和多样化联合(Enterprise and Diversity Alliance,EDA)、曼彻斯特创新研究学院(Manchester Institute of Innovation Research,MIoIR)、小型商务研究中心(Small Business Research Centre,SBRC)、小型企业研究单位(Small Enterprise Research Unit,SERU)等合作。沃里克大学在获得产业的支持上形成了独树一帜的创业生态系统(如图 3-5 所示)。

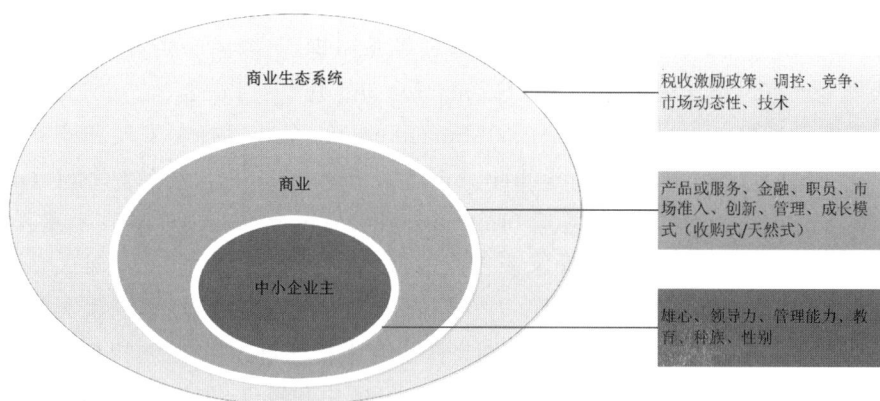

图 3-5　沃里克大学创业生态系统

资料来源:http://www2.warwick.ac.uk/

3.3.2.3 高校参与度

英国是一个崇尚集体主义、注重传统和保守主义的国家,高校教授特别注重学者的独立性及自主性传统,这就特别需要校级层面的组织力量加以推动。沃里克大学在创业型人才培养上的参与表现在以下三个方面:

(1)理念。一方面,沃里克大学注重学生社会责任。提出"高校是社区"的理念,在不同层面与社会良性互动,师生是沃里克大学永久社区成员和学校的宝贵财富。"沃里克在非洲"(Warwick in Africa)项目帮助志愿者改善非洲地区的教育环境。作为城市科学和发展中心(Center for Urban Science and Progress,CUSP)的组成部分,沃里克大学致力于解决城市发展的复杂问题。沃里克大学让当地社区能从学校发展中受益,体育场馆为当地居民开放、高校医学部与当地医疗机构和几百个中小学合作。另一方面,沃里克大学注重国际化和商业运作。提出让每个学生国际化、有跨文化学习经历;让每位教职工进行国际化合作研究。实行全球共建合作（Globally connected），与美国、澳大利亚、加拿大、新加坡等地建立交换生合作项目。沃里克大学在产业和学术的结合方面是先驱者，这是首任副校长 Butterworth 的远见。"学术研究要与创业兼顾"，即既要适应时代需要，又要以学科为中心；高水平研究实力提供更高水平创业服务，建立实践型教学，重视学生研究在创业中的价值，从而把创业与学术统一在强有力的组织领导体系中。

（2）课程和项目。沃里克大学开设的创业辅导课程主要分为"创业准备"和"关于创业"两种。前者的教师大多有创业实践，以小组互动教学使学生获"近似的创业经验"；后者的教师商业管理经验略少，更倾向于传统方式教学。沃里克现有经济学和产业机构（Economics and Industrial Organization）、工程商务管理（Engineering Business Management）、全球可持续发展和商务研究（Global Sustainable Development and Business Studies）、国际商务（International Business）、国际管理学（International Management）等本科生课程。学校还举行创业周巡讲、企业家谈创业等，仅 2013 年 11 月至 2014 年 5 月就举行了《被创业绊倒了吗？》《创业语言与创业肢体语言》等 6 场影响很大的讲座，力求描绘和优化学生创业路径图。沃里克大学注重学生体验，提倡基于科研的教学模式，配备导师；建立跨学科的学习模块和单元，如商科专业学生学习工程类知识、工程类学生攻读管理学课程，商业研究和工程系就因紧紧地和西米德兰兹郡中心地区的生产合作而快速发展。

沃里克商学院（Warwick Business School，WBS），提供领导术、决策及金融等常规或定制课程；还提供网络课程、沃里克工商管理硕士和应用管理学等短期认证课程。WMG，打造从供应链、物流管理到网络安全等商业相关课程，增进学生专业发展能力和商务技能，30 多年来 500 多家企业人员受惠。沃里克医学院（Warwick Medical School），在提供定制课程、校内或客人选址上影响力广泛。终身学习中心（Centre for Lifelong Learning），提供定制专业发展课程（CPD courses），包括教师培训、职业研究、咨询及教练等方面。Unitemps 项目，提供短期员工（Temporary staffing）培训服务、小时班制到全职班制课程。全球研究优先项目（Global Research Priorities），在 10 个有国际影响力的领域进行跨学科、跨部门的共享研究。SME 创新项目（SME Innovation Programme），与全球 1.2 万个中小企业（SMEs）合作创新，将使用者关注的产品投入市场。

（3）机构服务。学生会设立了 200 多个学生俱乐部和社团（见表 3-6）。

表 3-6　沃里克大学代表性学生社团

序号	名　称	序号	名　称
1	沃里克亚洲职业社团 Warwick Asia Careers Society	12	经济学社团 Economics Society
2	沃里克职业社团 Warwick Careers Society	13	哲学社团 Philosophy Society
3	咨询社团 Warwick Consulting Society	14	经济学高峰会议 Economics Summit
4	企业家社团 Warwick Entrepreneurs	15	金融论坛 Financial Forum
5	金融社团 Warwick Finance Societies	16	国际基金项目 International Foundation Programme
6	国际发展社团 International Development Society	17	国际关系 International Relations
7	管理社团 Warwick Management	18	国际企业 International Venture
8	市场营销社团 Warwick Marketing Society	19	投资论坛 Investment Forum
9	智囊团社团 Warwick Think Tank Society	20	法律和商务 Law & Business
10	实际贸易社团 Warwick Virtual Trading Society	21	概念证据基金 Proof of Concept Funding
11	沃里克女生创业社团 Warwick Women in Entrepreneurship	22	会计学社团 Accounting Society

资料来源:本研究根据 http://www2.warwick.ac.uk/整理

　　沃里克大学拥有 18.5 万名毕业生,国际办公室(The International Office)在各国派驻代表,在全球形成校友网络系统,毕业生 3 年内继续获得就业创业支持。高教工作网站(Higher education jobs,http://www.jobs.ac.uk/)提供全球 7 100 多家机构招聘职位,创立 15 年来月访问者超过 150 万人。学生职业和技能培养就业联系网(Employer Connect team)、高级搜索(Search-

Higher)也发挥着作用,借助网络力量(MyPortfolio 应用软件)共享学生创业阅历经验。沃里克国际基金项目(Warwick International Foundation Programme)由学生会管理。沃里克商学院奖学金(WBS Scholarships)提供 200万奖学金,还设立 Santander 大学创业奖(Santander Universities Entrepreneurship Awards)。沃里克大学对创业型人才培养的支持形成了技术就绪水平图(如图 3-6 所示)。

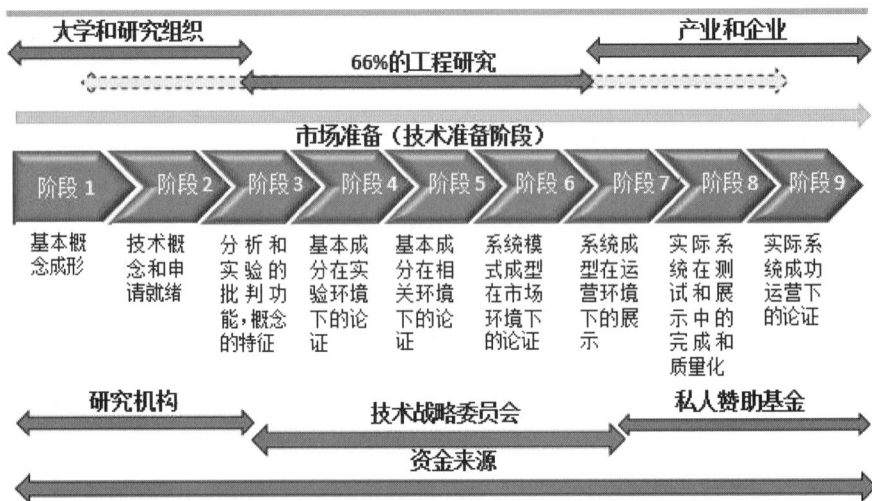

图 3-6　沃里克大学产学研技术就绪水平图

资料来源:http://www2.warwick.ac.uk/

3.3.2.4 教师产学合作能力

沃里克大学汲取企业精神,将企业家经营理念广泛应用于高校治理,充分发挥育人和研发优势,为政府和产业服务,实现效益与价值最大化。教师在学校的强势推动下,突破英国传统保守文化的禁锢、破解社会关系的重围,取得良好成效,教师与政府和产业来往更加频繁,以兼职顾问、项目合作和技术转移等方式有序展开。例如,沃里克企业这一沃里克大学创办的集团,自 2000年 4 月起获得 2 000 万英镑的资金和合同产值,论证了 650 项发明,申报了240 项专利,与外部企业合作许可 84 项项目,产生 200 多万英镑收入,创立 60个分公司,累积 4 400 多万英镑风险资本,产生和管理价值 400 多万英镑的规划股份投资。又如,沃里克创投公司,自从成立至 2011 年已衍生出 40 家企业,年营业额逾 1 100 万英镑,风险合同金额 1 600 万英镑,鉴别 400 项发明,申报 132 项专利,其中 23 项已被企业采用,创收 200 万英镑。再如,过去几年沃里克制造集团已经与 4 000 多家中小企业合作,解决技术难题、开发市场潜能,获得广泛的竞争性优势。另外,由沃里克大学教授所创建的 2 家企业和 Nima 技术公司获得贸工部所颁发的 SMART 奖,该奖专门授予创新思想最强、产品最有希望商业化的小企业,以门槛高、名额少、审查严而著称,沃里克大学获奖数占英国中西部及周围地区获奖数的 25%。仅 2015 年,在教师的指导下,沃里克大学就有 2 名学生研发出一项新的社会网络软件,并被列入国家创业大赛中。

沃里克大学教师产学合作能力之所以如此突出,固然有着多方面的原因,但校级层面的极力推动和扶持是关键,这突出表现为以下两方面:其一,"员工持股制度"承认员工等高校利益相关者(stakeholders)的贡献,一定程度上消除了教师进行产学合作的后顾之忧,使得教师可以不受传统文化、社会关系和学校管理的羁绊;其二,沃里克大学 2015 年战略规划从知识转移中寻求与企业和社会合作来增加学校收入,从顶层设计的高度为教师产学合作提供动力。

3.3.2.5 学生创业实践能力

尽管沃里克大学采用企业运作方式促进资源有效配置,但始终坚守创业型人才培养这一核心轨道。学校建立了广为辐射的社会网络,其触角已伸入社会各个角落与层面,知识运用和科研成果转化得以加速进行。学生专业知识技能的学习、社会服务能力的养成以及独立生活能力的训练不断得到加强。教师们以企业家身份积极参与创业,将生产实践中的知识和问题带回课堂,为学生学习思考提供生动案例。在政府的重视、产业的扶持和高校的推动尤其是高校的力推下,学生在国际化视野、社会责任理念、社区工作、社团服务和志愿锻炼等方面均取得了不俗的成绩。广大学生在创业型校园文化的熏陶下,大量参与教师的产学研实践,与政府、产业人员联系起来组成学习共同体,视野得以拓宽、阅历得以丰富、创业实践内涵得以深化,主动性、适应性、实践性、责任心较为突出,对商业机会的甄别和驾驭能力有效提高,风险识别和沟通能力明显增强,深得用人单位认可。在沃里克大学,学生创业实践能力提高的一个突出特点是知识产权的商业化成效非常明显,这得益于学校将知识产权统一归属于学校,最大限度地从校级层面统筹和促进商业化,扫清相关障碍,校院和师生个人均可获得一份不菲的收入。同时,沃里克大学还借鉴商业运作模式,有效利用基础设施推动学生创业实践,每年创收 1 500 余万英镑。沃里克大学学生创业实践能力可从以下两份排名中一览无遗：在 2011 年 UCAS 报告中，沃里克大学毕业生以其出众的创业实践能力被列为英国企业主重点聘用的第 1 名；在 2014/15 年的 High Flier 调查中，沃里克大学毕业生名列英国顶尖企业雇主重点聘用的第 3 名。

3.3.2.6 创业型人才培养绩效

沃里克大学虽然处于保守文化浓厚的国度，但作为首批引入商业运作模式的高校之一，以企业家精神挖掘学术研究的商业价值，曾被英国前首相 Blair 誉为"英国高校企业家精神上的灯塔"。沃里克大学通过创业型人才培养工作，对国家和地区经济的贡献度不断提升，学校知名度、美誉度不断提高，学校以其高水平的学术研究和师生互动教学模式而闻名。在 2011 年 UCAS 报告中，沃里克大学毕业生在就业声誉排名上名列全球第 15 名；2013 年以第一学历毕业的学生就业率达 92％，以更高学历毕业的学生就业率为 94％。统计显示，沃里克大学每年约为当地经济贡献 10 亿英镑，建立与培养 17 家企业。学生创业热情不断高涨、项目不断增多、成功率也得以提高；学生创建企业的数量 2000 年时约为 200 家，2002 年时增长至 400 来家，而从 2005 年起便稳定在 800 多家。上述这些数据从一个侧面映射了沃里克大学创业型人才培养绩效不断走高的发展轨迹。

3.3.3 福州大学

福州大学是国家"211 工程"重点建设高校，国内第一所提出建立创业型大学的高校（邹晓东等，2014）；化学、材料、工程等列 ESI 学科全球排名前 1％。在 2015 年《美国新闻与世界报道》（U.S.News & World Report）第二版全球最佳大学排行榜（Best Global Universities）中，该校列第 736 名，居入围的我国大陆高校第 55 名。在《标准排名·2015 年中国大陆高校创新创业指数排行榜》中，该校名列第 43 名。本节仍从六个角度进行介绍。

3.3.3.1 政府参与度

我国政府高度重视创业型人才培养。作为教育部与福建省人民政府共建的省属高校，福州大学创业型人才培养工作既可借国家政策东风，又可享省级政策优惠，特别是学校所在地福州独享国家级新区、自由贸易试验区和 21 世纪海上丝绸之路核心区"三区"叠加的政策效应。

（1）近十几年特别是党的十八大以来，党和政府出台了不少大学生创业方面的文件，营造了浓厚的创新创业氛围。2015 年我国内地的营商便利度排名小幅上升到第 90 位。从 2013 年至今，中央层面出台 20 余份相关文件，福建或下发或制定实施细则，正逐步转化为具体措施，不断推动着创新创业（见表 3-7）。

表 3-7　2013 年以来中央有关创新创业文件一览表

文件号 （以时间排序）	文件名	福建	
		下发	细则
国发〔2013〕4 号	国务院关于印发"十二五"国家自主创新能力建设规划的通知	•	
银监发〔2013〕6 号	关于商业银行知识产权质押贷款业务的指导意见	•	
银发〔2014〕9 号	关于大力推进体制机制创新扎实做好科技金融服务的意见	•	
国发〔2014〕7 号	国务院关于印发注册资本登记制度改革方案的通知	•	
财企〔2014〕38 号	关于印发《中小企业发展专项资金管理暂行办法》的通知	•	
国发〔2014〕20 号	国务院关于促进市场公平竞争维护市场正常秩序的若干意见	•	•
国办发〔2014〕22 号	国务院办公厅关于做好 2014 年全国普通高等学校毕业生就业创业工作的通知	•	•
人社部发〔2014〕38 号	人力资源社会保障部等九部门关于实施大学生创业引领计划的通知	•	•
财教〔2014〕233 号	关于开展深化中央级事业单位科技成果使用、处置和收益管理改革试点的通知	•	
国知发管字〔2014〕57 号	关于知识产权支持小微企业发展的若干意见	•	
国发〔2014〕49 号	国务院关于加快科技服务业发展的若干意见	•	•
教学〔2014〕15 号	关于做好 2015 年全国普通高等学校毕业生就业创业工作的通知	•	•
国发〔2014〕64 号	国务院印发关于深化中央财政科技计划（专项、基金等）管理改革方案的通知	•	
国发〔2014〕70 号	国务院关于国家重大科研基础设施和大型科研仪器向社会开放的意见	•	
国办发〔2015〕9 号	国务院办公厅关于发展众创空间推进大众创新创业的指导意见	•	•

续表

文件号 (以时间排序)	文件名	福建	
		下发	细则
国发〔2015〕23 号	国务院关于进一步做好新形势下就业创业工作的意见	•	•
国办发〔2015〕36 号	国务院办公厅关于深化高等学校创新创业教育改革的实施意见	•	•
国发〔2015〕32 号	国务院关于大力推进大众创业万众创新若干政策措施的意见	•	•
国办发〔2015〕47 号	国务院办公厅关于支持农民工等人员返乡创业的意见	•	
国办函〔2015〕47 号	国务院办公厅关于印发进一步做好新形势下就业创业工作重点任务分工方案的通知	•	•

资料来源：本研究整理

(2)各省积极跟进,出台系列配套政策和措施,将创新创业氛围推向新高潮。福建省政府《关于进一步支持高校加快发展的若干意见》(闽政〔2012〕47号)给高校"松绑放权",鼓励教师在完成本职工作基础上,利用本单位科研资源为企业有偿服务,其职务成果经评估作价可作为企业的注册资本;职务成果完成人可自行创办企业或以技术入股在本省产业化转化并可享税收优惠。本书仅以各省份的大学生创业引领计划(2014—2017 年)为例,管中窥豹,力图剖析各省份在创业型人才培养中的参与,(见表 3-8)。从这些文件的对比中可以清晰地发现,福建省的配套和支持力度总体较大。

表 3-8　各省份大学生创业引领计划表(2014—2017 年)

文件号	A	B	C	D	E	F	G	H	I	J	K	L	M	N	O	P	Q	R
京人社毕发〔2014〕215 号				•														
津人社局发〔2014〕91 号																•	•	
冀人社发〔2014〕31 号														•				
内人社发〔2014〕135 号																		•
辽人社〔2014〕296 号													•					
吉人社联字〔2014〕35 号														•				
苏政办发〔2014〕71 号					•	•											•	
浙人社发〔2014〕147 号														•				
皖人社发〔2014〕20 号																	•	

续表

文件号	A	B	C	D	E	F	G	H	I	J	K	L	M	N	O	P	Q	R
闽人社文〔2014〕359 号	•	•	•	•					•	•	•	•	•	•			•	•
赣人社字〔2014〕364 号					•	•	•											
豫政办〔2014〕157 号									•					•			•	
鄂人社发〔2014〕37 号					•				•	•	•			•				
粤人社发〔2014〕182 号											•							
桂人社发〔2014〕37 号	•																	
渝人社发〔2014〕214 号	•								•	•		•					•	
川人社办发〔2014〕234 号																	•	
黔人社厅发〔2014〕29 号			•	•														
云人社发〔2014〕150 号						•		•	•		•	•						
陕人社发〔2014〕65 号						•	•				•		•		•			
甘人社通〔2014〕409 号																		
青人社厅发〔2014〕80 号			•															
宁人社发〔2014〕98 号						•	•	•	•			•			•			

注:湘、黑、晋、沪、鲁、琼、藏、新等 8 省份资料不全或未公开,本表未含;各字母释义见表 3-9

资料来源:本研究整理

表 3-9 创业引领计划内容类别及字母释义

类别	字母	释　义
普及创业教育	A	课程不低于 32 学时、2 学分
	B	休学创业保留学籍 2 年
加强创业培训	C	有课时要求
工商登记和银行开户便利	D	专人专件优先办理
	E	免相关行政事业性收费
	F	拓宽出资形式
	G	一定程度取消注册资本、首次出资比、出资期限限制
	H	放开经营场所、注册住所限制

续表

类别	字母	释　义
多渠道 资金支持	I	3 年内每户每年 9 600 元税收扣减限额
	J	最高 10 万元小额担保贷款
	K	"网店"创业享贴息小额担保贷款
	L	降税率、减半征企业所得税、暂免征增值税和营业税
	M	社保补贴
	N	启动金
	O	免反担保
	P	3 年内按实招数每人每年 5 200 元税收扣减定额
创业经营场所持	Q	创业孵化基地量化要求,提供水电、租赁等补贴
创业公共服务	R	免收保存人事关系及档案的费用和代理服务费用

3.3.3.2 产业参与度

区域经济的快速发展和产业的优势资源,催促着产业对创业型人才的呼唤,也为福州大学创业型人才培养提供坚实平台,不少知名企业纷纷伸出橄榄枝,以三种形式提供支持:

(1)联合办学。紫金矿业集团股份有限公司与该校联办紫金矿业学院,汇聚起企业在矿业领域强大的行业背景和该校人才资源优势,提供"新生入学奖助学金"和"优秀学生奖学金",为签订预就业协议的学生全额资助学费。新大陆科技集团与该校合作成立物联网学院。福建石油化工集团有限责任公司等与该校合作创办石油化工学院。目前有关企业与该校共建 52 个研发中心(研究院),代表性的如福州大学晋江科教园,有效整合晋江产业集群优势,规划为"创业型校区二院二园":晋江研究生院(主要培养研究生)、工程技术学院(侧重培养本科生)、国家大学科技园分园(计划培育高科技孵化企业 30 家)、大学生创业教育园(创业教育实训基地、孵化服务)。

(2)实践支持。2004 年以来,厦门航空有限公司、东兴证券股份有限公司等 53 家企业纷纷响应该校"预就业"培养模式,学生可选择"3.5＋0.5"(即 3.5 年在学校,0.5 年在企业)、"3＋1"或"2＋2"等方式,直接参与企业工程实践,接受专业教育与职业训练,毕业后直接或优先考虑在该单位就业。校企双方围绕产学研合作项目共建 364 个创新创业实践基地,如中国工商银行福建省分行与该校联合设立"青年就业创业见习基地"及"大学生金融实践中心"。通过"预创业"培养模式,该校将创业过程前置,减少学生创业风险。

(3)资金支持。校友企业大力支持学生创新创业。福州大学创业校友联盟、福州市青年创业促进会福州大学分会应运而生。校友先后创立"新楚大学生创业基金""青创福大基金""光彩·助推贫困学生创业行动基金"等 4 500余万元大学生创业基金。泰禾集团拟设立"泰禾创业种子基金",为学生创业提供无息贷款。福建海西青年创业基金会、中国青年创业计划(YBC)福建办公室、晋江青年商会等也共育创业型人才。上述举措利于福州大学建立"政府主导—学校主体—企业参与—行业联动—民间扶助"的本土化创业型人才培养模式。不过,包括福建省在内的我国社会投资总体仍较为短缺,融资性担保机构不发达、金融市场不够完善,产业参与度仍需拓展。

3.3.3.3 高校参与度

2008 年以来,学校领导多次在媒体撰文、在有关会议做典型发言[①],该校"创业型大学"建设背景下的创业型人才培养已具有较高知名度、美誉度,其做法可归纳为三点:

(1)顶层设计。一是注重中长期规划。把创业型人才培养作为创业型大学建设的基础和根本。早在 2008 年,福州大学就确立了走区域特色创业型强校之路的办学理念。2014 年,该校第六次党代会提出全面建成创业型东南强校并向国内高水平大学迈进的目标。学校将"创业型大学"办学理念写入《福州大学章程》《福州大学 2010—2020 年中长期发展规划纲要》《福州大学建设高水平大学目标管理责任书(2014—2017 年)》。该校实施"高水平大学建设规划大学生创业就业能力提升与创业文化建设计划""福州大学学生创新创业引领计划(2014—2017 年)""福州大学'十三五'发展规划创业型人才培养专项规划"。二是强化组织领导。校级层面上成立以党委书记和校长为组长的学生创新创业工作领导小组,组建创业学院和创业研究院,设立创新创业咨询委员会及协同发展中心,召开大学生创业工作会议和教育研讨会。院级层面

---

①　2008—2009 年,时任福州大学党委书记陈笃彬、校长吴敏生多次撰文;2008 年 9 月陈笃彬在《发展研究》发表《创建创业型大学 服务海西工业科学发展》一文;2009 年 2 月 11 日在《中国教育报》发表《创建创业型大学路在何方》一文。2014—2015 年,现任党委书记陈永正在国家教育行政学院、教育部高等教育司等做典型发言,《光明日报》(2014 年 12 月 10 日)、教育部网站(2015 年 6 月 16 日)等纷纷报道。

上成立创新创业指导小组,建设创新创业中心,形成全校一盘棋格局。三是夯实制度支撑。出台《关于进一步加强创新性研究型人才和创业型工程人才培养的意见》《关于推进创新创业教育和大学生自主创业教育的意见》《学生科技创新活动实施意见》《本科生奖励学分管理实施办法》等制度,建立创新创业类学分奖励、创新创业指导教师绩效奖励,每年评选"十佳创业项目""十佳专业创新创业实验室"、创新创业先进单位和个人等。

(2)加强教育。优化专业架构,福州大学主动对接福建产业结构调整与升级,战略产业方面本科专业覆盖率达93%。学校实施专业核心课程、通识教育核心课程、MOOC课程三大建设计划;开设本科生必修课《创业教育》(2学分);依托"创业管理"二级学科硕士点开设《大学生就业与创业指导》等11门跨专业、跨学科创新创业通识课程。该校每年投入60万元,举行SIYB培训班、闽台合作创业培训班、网络开店创业技能培训班等,形成"创业通识—创业技能—创业实战"递进式培训体系。学校充分利用新媒体造势,让大学生创业成功部分人、带动一批人、影响多数人,形成"学习—创新—创业","再学习—再创新—再创业"的良性循环。

(3)凸显实践。福州大学构建了"学生创业团队—学院专业创新创业实验室—学校创新创业苗圃—学校创业孵化基地—国家大学科技园加速器"的网格化五级实践平台。学校增加实验、课程设计等实践课程,各专业集中性实践教学环节占比25%。该校投入400万元在国家大学科技园中建设大学生创业孵化基地;每年投入100万元建设创业孵化基地、培训基地和专业创新创业实验室,300万元开展创新创业训练计划项目、科研实践训练和竞赛,200万元奖励学生科技创新创业,100万元创新创业教学改革项目。学校开放67个国家(省)级创新创业实践平台;建设省级本科高校就业创业指导教师培训基地、高校毕业生创业培训基地、学生党员创业就业培训中心和市级高校毕业生创业培训基地;面向中低年级、高年级、毕业3年之内校友分别建设创业体验基地、科技创业孵化基地、创业孵化基地,共计5300余平方米。该校聘请职业经理人等担任兼职教师及学生创业导师,形成专兼结合、具有"双师型"素养的创业型师资。学校建设KAB创业俱乐部、创业联盟、创行协会等校院两级24个创新创业社团。该校多次举办"互联网+"大学生创新创业大赛和专题培训,成为全国"创客教育基地联盟"的发起人单位。福州大学自1989年起举办大学生科技节,截至2014年已有23届;2012年推出大学生创业文化节。目前,该校年均约10%本科生参与创新创业训练计划项目,40%学生参与学科竞赛,5 000人次参与创业赛事。

3.3.3.4 教师产学合作能力

福州大学的教师产学合作能力不断增强。第一,智库建设成效明显。该校于 2014 年在全省高校率先启动新型智库建设,多条资政建议获党和国家领导人批示。在贯彻落实《国务院关于支持福建省加快建设海峡西岸经济区的若干意见》百项建言活动中,该校共推荐 14 篇建言。2013 年至 2014 年期间,该校共被《八闽快讯》《福建信息》等采用 42 篇稿件,其中 11 篇获得省级以上重要领导批示。同时,教师在政府或产业挂职、兼职成为常态,教师指导的不少学生创业项目和比赛荣获不同层级的奖励。第二,社会服务跨越发展。2003—2014 年共接受企业委托研发等社会服务项目 3 156 项,到校横向科研经费 5.2605 亿元。其中,2014 年的合同数是 2003 年的近 3 倍,到校金额高达 2003 年的 12 倍(见表 3-10)。近五年来,更是呈现加速发展势头签订合同 1 778项,占 12 年总合同数的 56%;到校金额达到 3.7336 亿元,占 12 年总金额的 71%,实践经验和科研成果受到好评并被广泛应用于创业型人才培养。

表 3-10　福州大学 2003—2014 年产学合作研究汇总表

年份	合同(项)	到校金额(万元)	年份	合同(项)	到校金额(万元)
2003	125	821	2010	335	5 679
2004	153	1 150	2011	375	6 509
2005	171	1 308	2012	369	6 858
2006	192	2 050	2013	335	8 328
2007	189	2 552	2014	364	9 962
2008	260	3 497	合计	3 156	52 605
2009	288	3 891			

资料来源:本研究现场访谈及资料获取

上述趋势的产生主要得益于:一是夯实边界服务组织建设。2003 年成立科学技术开发部、校企合作委员会,2014 年成立科技与产业发展中心;重视"边界人员"培养,建设技术经纪人队伍。二是优化产学合作制度。出台《福州大学关于促进科技服务区域经济建设管理办法》《福州大学横向项目合作经费管理办法》和《福州大学科技人员服务企业行动方案》等文件,制定了诸多鼓励教师产学合作的绩效评价制度,如按实际到校经费数分级,参照国家级、省部级重大项目计分,参与关键岗位、重点岗位聘任,以制度增进教职工社会服务动力。三是立足区域协同创新。学校瞄准海峡西岸经济区工业,区域贡献度不断增强,建设海西环境与能源光催化、海西新型显示器件与集成、海西高端装备制造、海西食品安全检测技术与产品、海西政务大数据应用等五个省级"2011 协同创新中心"。

3.3.3.5 学生创业实践能力

福州大学学生的创业实践能力随政府政策推进、产业扶持和学校推进而快速提高。学校发挥以工科为主的优势,推崇在创业型大学建设背景下培养创业型人才的教育价值观,将建设高水平创业型东南强校的战略目标落实到创业型人才培养的具体链条上,理论教育与实践教育并举、通识教育与专业教育相联、榜样示范与全面培养结合、人文修养与科学素养贯通。该校以创业课程改革引导创新创业思维,挖掘学生潜能,造就不同学科交叉复合的学习和研究氛围,对创业素质的提升具有整体引导、塑造培养功能。学校以实际问题求解设计实践教学,锻炼学生发现、分析和解决问题的能力,提高学生创意设计能力、动手能力和社会调查能力。该校依托教师产学合作,在项目引导、工程实践和技术服务中增进学生参与,在真实的实践情境下使创业思想深入人心,潜移默化中诱发学生创业意识和心理品质,人才培养更适合市场需求,呈现出学校重视创业教育和学生崇尚创新创业的良好态势。

几年来,伴随着教师产学合作能力的持续提高,学生创业实践能力不断增强。如该校 2012 年在第 36 届 ACM 国际大学生程序设计竞赛全球总决赛中,名列全球第 18 名。获奖学生代表深有感触地表示:"ACM 训练的不仅仅是编辑程序,更多的是综合能力塑造。在长期高强度、高难度的集训中,队员的创新思维能力、动手能力、控制能力和团队协作能力均得到很多锻炼。"获奖教练认为,学生通过参与 ACM 训练,综合素质特别是实践能力、团队能力、商业机会把控能力、人际交往能力都更加突出,队员离队后的发展非常好,有的在百度、微软等知名 IT 企业里如鱼得水,有的在自主创业道路上风生水起。此外,该校还屡获"全国大中专学生'三下乡'社会实践活动优秀单位"等称号;在 2015 年社会实践"服务新福建"工作中获表彰数列全省第一。

3.3.3.6 创业型人才培养绩效

创业教育打开了梦想之门,成为福州大学学生发展路上的助推器、成才路上的领航灯。建校以来,该校为社会培养了 20 余万名毕业生。在中国校友会网"2014 中国大学校友捐赠排行榜"中排名第 9 位。学校被誉为福建省"企业家的摇篮",一批杰出校友在国家尤其是福建省的重点行业领域中发挥重要作用,引领了相关产业发展。毕业生就业专业对口率达 88.72%;五年来毕业生年终就业率保持在 95% 以上,学校获"2014 年度全国高校毕业生就业工作 50强"。2015 届本科毕业生紧密结合所学专业,以直接创业、合伙创业等形式参与创业,共计 130 人,创业率 2.44%,在校生中有 185 个创业项目在运营,实现工商注册 57 家,1 000 多名学生参与创业项目运作,20 个优秀创业项目入驻创业孵化基地,带动就业人数近千人。福州福大北斗通信科技有限公司创业项目专注北斗卫星导航相关的产品研发和制造,2014 年营业额近 500 万,曾入围央视财经频道"中国创业榜样"全国 100 强,获全国大学生电子设计大赛一等奖。北京邦桂科技有限公司菠萝袋(BorrowDay)项目 2015 年获 A 轮 1亿元人民币战略投资,月销售额突破千万元,曾获"福建省创业之星标兵""首届互联网+创业大赛"福建省第一名;在 2015 年"建行杯"首届中国"互联网+"大学生创新创业大赛中,该校菠萝袋、"小蜂找事"大学生创新创业人力资源平台、极目虚拟飞行体验有限公司等 3 支团队从全国 1878 所高校选送的57 253 支团队中脱颖而出进入总决赛并获银奖(全国共 116 支团队获银奖以上奖励)。2014 年,在中央电视台财经频道"中国创业榜样"大型公益活动中,该校 2 个学生创业项目晋级中国创业榜样训练营,2 名同学获中国创业榜样"未来之星"称号。

3.4 案例对比及初步模型

3.4.1 案例对比

为了更直观地呈现上述三所国内外典型高校在创业型人才培养上的共同点和区别,本研究整理出培养系统对比表(见表 3-11),力求为本章初步模型的提出提供一定依据。

表 3-11　三螺旋理论视角下创业型人才培养典型高校培养系统对比

维度	相同点	不同点
政府参与度	• 政府出台鼓励学生创业的相关政策 • 政府有中小型企业创业方案供学生创业参考 • 学生创业办理工商营业执照等手续便捷 • 政府提供税收优惠援助学生创业 • 政府鼓励教师参与社会服务 • 政府兴建企业孵化器、创业园或创业基地支持学生创业 • 政府通过媒体等宣传学生创业的做法和经验 • 政府提供融资渠道(如优惠贷款)援助学生创业	• 美英两国的营商便利度优于我国,美国相对更佳 • 相对于中国,美英两国支持学生创业的相关机构更为健全 • 美英政府对创业支持的起源较早,更具有持续性 • 英国政府对创业教育投资力度最大,项目计划丰富 • 我国政府近年来大力加强创业支持,福建省的配套较为完备
产业参与度	• 该区域有很多企业愿意提供风险投资、信贷融资 • 企业给学生创业提供奖金、专项基金 • 企业给学生创业提供实习实践基地 • 企业支持、参与学校的创业竞赛和社团 • 企业对学生创业提供管理和技术指导 • 企业欢迎教师提供科研服务 • 企业对学生创业提供市场需求和信息	• 美国产业投资力度大,对学生创业项目比赛支持多 • 英国产业创业基础服务较为齐全,社会投资发达 • 我国产业联合办学较突出,利于建本土化创业型人才培养体系 • 我国社会投资总体较短缺,融资性担保机构、金融市场不完善
高校参与度	• 学校设置创业通识教育课程 • 学校有专门的创业教育师资和组织(如创业研究中心) • 学校为学生创业提供咨询或培训,宣传创业知识和案例 • 学校请产业人士做讲座,组织学生参访企业、创业园区 • 学校有丰富多样的创业竞赛和社团 • 学校为学生创业提供资金支持 • 学校为学生创业提供场地支持	• MIT 崇尚实践,教师的实践阅历很深 • MIT、沃里克大学创业课程、竞赛、项目、社团较丰富,均建立创业生态体系,但 MIT 最完善 • 沃里克大学学术与创业兼顾,凸显学生社会责任、注重商业化 • 福州大学重视顶层设计,建立多样化的实践平台鼓励和支持师生创业
教师产学合作能力	• 教师承接政府或产业的课题数量增多 • 教师承接政府或产业的课题金额增加 • 教师研究成果获政府、产业嘉奖或社会好评 • 教师研究成果获技术转移或应用更频繁 • 教师参与或指导的创业活动获奖 • 教师在政府或产业兼职更常见	• MIT 较支持教师社会服务,教师服务政府、产业声誉良好 • 沃里克大学以创收为目的,员工持股制度和战略规划支持 • 福州大学重视服务区域经济建设和社会发展,产学合作水平不断提高

续表

维度	相同点	不同点
学生创业实践能力	• 学生更能识别和捕捉商业机会 • 学生更能容忍压力 • 学生更喜欢动手操作,动手能力更强 • 学生更善于与风险投资接触 • 学生更乐于参加创业项目和组织 • 学生社交能力更强,人脉更广 • 学生更喜欢主动尝试	• MIT 学生在学术创业上颇有建树,从校训"Mens et Manus(Mind and Hand)"中一览无遗 • 沃里克大学学生在社会责任上较为突出 • 福州大学学生创业实践能力随政府政策的推进而快速提高
创业型人才培养绩效	• 学生创业人数增加 • 学生创业项目增多 • 学生创业成功率提高 • 学生创业盈利能力增强 • 学生创新实践能力获社会好评 • 毕业生立足岗位创新能力获用人单位及社会好评	• MIT 学生学术转化率高,创业成功率高,对产业群辐射作用大 • 沃里克大学学生深得企业主青睐,师生互动突出,构建影响深远的校友网 • 福州大学学生在各类创业类竞赛中成绩突出,校友美誉度不断增强

资料来源:本书整理

上述研究表明,三所典型高校在创业型人才培养的六个维度上共性与差异并存。根据案例研究的理论框架及案例介绍,结合表 3-11 的对比,本书大概整理出关于这六个维度的重要事件及一些主观性评价,作为定性评判的依据;并采用 5 级评判的方法建立评判表(见表 3-12)。

通过表 3-12 可大体发现,自变量(政府参与度、产业参与度、高校参与度)的程度越高,中介变量(教师产学合作能力、学生创业实践能力)在总体上也较强,进而导致因变量(创业型人才培养绩效)的表现也越好。

表 3-12　三螺旋模型下创业型人才培养典型高校成效的评判

维度		MIT	沃里克大学	福州大学
政府参与度	要素	• 世界银行《2015 年全球营商环境报告》显示,在全球 189 个经济体排名中,美国第 7 名、英国第 8 名、中国第 90 名		
		• 设立 SBA,SBDC,实施 SBIR,STTR 等计划 • 马萨诸塞州的 SBDC 中,SBA 出资 1/2,州政府及州内高校各出资 1/4	• 在创业教育所获的投资中,政府投入占比 80% • 2006 年起实行"弹性学习"改革计划	• 福建省大学生创业引领计划力度较突出 • 教育部与福建省共建福州大学,推动创业型人才的培养
	结论	高	高	较高

续表

维度		MIT	沃里克大学	福州大学
产业参与度	要素	• 产业主动支持,10 万美金杯创业大赛的赞助商可分为白金、金牌、银牌赞助商三个层级 • 全球研发经费预算中获产业资助最多的高校,2014 年研发经费中产业赞助占 19%(NSF 统计)	• 学生的实践机会较多,2015 年 EPSRC 以 100 万英镑资助捷豹、路虎等项目,完全由学生先后在 IMC、NAIC 研发 • 2014 年经费构成表明,研究资助及租赁费用占比 18.7%	• 福建省的产业参与福州大学的创业人才培养,但主动性总体不如高校 • 产业在参与的形式上以合作办学为主,在创业急需的资金和人力指导上供给较少
	结论	高	较高	一般
高校参与度	要素	• 理念上崇尚实践,"Mens et Manus"的校训是例证 • 形成"选择—导向—链接"的创业生态体系。莱姆尔森项目是全球最大单项发明现金奖	• 首任副校长 Butterworth 提出"学术研究要与创业兼顾"的远见 • 提出"高校是社区"的理念,在全球形成校友网络系统,毕业生 3 年内继续获得就业创业支持	• 将"创业型大学"办学理念写入《福州大学章程》 • 年均约 10%本科生参与创新创业训练计划,5 000 人次参与创业赛事
	结论	高	高	较高
教师产学合作能力	要素	• 20 世纪 30 年代提出"1/5"原则或"每周 1 天制度" • 1990 年来毕业生和教师平均每年创办 150 家新企业 • 不少教师成为既熟悉市场规则、又认清市场方向的"学术创业家"	• 教授所创建的 2 家企业和 Nima 技术公司获贸工部颁发 SMART 奖 • 2015 年指导 2 名学生研发出新的社会网络软件,并被列入国家创业大赛	• 2013 年来,42 篇稿件被《八闽快讯》等采用,11 篇获省级以上领导批示 • 2014 年产学合作合同数是 2003 年的近 3 倍,到校金额高达 2003 年的 12 倍
	结论	强	强	较强
学生创业实践能力	要素	• 美国表现最优秀的 50 家高新技术企业中有 46%出自 10 万美金杯创业大赛 • UPOP 项目 1 年实践里,约 2 460 名研究生受聘研究助理,570 名学生受聘教学助手,1 780 名学生受聘助手	• 在 2011 年 UCAS 报告中,毕业生被列为英国企业主重点聘用的第 1 名 • 在 2014/15 年的 High Flier 调查中,毕业生名列英国顶尖企业雇主重点聘用的第 3 名	• 2012 年在第 36 届 ACM 国际大学生程序设计竞赛全球总决赛中,获全球第 18 名 • 2015 年社会实践"服务新福建"工作获表彰数列全省第一
	结论	强	较强	较强

续表

维度		MIT	沃里克大学	福州大学
创业型人才培养绩效	要素	• 世界首所创业型大学(Etzkowitz,2008) • 毕业生创办的高科技企业规模和生产总值相当于世界第 17 位(Roberts & Eesley,2009) • 2011考夫曼机构创业研究显示,校友创立 3.3 万多家企业、300 多万个就业岗位,年销售额超 2 万亿美元	• 欧洲五大典型创业型大学之一(Clark,1998) • 被前首相 Blair 誉为"英国高校企业家精神上的灯塔" • 在 2011 年 UCAS 报告中,毕业生就业声誉名列全球第 15 名	• 国内首所提出建立创业型大学的高校(邹晓东等,2014) • 在《标准排名·2015 年中国大陆高校创新创业指数排行榜》中名列第 43 名 • 2014 年度全国高校毕业生就业工作 50 强
	结论	好	较好	较好

资料来源:本书整理

3.4.2 初步模型

本章探索性案例研究表明,创业型人才培养这一系统工程离不开政府的高度重视和有力指导;离不开产业的密切配合和广泛支持;离不开高校的有效运作和持续推动。过去人才培养囿于高校的圈子,一味强调甚至夸大高校的作用,而不重视甚至忽略政府和产业的特有职能。实际上,创业型人才培养涉及的利益相关者主要有政府、产业、高校等,理应由它们通力合作,理想的模式是:政产学三者在创业型人才培养中各司其职,又相互交叉和推动,共同催生创业型人才(图 3-7 所示)。可视这三者在创业型人才培养中积聚的合力大小在图中直观地映射为阴影面积大小并成正比,换言之,三者任何一方的缺位,都将使创业型人才培养如引"无源之水"、栽"无本之木"(刘有升和陈笃彬,2015)。

在理论框架的背景下,本章以 MIT、沃里克大学、福州大学等三所国内外典型高校为样本,经过探索性案例研究,得知政府参与度、产业参与度、高校参与度可能通过作用于教师产学合作能力、学生创业实践能力,进而影响创业型人才培养绩效,也就是说教师产学合作能力、学生创业实践能力在政产学参与度与创业型人才培养绩效之间的关系中存在中介效应,这同前一章构建的研究框架思路大体一致。需要说明的是,受研究中所选取典型案例高校的个数和分析方法的影响,探索性案例研究获得结论的效度有待考证,仅能获取如下

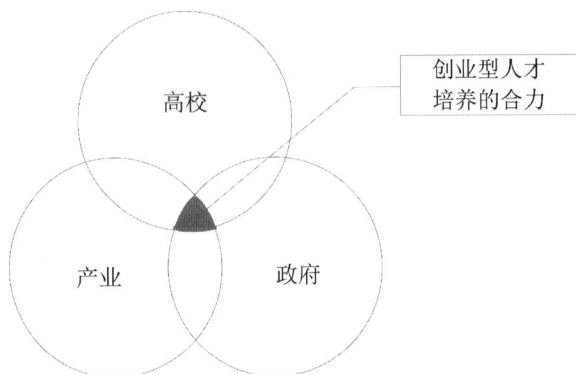

图 3-7　创业型人才培养三螺旋模型

资料来源：刘有升和陈笃彬（2015）

初步模型（如图 3-8 所示）。更为深入地探讨，既需要广泛汲取文献研究成果的精华，也离不开大样本的实证研究，从而更加详实地验证本章提出的初步模型。

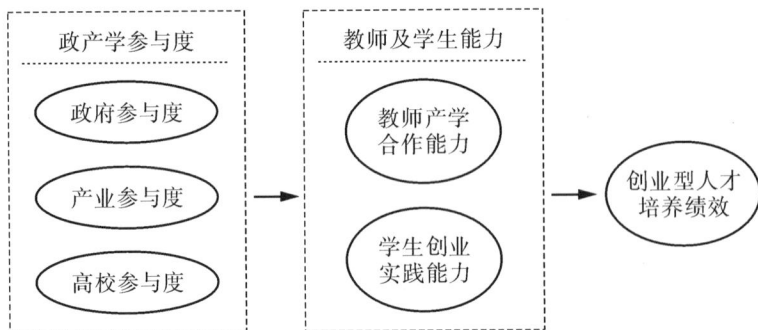

图 3-8　政产学参与度影响创业型人才培养绩效的初步模型

3.5 本章小结

本章在理论框架的背景下，针对国别的差异性及高校的多样性，从北美洲、欧洲、亚洲选择三所创业型大学或创业型人才培养方面的典型高校，即选择美国的 MIT、英国的沃里克大学和我国的福州大学为样本,经过探索性案例研究,基于政府参与度、产业参与度、高校参与度、教师产学合作能力、学生创业实践能力和创业型人才培养绩效六个维度进行介绍,透视本研究的问题能否从实践中探寻依据。在具体研究中,通过文献分析、资料收集、实地调研、专家访谈等全面剖析三所典型高校在创业型人才培养上的异同点,基于三螺旋理论并从多个维度对这些高校创业型人才培养系统地进行对比,归纳出共性与差异性,并重点从政府、产业和高校协同发展的角度分析原因,进而得出三螺旋理论视角下政产学参与度对创业型人才培养绩效作用的初步模型。

第四章

基于三螺旋理论的高校创业型
人才培养机制的理论模型

4.1 本章拟解决的理论问题

要理清创业型人才培养机制,就需先把握创业型人才培养及人才培养机制两个着力点。创业型人才培养,顾名思义就是要顺应和紧扣高等教育内涵式发展的内在要求和大众创业万众创新的"双创"战略,以增进大学生的社会责任感和职业操守为基础,以提升创新意识、创业意愿、创业能力和强化团队精神、诚信意识及实践能力为核心,进而增进创业型人才培养绩效。这里,从品德、能力和意识三个层面对创业型人才培养体系框架的目标理念进行界定。创业型人才培养的目标理念区别于一般性人才培养的根本之处就在于,应凸显人才培养的创新意识、创业实践、道德规范,促进大学生的创新创业意识培育和创业实践能力提升。

何谓机制(Mechanism)?《辞海》这样解释:机器制造的,如机制纸;有机体构造、功能和相互关系,如生理机制;工作系统的组织或部分间相互作用的过程和方式,如竞争机制、市场机制[①]。机制与机理有何辩证关系? 机理是事物发展中的规律性东西,虽可认识但不可干预;机制是结构化的规则和制度化的方法,既可认识也可干预。人才培养机理侧重人才培养中各利益相关者间的影响作用及内在规律;而人才培养机制既包括人才培养的运行机制等机理

---

① 夏征农,陈至立.辞海(第六版彩图本),上海辞书出版社,2009.

性东西,也涵盖完善机制的措施等体制性内容。可见,创业型人才培养机制指创业型人才培养的具体运行机制及使之更为完善的措施。

　　近十几年来,创业型人才培养的研究备受青睐,但现有研究仍然需要改进和深化。一方面,既有研究从多个角度探讨政产学参与度与创业型人才培养的关系,但对政产学参与度影响创业型人才培养绩效机制的研究却乏人问津。通过探索性案例研究得知,政产学参与度也会经由影响教师产学合作能力、学生创业实践能力而间接地影响创业型人才培养绩效。另一方面,现有研究较多地关注了政产学参与度对创业型人才培养绩效的影响,却很少注意到不同政产学协同情境下这一影响的差异性。需要引起注意的是,探讨政产学参与度与创业型人才培养绩效的关系,要兼顾方方面面因素对其带来的调节效应。

　　在文献整理和对政府、产业、高校多方调研的基础上,本部分拟诠释政产学参与度对创业型人才培养绩效的影响关系及作用机制,这涵盖如下两个问题:

　　(1)政产学参与度,教师产学合作能力、学生创业实践能力与创业型人才培养绩效的关系。本部分不但关注政府参与度、产业参与度、高校参与度分别对创业型人才培养绩效的影响,而且立足于文献综述和探索性案例研究的基础,重视教师产学合作能力、学生创业实践能力这两个变量,在政产学参与度影响创业型人才培养绩效的中介作用机制,从这两个层次提出政产学参与度既可直接作用于创业型人才培养绩效,也可通过教师产学合作能力、学生创业实践能力的作用间接完成。

　　(2)政产学协同度对"政产学参与度—创业型人才培养绩效"关系的调节效应。政产学参与度对创业型人才培养绩效的影响是否具有动态效果?对此,本书提出,介于不同的政产学协同情境,"政产学参与度—创业型人才培养绩效"关系大小并不一定相同,应有些许区别。根据已有研究和实地调研情况,本章将政产学协同度视为调节变量,探讨该因素在"政产学参与度—创业型人才培养绩效"关系中的调节效应。

4.2 政产学参与度影响创业型人才培养绩效的理论假设

　　创业是创业者的人力资本、经济资本和社会资本这三维创业资本的乘法模型,缺一不可(郭新宝,2014)。通常来说,创业型人才培养的环境涵盖金融支持、政府优惠政策、政府项目、教育和培训、研究开发及技术转移、商业和专业基础设施、市场开放程度、有形基础设施、文化及社会规范等九个角度(Gnyawali & Dan,1994)。不少学者研究发现,政府政策、金融支持、市场条件、高校教育、社会态度等因素均与大学生创业有正向因果联系,政产学等主体间高度联系、互补的环境下创业型人才培养更易取得成效(Zamfir et al.,2013;姚毓春等,2014;汤吉军和刘仲仪,2015)。接下来,本书将对政产学参与度与创业型人才培养绩效的影响关系进行理论分析。

4.2.1 政府参与度对创业型人才培养绩效的影响

创业型人才培养工作牵涉面广、系统性强。究竟政府参与多些还是少些对创业型人才培养绩效的提高更有帮助?这一问题学术界已广泛讨论。不少学者的研究表明,政府的支援、税收、激励、培训、注册登记、创业参与程度、孵化器(incubator)等均促进创业者创业(Riddle et al.,2010;田松青,2010)。例如,孵化器是个创新系统,在国外源于政府的支持,在国内更需要政府的推动;它对创业型人才培养颇为重要,可降低新生企业的创业成本和降低创业阶段失败的概率,而这些正是高校培养创业型人才所急切需求的。上述因素对创业型人才培养绩效的影响程度如何呢?其一,有些学者实证研究发现,政府在创业政策资源和导向等方面的参与对创业绩效产生显著的正向影响(Reynolds,2012)。一些学者发现在部分国家这种作用很典型,如新加坡(Wang & Ang,2004)、英国和波兰(Chmielecki & Seliga,2015);上世纪 70 年代后,北美和欧洲重新出现的小企业和创业精神,也是一个例证。但也有学者注意到,政府政策对创业倾向和创业活动仅起调节作用(Hart,2004),甚至产生消极影响(Griffiths et al.,2009)。其二,政府参与产生的作用还有条件限制或区域区别。如一些学者表示,无论是在东欧地区还是在前苏联转型国家,仅当制度环境处于较差水平时,政治网络才对创业产生显著的正向影响(吴一平和王健,2015)。还有些学者实证分析认为,只有在创业意识较低的国家和地区,政府对创业的激励和导向才产生很大作用(Bjorvatn et al.,2015);这一激励和导向在美国作用明显,但在爱尔兰并不存在(Pillis & Reardon,2007)。

吴志攀(2015)以北京大学部分青年校友为例调研发现,之所以能形成大众创业、万众创新的局面,是因为政府的扶持拓展了创业空间,互联网的发展构建了新社会网络;独特的本土资源能对不完善的市场机制进行补充与修正。但学者们认为,政府的参与更应关注企业的成立时间,刺激更多人创业,降低不确定性,为新创企业创造更好的成长机会,重点为创业准备期与开始期创造"创业文化"或增加"创业活力"(Hart,2004)。GEM 调查显示,政策制定者越来越重视通过创业政策促进创业;在被访的二十几个国家中,排在前三位的政府参与因素便是政策设计、教育训练及财务支援(Hay et al.,2002)。这就表明,政府的参与重心一目了然,政府尤其要在政策设计上下一番功夫。Lundstrom & Stevenson(2005)研究发现,如果企业家必须遵循许多规则和程序,不得不向许多机构报告、花更多时间和金钱履行程序的要求,那么他们创业的热情可能会降低。为此,应该建立友好政府,提高企业开办、进入和退出的速度,为创业型人才的创业实践创设更好的政策环境,注重服务,通过政策、法规的引导,创造良好的制度和文化环境,促进更多人从"跟跑者"角色向"并跑者"和"领跑者"角色转变。

学者们研究中还发现,税率设计亦是政府在创业型人才培养方面的重要参与手段,资本利得税率的降低有助于推动创业活动,公共政策设计取向应是低税环境,当个人所得税税率高于公司所得税时,将会有更多人选择创业(Keuschnigg et al.,2003)。政府在创业型人才培养所需的资金支持上形式丰富,有创业教育资金、创业种子资金和小额信贷等(Lundstrom & Stevenson,2005),它们支持创业型人才过渡到生产的平衡。不过,一些学者也通过个别国家(如尼日利亚)的实证检验发现,政府的资金监管等政策对创业型人才来说不啻于一个绊脚石,这些政策对创业者尤其是女性创业者的资金流动性约束很严重、产生负向影响,使创业型人才在资金等方面碰壁(Abubakar et al.,2013)。根据我国科技部 2012 年的统计,全国有 188 家创业投资引导基金、政府投入 260 亿余元,直接和间接地带动 1 400 亿元投资资金,它们发挥着政策效应、经济效应以及管理效应(顾婧等,2015)。有学者认为,政府创业投资引导基金在创业投资发展成熟省市(如广东、北京、上海、江苏、浙江、天津、山东)对社会资金有负向作用(杨敏利等,2014)。一些学者还研究发现,我国一些政府引导基金在与私人资本合作时多实行收益补偿机制,造成双输的局面;与之不同的是,欧美的有关国家盛行税收抵免政策,承诺补偿私人资本的亏损,即采取亏损补偿机制,从而激励更多私人资本投入(孟卫东等,2010)。另外,有的学者通过对美国密苏里州 12 个农村社区的 158 个小企业主调查发现,政府参与和支持对他们创业并未产生显著影响(Chatman et al.,2008)。

基于上述分析,本书假设:

H1:政府参与度对创业型人才培养绩效有正向的影响,即在其他条件相同的情况下,政府参与度越高,创业型人才培养绩效越好。

4.2.2 产业参与度对创业型人才培养绩效的影响

学者研究认为,典型的高校环境缺乏创业元素,这就呼唤产业的参与(Heinonen,2007),而产业在创业型人才培养中的参与主要是对教师、学生的支持。不少学者研究发现,产业参与是创业型人才培养的一个重要因素,基础设施对创业型人才培养绩效有正向作用(Audretsch et al.,2014)。产业在创业型人才培养方面的基础设施配置可以向学生提供实习和创业实践便利,使学生参与企业机构的研究、产品开放、流程改进和有偿性专业研究。这些都是产学结合的表现形式,不仅有利于增加学生使用最新设备的机会,增强学生对企业生产及管理系统的了解;而且也有助于增进学生在创业方面理论与实务的底蕴,培养其创新创业能力,提高毕业生就业创业机会。如,Chatman et al.(2008)具体实证验证了商业网络可用性及高速互联网对创业氛围有显著的正向影响。

有些学者指出,大学生创业者最佳的学习环境是与现实创业活动贴近的情境,中小企业是理想选择,因为可在其中"干中学",从每件事或每个顾客、供应商、竞争对手和雇员那里学习(Roffo et al.,2000)。但是,一些学者在关于产业参与对创业型人才培养绩效作用的研究中,对这一作用是正向还是负向并未明确。实际上,资金取得方式是学生创业的重要前提,创业投资等机构能有力地帮助学生创立企业解决资金瓶颈、促进创新和提供增值服务(苟燕楠和董静,2014)。美国的考夫曼基金会(Ewing Marion Kauffman Foundation)就是这方面的成功例证,作为全球推动创业的最大非营利性私营基金会,2013年底时净资产达21.25亿美元,为学生等有关群体的创业提供良好的资金保障(Group AIYES,2008)。产业提供的创业教育基金(如校友捐赠、科尔曼基金等)和种子基金等也助力创业型人才培养(周海涛和董志霞,2014)。创业源于技术、成于资本,得益于多层次资本对接,创业资本等"最近一公里"往往成为大众创业、万众创新的制约瓶颈,但与此同时民间资本要素配置存在着严重的错位现象和结构性矛盾,启动引导民间资本进入创业型人才培养领域,"求钱若渴"的创业型人才培养就有了急需的源头活水,在创业型人才培养支撑下,"闲置盲目"的民间资本才能获得源源不断的利润回报(盖凯程,2015)。创业启动资金对创业型人才培养很重要,但这一块当前仍然比较欠缺,而这还将可能产生连锁反应,限制创业者对人力资本和社会资本的配置(叶明海等,2011)。

产业具体的参与形式多元化,应激发"羊群效应",而非拘泥于基础设施及资金方面的扶持。例如孵化器,并非简单地出租房屋或免一两年房租,最关键的是要创设增值服务,让创业者获得完善商业计划书、专业管理团队、未来发展战略等服务。学者们对 157 个新生创业者(nascent entrepreneur,有创业打算并行动,但尚未建立新企业)实证研究后得知,体制内外的工作经验均有助于提升创业者的创业行动速度,在市场化程度较高的地区内,体制外工作经验对创业行为速度的促进作用更强,体制内组织的创业者难以借助体制外的社会关系获益(杨俊等,2014)。看来,弥补大学生商业知识、学会选择创业地点等都很重要。产业还在大学生的创业态度、创业技能和创业行为养成方面作用明显(如美国),可以其特殊的背景和地位对大学生产生或潜移默化或立竿见影的效果。不少产业骨干理论和实践兼备,懂得如何教学生创办自己的企业和工厂,对学生提供创业管理、技术指导、前沿信息,能使学生更有机会接触实务,寻找感兴趣的产业发展,修正学生错误的学习策略,有利于掌握产业发展前沿动态,从而使高校人才培养、科学研究更贴近于生产实际、更符合市场要求和行业发展趋势,促进创业型人才培养(游振声,2012)。这方面的成功案例也不少,如澳大利亚的 TAFE 小企业家培训(董晓红,2009)。

产业在创业型人才培养中的参与还有一种重要形式,即对教师提供服务支持。Etzkowitz(2008)早在 1980 年时就调查发现,产业之所以欢迎教师提供服务,出发点在于:获得人力资源(75%)、科技信息(52%)、设备使用机会(36%)、提高企业声誉(32%)、独家信息(11%);对优秀技术常规支持(38%);开拓当地市场和培育社区关系(29%);利用经济资源(14%)。这些从一个角度来说是产业对教师的诉求,但从另一个角度来说也是高校能从教师服务产业实践中获得的。Stephen Spinelli.Jr 博士是个典型,作为阿瑟·布兰克创业学中心主任和 Babson College 创业学分部主席,他从事全职教学,但仍应凯斯通汽车公司、Tencorp 公司和奥克设备公司等企业之邀担任董事(帝蒙斯和斯皮内利,2005)。

基于上述分析,本书假设:

H2:产业参与度对创业型人才培养绩效有正向的影响,即在其他条件相同的情况下,产业参与度越高,创业型人才培养绩效越好。

4.2.3　高校参与度对创业型人才培养绩效的影响

有些学者以农民为关注对象实证研究发现,教育与创业存在倒 U 型关系:在大约 11 年左右的教育阈值以内,教育年限的提高会增加创业的概率;若教育年限超过该阈值,教育年限的提高会降低创业的概率(谭华清等,2015)。于晓宇和陶向明(2015)根据对 231 位创业老手及其新创企业的实证调研发现,创业失败经验与其绩效之间并非简单的线性关系,而是呈倒 U 形关系,当创业失败经验占全部创业经验 2/3 时,其绩效最优。

很多学者以大学生为关注对象,探讨高校参与对创业型人才培养绩效的影响。不少学者认为,高校大力开展创业教育,不但可增进学生创业意向,还能改善和提高个体创业的数量和质量(Pittaway & Cope,2007;Fulgence,2015)。有些学者发现,创业教育教学的课程设置、模拟训练、创业咨询和培训对提高学生的自我评估能力、决策能力、环境分析能力和机会甄别能力等均具有显著的正向影响(李静薇,2013;Hammer & Han,2013)。Johansen(2013)就通过对挪威 1 171 名受访者的实证研究验证了这一结论,同时还发现这一作用对受访者尤其是男性受访者更为明显。Charney & Libecap(2000)则通过对美国亚利桑那州立大学毕业生的实证研究发现,毕业生受过伯杰创业项目培训(Berger Entrepreneurship Program)与其负责产品的销售量呈现正相关。对百森商学院实证研究表明,学生参加创业计划竞赛与其创业为显著正相关,具体来说,在 1985—2003 年毕业的校友中,有创业计划撰写经验的学生创业率为 40%,而没有这方面经验的仅 25%;入选创业计划大赛决赛学生的创业率为 62%,而未入选的仅 38%。还有一些学者以其他高校为例验证了这一结论,如美国的哈佛大学(Katz,2003)、斯坦福大学(何郁冰和丁佳敏,2015);芬兰的阿尔托大学(任之光和张志旻,2012)。温肇东(2003)除认同对美国的实证研究外,还对英国的剑桥大学、日本的早稻田大学及新加坡的大学进行了经验研究。此外,我国清华大学的实践亦支持这一结论(李伟铭等,2013)。

有些学者实证研究发现,高校在创业型人才培养中的参与对创业型人才培养绩效仅仅产生弱连接,这种作用微乎其微,甚至可以忽略不计。也就是说,高校提供的资源和服务对创业型人才培养施加了一定的影响,略微促进了创业型人才培养绩效的提高,但其作用过于微弱(Mayer-Haug et al.,2013)。学者们发现,在加拿大(Finnie et al.,2003)、印度(Bhosale & Bhola,2014)等地区就有高校可作为例证。此外,还有一些学者(Lorz et al.,2013;Volery et al.,2013)表示,在实证研究中未观察到高校在创业型人才培养中的参与对创业型人才培养绩效产生的显著影响。实际上,这些结论互相呼应,形成了更加完整的证据链,加深了人们对高校参与在创业型人才培养绩效中作用的质疑,也在一定程度上创设了崭新的探讨空间。看来,高校参与是否对创业型人才培养绩效产生正向作用在理论界仍存在一定的分歧,虽然不少学者赞同高校参与对创业型人才培养绩效的正向作用,但是也有一些学者持有异议。

基于上述分析,本书假设:

H3:高校参与度对创业型人才培养绩效有正向的影响,即在其他条件相同的情况下,高校参与度越高,创业型人才培养绩效越好。

4.3 政产学参与度影响创业型人才培养绩效的作用机制的理论假设

为深化创业型人才培养理论,按照文献研究和探索性案例研究情况,本研究认为政产学参与度除了直接影响创业型人才培养绩效之外,还会经过某些渠道产生作用,而教师产学合作能力、学生创业实践能力正是需要考证的重要渠道。

4.3.1 研究扩展的着眼点:教师产学合作能力、学生创业实践能力的中介作用

已有的创业型人才培养理论基本未涉及政产学参与度影响创业型人才培养绩效的机制,较多考虑前者对后者直接作用(Pittaway & Cope,2007;Reynolds,2012;Audretsch et al.,2014;Fulgence,2015)。少数学者,如 Kundu & Sunita(2010)、Almobaireek & Manolova(2012)、李静薇(2013)、Johansen(2013),已经关注了教师产学合作能力、学生创业实践能力在政产学参与度和创业型人才培养绩效中的地位和价值,但没有将三者纳入一个整体分析框架,而只是注意到其中的某两者。概括而言,为数众多的研究验证了政产学参与度对创业型人才培养绩效的推动作用(Charney & Libecap,2000;温肇东,2003;Johansen,2013;苟燕楠和董静,2014;Bjorvatn et al.,2015),遗憾的是在推动创业型人才培养绩效提升的作用机制上,当前的研究仍未确切表述,这也是本书着力攻克的一个突破口。

前述的探索性案例研究表明,创业型人才培养过程中,政产学参与度对教师产学合作能力、学生创业实践能力的提高有着推动作用。得益于政产学的参与,高校的教师产学合作能力、学生创业实践能力不断提高,进而获得的产

业资助和委托项目金额数也不断攀升(如 MIT、福州大学);学生以其厚实的创业实践能力,在各行各业或崭露头角或大显身手(如 MIT、沃里克大学)。这似乎表明,教师产学合作能力、学生创业实践能力在政产学参与度对创业型人才培养绩效的影响中扮演着"金桥"作用:政产学参与度提升了教师产学合作能力、学生创业实践能力,教师产学合作能力、学生创业实践能力又会推动创业型人才培养绩效的增强,也就是说教师产学合作能力、学生创业实践能力在"政产学参与度—创业型人才培养绩效"的关系中存在中介效应。

本书旨在从三螺旋理论角度研究创业型人才培养绩效的影响因素及作用机制,但是政产学参与对创业型人才培养绩效往往不是直接的,应该通过某个途径实现这一影响。综合上述分析,本书侧重考量教师产学合作能力、学生创业实践能力在"政产学参与度—创业型人才培养绩效"关系中的中介作用,分析教师产学合作能力、学生创业实践能力这两种能力对"政产学参与度—创业型人才培养绩效"关系的中介作用机理。从某种意义上来讲,学生创业实践能力也可以作为被解释变量,但考虑到在政产学参与度对创业型人才培养绩效关系中,学生这一最核心利益相关者的作用和能动性的重要性,为增进中介机制研究的周全性和创新性,本书还是把它列为中介变量。

4.3.2 政府参与度与教师产学合作能力、学生创业实践能力

在创业型人才培养过程中,政府的参与度对教师产学合作能力、学生创业实践能力将产生怎么样的影响? 研究发现,教师及学生等各群体干事创业易受体制环境影响,制度能降低交易成本、降低风险,还能提高收益(Williamson,1987)。教师及学生作为高校这一组织的重要组成主体,其行为逻辑必然受政府、高校等大小体制环境的影响和制约。高校作为承担人才培养、科学研究、社会服务和文化传承创新等多项职能的利益主体,在创业型人才培养中的动力来源于其利益和需求的实现,而这就离不开对有关成本和收益的考量。

分析高校在教师产学合作中的成本和收益可知,高校要付出的成本至少包括允许教师支配一定的时间和精力服务产业,通常这会与教师对高校的服务产生相关冲突;高校的收益在于取得较多的产学合作项目和资金、实现教师产学合作能力的提高。再来分析高校在学生创业实践中的成本和收益,可以发现高校要付出的成本主要是师资建设和硬件环境的改善,涵盖了教师创业实践素养的增强、教育设施及管理策略上的调整、学生创业实践的增加等,这些势必会增加高校的办学成本;而高校获取的收益则包括培养出更多创业实

践能力较强的学生,学校育人成效和社会声誉的增强。作为高校必不可少的主体,教师和学生必须服从和服务于高校的发展,那么在这关键的节点上,政府的参与和调控显得尤其关键,具体来讲就是政府对高校发展和人才培养的导向及管控,都会在教师和学生身上直接或间接地体现出来。

再者,有的学者研究发现,政府制定相应的扶持和激励政策,既可以直接的方式,鼓励教师深入企业实践锻炼、进行产学合作,又能间接地提倡或要求高校支持教师到企业工作和服务,这样就将加强教师队伍建设,从而提高教师产学合作能力;政府在创业型人才培养中的参与,如出台对教师等科研人员的激励措施等,还将推动技术转移、促进教师产学研究(Friedman & Silberman, 2001)。同时,不少学者实证探讨得知,政府参与中的人员、技术、资金、市场等因素的支持会对高科技创业者的创业特质及能力产生正向影响(O'Shea et al.,2007),政府可以通过教育系统、新闻媒体等提高社会的创业价值乃至改变人们对创业的态度和看法,进而促进学生踊跃投身创业大潮,提高学生的创业实践能力。这些研究都表明,政府在创业型人才培养中的参与促进了教师产学合作能力及学生创业实践能力的提高。

基于上述分析,本书假设:

H4:政府参与度对教师产学合作能力有正向的影响,即在其他条件相同的情况下,政府参与度越高,教师产学合作能力越强。

H5:政府参与度对学生创业实践能力有正向的影响,即在其他条件相同的情况下,政府参与度越高,学生创业实践能力越强。

4.3.3 产业参与度与教师产学合作能力、学生创业实践能力

已有研究表明,产业的重视是创业型人才培养链条中不可或缺、无法替代的一环,但目前这方面还比较薄弱,需要有的放矢地增强。为此,我们需要从理论上理清产业参与度对教师产学合作能力、学生创业实践能力的作用机制。

当前,教育理论与实践相脱节的事实要求我们关注教师自身的实践理性,这与其所生长的中国文化传统和现实社会场域间是有联结的(魏戈和陈向明,2013)。有些学者研究发现,作为教学者、个人以及组织成员的教师,在产业参与下可以获取多维信息和多元锻炼,素质得以发展,这可以提高教学质量,更好地传道授业解惑;能映射为对科研活动的推动,体现在他们参加科研的水平和所获成果上(Bland & Schmitz,1986;王秀梅,2009)。通过产业扶持,可以

推进教师的社会化建设,不断鼓励教师深入企业进修、参加有关专业实践技能培训,有助于提高教师技术指导和资政咨询等方面的社会服务能力(朱晓芸等,2012)。正如英特尔对加州大学伯克利分校的支持,捐赠成立加州大学创新基金,选派代表参与该校管理,吸收教师到企业合作开展课题研究,进行管理咨询和技术研发。教师的科研应以理论探讨和实践项目研究为主,成果要以广泛用于企业及社会发展等为导向,帮助解决理论和实践难题,指导学生创业的选题、运作,努力实现教学、科研、创业三者的联动和循环。有些学者通过欧盟的案例对此进行了论证(Seikkula-Leino et al.,2015)。另外,有些学者以芬兰的实证研究验证发现,在产业参与的积极推动下,教师会比常态下更加善于利用外部利益相关者,更加容易获取有关的社会资源,更能推进产学合作研究,从而使自身的产学合作能力得以增强(Ruskovaara et al.,2015)。

再来看产业参与对学生创业实践能力的作用机制。肖曙光(2010)指出,高校的内部资源和人才培养能力有限,而社会需求主体以及其他利益相关者的资源无限,应实现人才培养与社会需求的无缝对接,这显示出产业参与的重要性。Santoro(2000)等学者研究发现,产学合作能给创业型人才培养带来如下收益:补充资金,使用特殊设备、实践操作和技术指导,提供就业创业机会,这些收益对学生创业实践能力的培育作用都很明显。产业参与、体验创业和小组工作是对学生创新创业学习最有用的支持手段,能有效化解学生创业实践中不接地气、缺乏真实情境的问题。高树昱(2013)以斯坦福创业型工程科技人才的实例,验证了美国产业协同对学生创业实践能力的正向作用。有些学者通过案例研究,论证了产业参与对学生创新意识、创新精神、创业能力的养成作用,如考夫曼基金会对创业型人才培养的资金、项目及竞赛的扶持,对学生创业实践能力的提高起着潜移默化的作用(Neck & Greene,2011)。研究还表明,公益性小额信贷的财务资源支持显著影响创业者获得人力和政策资源,正向影响所有创业者个人能力的提升,而对非农户籍创业者的影响更为显著(戴蕴,2015)。学者们还发现,越来越多有技术、懂市场的人员离职创业创新,涌现出联想系、百度系、腾讯系、华为系等系列"创业系""人才圈",他们富有大量实践和管理经验,了解市场情况和消费者需求,创新创业成功率较高;同时包括美的、万科等在内的大企业内部纷纷尝试"裂变创业",对大学生创业形成了很好的榜样和示范效应(辜胜阻和李睿,2015)。江英(2014)认为,大学生创业意识培养是一项系统工程,应以市场为导向,以实践为载体。这些研究从不同侧面证实了产业参与对学生创业实践能力的促进作用。

实际上,学生如果参与了太多的产学合作,就有可能没办法掌握很多的专业知识,知识基础会受到一定挑战。产业参与度影响学生创业实践能力,但这个能力还将受到成本、学生精力等因素的干扰,影响作用有可能并不会那么明显。也就是说,尽管产业参与度很高,但大学生毕竟以学习为主,如果过多地参与产业实践,就有可能两边分心、力不从心,甚至出现两边都没学好的窘境。还有一种可能,那就是产业参与度对学生创业实践能力的影响可能不是线性关系,而是出现曲线关系,即产业参与度一开始是参与得多点好,但到了一定阶段情况就出现变化。为此需要综合考虑学者们的观点和结合我国产业在创业型人才培养中的参与实际,全面考量产业参与度对学生创业实践能力的影响。

基于上述分析,本书假设:

H6:产业参与度对教师产学合作能力有正向的影响,即在其他条件相同的情况下,产业参与度越高,教师产学合作能力越强。

H7:产业参与度对学生创业实践能力有正向的影响,即在其他条件相同的情况下,产业参与度越高,学生创业实践能力越强。

4.3.4 高校参与度与教师产学合作能力、学生创业实践能力

在创业型人才培养链条中,高校这一主体的重要性已成共识,理论界也已广泛讨论。一些学者验证了创业型人才培养中高校参与对教师产学合作能力的正向作用,归纳起来主要有:高校越是重视加大创业教育师资建设的投资力度,鼓励教师利用课余时间和学校资源服务产业,推动教师到企业挂职进修,促进教师研发的技术转让,就越容易提高产学合作方面的能力,进而为促进学生成长为创业型人才提供基本的师资保障。Martin et al.(2013)实证研究发现,高校对教师的培训与教师产学合作能力等人力资本资产的作用呈显著正相关。孙丽娜和张德伟(2016)指出,美国高校允许教师以联合研发、合同研究、咨询等方式参与校企合作,这推动了校内教师研究成果的产出,提高了教师产学合作能力。蒋妍和林杰(2011)认为,日本京都大学通过相互研修型FD(Faculty Development,高校教师发展)、教学艺术 SOTL(Scholarship of Teaching and Learning)理念,构建了共享教学实践资源的共同体和交流平台,分别针对教师、高校、FD 交流平台提供支援,提升了教师产学合作能力。魏戈和陈向明(2015)认为,荷兰高校在教师教育中强调教师参与和反思,"课例研究"是发展教师实践性知识的很好方式,既促进教师合作交流又增进新知识。吴薇和谢作栩(2012)实证研究发现,福建高校教师形成了"学生中心"的

多元信念系统和教学取向。学者们也注意到,高校在创业型人才培养中的参与,除了前述研究提及的对教师的扶持措施外,还应提高教师识别、捕捉、评价和开发利用商业机会的能力,增进教师的市场和竞争意识;其实增进了教师这些方面的能力,教师的产学合作能力自然而然地也就增强了。

广大学者述及高校参与对学生创业实践能力的作用机制,但研究尚存争议。一方面,认为高校参与促进了学生创业实践能力的提高。有的学者从高校转型的角度出发,认为创业型大学以其四个典型特征即学术立业的组织结构、不断创新的创业文化、学术资本的师生共识、协同创新的契约关系影响学生创业实践能力(黄英杰,2012)。很多学者基于实证验证的思路指出,高校在创业型人才培养中的参与对学生创业实践能力有正向影响(Pittaway & Cope,2007;王秀梅,2009)。实际上,高校在创业型人才培养中的参与,可提升学生的创业倾向需求与可行性,产生强烈的创业动机并把自己创新创业的胆识付诸实践,动态地创造财富,同时承受事业承诺、时间、提供产品或服务、资产价值方面的风险,通常应有更强的风险偏好、对不确定环境有更大的容忍度,在创新欲望、控制企业欲望和自信方面比较强,更能应对商业失败。对此,不少学者从高校的视域开展实证检验,如哈佛大学商学院(Lerner & Malmendier,2013)、英国的西英格兰大学和伯明翰大学(Kitagawa et al.,2015)。另一方面,也有不少学者持有其他观点。例如,Volery et al.(2013)经过对494名参加创业教育计划学生与238名对照组学生的评估表明,创业教育对学生创业实践能力仅有微弱的积极影响,这一作用甚至可以忽略。Lima et al.(2014)更以超大规模的样本,即对巴西37所高校的25 751名学生在线调查(以来自其他25个国家64 079名大学生的反应为参照),发现创业教育对大学生创业意向和自我效能感有着显著负效应。Moberg(2014)也发现,注重技能内容和认知的创业教育虽然对学生创业动机有着积极影响,但对创业知识水平则有负面影响。可见,学者们在高校参与对学生创业实践能力的作用上存在着几种迥然不同的观念。

基于上述分析,本书假设:

H8:高校参与度对教师产学合作能力有正向的影响,即在其他条件相同的情况下,高校参与度越高,教师产学合作能力越强。

H9:高校参与度对学生创业实践能力有正向的影响,即在其他条件相同的情况下,高校参与度越高,学生创业实践能力越强。

4.3.5 教师产学合作能力、学生创业实践能力与创业型 人才培养绩效

教师产学合作能力对创业型人才培养绩效有何影响？可以说理论界对此颇为关注，但各界学者的意见不尽相同。有学者研究认为，教师素质的高低将在一定程度上决定教育教学效果的好坏，对学生的身心发展具有直接而显著影响（朱旭东，2014）。产学合作能力是教师素养的核心竞争力之一，其对学生创业实践能力的作用毋庸置疑。有些学者认为，教师等人力资源是学生创业的主要保障资源，对创业型人才培养有着积极的影响作用（Kundu & Sunita，2010）。学者们注意到，当前我国的创业教育中优秀创业师资缺乏，尤其是"学者型企业家"或"企业家型学者"少之又少，严重制约着创业教育，建立一支专职和兼职相互补充的师资队伍异常重要，专职教师是中坚力量，兼职教师主要由理论或技术专家、成功的企业家或风险投资家等组成（赖德胜和李长安，2009）。Etzkowitz（2009）表示，高校教师具备创业态度并在不同层面上积极推动学生创业，可助推技术或商业理念转化为企业，也就是说具备较高产学合作能力的教师可推动创业型人才培养。有些学者从案例研究的角度研究认为，教师应具备第一手的创业知识和技能，这将对创业型人才培养有重要作用，高层次的人才资源是发展的智力后盾，如北美洲、欧洲和亚洲的一些典型案例就对这些予以了有力的证实（Altmann & Ebersberger，2013）。李静薇（2013）更是依托来自我国 21 个省份 30 所高校的 4 039 份样本，进行实证研究验证后得出，教师产学合作能力等创业教育的师资素质越高，越会减弱大学生的创业意向，这意味着学生在高校的创业教学中会结合自身实际理性思考，更加周全地考虑问题，减少盲目创业的冲动，提高创业成功率。

学者们始终非常关注学生创业实践能力对创业型人才培养绩效的作用。他们从不同的侧重点论证，发现相关因素对创业型人才培养绩效有显著的正向影响。这些因素包括：喜好度、行为控制（Almobaireek & Manolova，2012）；主动需求、风险倾向、信仰等个性特征（Volery et al.，2013；解蕴慧等，2013）；自信乐观、个人工作经验、社会网络关系、知识积累等（蔡莉和单标安，2010；叶明海等，2011；秦志华和刘传友，2011；Johansen，2013）。陆根书等（2013）对西安市 9 所不同类型层次高校的 2 010 名毕业生实证调研发现，在对大学生创业意向有解释力的个体/心理因素、家庭背景因素、学校教育因素和社会环境因素中，个体/心理因素解释力最大且影响最稳定。但学者们也发

现,学生的社交、人脉等影响因素在创业型人才培养中是否发挥作用还需视具体的文化背景,如在印度存在影响而在美国却没有影响(Varma et al.,2005)。有些学者实证研究证实,是学生认知上的偏差而非对风险的承受等创业实践能力导致学生采取创业实践,换句话说,学生投身创业是因为对创业的成本和收益考虑不够周全(Simon et al.,2000)。有的学者还指出,学生创业实践能力与创业型人才培养绩效之间具有一定的"时滞性"(time lag effect),即从学生创业实践能力的提高到其付诸创业实践并有所成效存在一定的时间差(Menzies & Paradi,2003)。我国有些学者基于1996—2012年省级面板数据实证分析发现,区域劳动力市场中创业可以带动就业,但创业对就业增长的影响存在时间上的波动与滞后(张成刚等,2015)。因此创业型人才培养的绩效需要短期、中期、长期相结合地观察,也就是可能短期内对创业型人才培养绩效没有明显作用和影响,但从中长期的视角就能体现出来。

基于上述分析,本书假设:

H10:教师产学合作能力对创业型人才培养绩效有正向的影响,即在其他条件相同的情况下,教师产学合作能力越强,创业型人才培养绩效越高。

H11:学生创业实践能力对创业型人才培养绩效有正向的影响,即在其他条件相同的情况下,学生创业实践能力越强,创业型人才培养绩效越高。

4.3.6 教师产学合作能力和学生创业实践能力的中介作用

上述研究从理论上探讨了各有关变量之间的关系,对相关变量间存在的关系建立了更为深入的理论认知,但是否经得起实证的验证尚待考量。为此,接下来本书按照中介效应的有关验证方法(温忠麟等,2005),解析教师产学合作能力、学生创业实践能力在政产学参与度对创业型人才培养绩效影响关系中的中介效应。前文探讨了政产学参与度对教师产学合作能力、学生创业实践能力存在正向作用(A→B),也阐明了这两种能力将正向影响创业型人才培养绩效(B→C),而众多学者的研究亦论证了政产学参与度对创业型人才培养绩效(A→C)存在正向的影响(Acs & Szerb,2007;O'Shea et al.,2007;Kundu & Sunita,2010;Martin et al.,2013;Audretsch et al.,2014;Fulgence,2015;Seikkula-Leino et al.,2015)。这就意味着,政产学参与度对创业型人才培养绩效的影响关系会经由教师产学合作能力、学生创业实践能力这两种能力的传导而得以实现(A→B→C)。这可以理解为,政产学参与度程度的区别会促使教师产学合作能力、学生创业实践能力这两种能力存在区别,而这两种能力的区别亦将导致创业型人才培养绩效的差异。实际上,这种"政产学参与度—'教师产学合作能力和学生创业实践能力'—创业型人才培养绩效"的思路在有关创业型人才培养理论和组织行为学理论里均有一定程度的体现(Liñán,2008;吴晓波等,2014)。

按照温忠麟等(2005)阐述的中介效应论证原理,本书提出教师产学合作能力、学生创业实践能力这两种能力在政产学参与度对创业型人才培养绩效的影响关系中存在中介效应,这也成为政产学参与度影响创业型人才培养绩效不可忽略的作用机制。

基于上述分析,本书假设:

H12:教师产学合作能力在政府参与度与创业型人才培养绩效的关系中起中介作用,即政府参与度通过教师产学合作能力的中介作用间接正向影响创业型人才培养绩效。

H13:教师产学合作能力在产业参与度与创业型人才培养绩效的关系中起中介作用,即产业参与度通过教师产学合作能力的中介作用间接正向影响创业型人才培养绩效。

H14:教师产学合作能力在高校参与度与创业型人才培养绩效的关系中起中介作用,即高校参与度通过教师产学合作能力的中介作用间接正向影响创业型人才培养绩效。

H15:学生创业实践能力在政府参与度与创业型人才培养绩效的关系中起中介作用,即政府参与度通过学生创业实践能力的中介作用间接正向影响创业型人才培养绩效。

H16:学生创业实践能力在产业参与度与创业型人才培养绩效的关系中起中介作用,即产业参与度通过学生创业实践能力的中介作用间接正向影响创业型人才培养绩效。

H17:学生创业实践能力在高校参与度与创业型人才培养绩效的关系中起中介作用,即高校参与度通过学生创业实践能力的中介作用间接正向影响创业型人才培养绩效。

4.4 政产学协同度对"政产学参与度—创业型人才培养绩效"关系的调节影响

　　创业型人才是创业型经济发展的基础,在很大程度上决定着一国创新体系的建设和国际科技和经济竞争力的提高。政产学协同能有效提升大学生的创业能力,基于三螺旋理论的创业型人才培养已成为全球性趋势。立足文献整理和实地调研基础,本研究将政产学协同度视为"政府参与度—创业型人才培养绩效""产业参与度—创业型人才培养绩效""高校参与度—创业型人才培养绩效"等三种关系的调节变量。之所以这么考虑,是由于在三螺旋理论视角下,政产学参与度对创业型人才培养绩效的影响并不是仅仅某个或某几个因素导致的,还受其他有关因素的作用,尤其是政产学协同度的影响,需要将政府、产业和学术界的观念和利益协同纳入,增进产学研结合的协同性、系统性和开放性(Glaeser & Kerr,2008)。基于这样的思考,本研究将政产学协同度视为调节变量,解析在创业型人才培养工作的实际过程中,高校所在区域的政府、产业和高校三者之间协同程度的高低对两者关系的强弱存在什么样的作用。

　　上述理论逻辑在一般的创业绩效理论研究中可以梳理和发现(黄胜和周劲波,2013;李雪灵等,2014)。有的学者对我国情境下 324 个样本的实证分析表明,社会资本在个体主动性人格对创业意愿的关系中起调节作用(解蕴慧等,2013)。这些结论也可以从一些案例研究中得到佐证,如硅谷的高层次创新创业人才循环机制是在循环经济、文化环境、政策制度和特有的天使投资形成机制等因素的驱动下实现;而高层次创新创业人才在中关村聚集,在京津地区形成了溢出效应并向全国辐射,将创业经验、资源和财富投入到再创业或帮助他人创业,实现了要素的代际循环,人才、资本等要素在更大的空间和更长的时间内优化配置并形成良性循环的创新创业生态圈(段玉厂和傅首清,2015)。美国的家长、幼小到中学、社区大学、四年大学及创业非营利机构一起行动,青年成就(Junior Achievement)、百森商学院(Babson College)、科格斯韦尔学院(Cogswell College)、全国社区大学创业协会和创业教学网络(the National Association for Community College Entrepreneurship and the Network for Teaching Entrepreneurship)均是很好的例证,它们消除政府障碍、投资和指导年轻企业家、课堂内外传授技术知识、培育区域创业。有些学者证实,区域创

业文化成为本区域创新创业活动的最根本支撑,是区域经济发展的"软实力"和
"软环境",如基于产学研密切合作的中关村科技人员创业文化;具有强烈创业精
神、重产业链分工合作的深圳移民创业文化;"人人都要当老板"和"扎团创业,共
生共荣"的温州农民企业家创业文化(辜胜阻和李俊杰,2007)。学者们还研究了
其他案例,如斯坦福大学(Thornton & Flynn,2003),MIT 和剑桥大学(Acworth,
2008)等。所以,本研究将政产学协同度视为调节变量,考察在不同的政产学协
同度情境下,政产学参与度对创业型人才培养绩效影响关系的动态效果。

　　基于上述分析,本书假设:

　　H18:政产学协同度正向调节"政府参与度—创业型人才培养绩效"关系,
即政产学协同度越高,政府参与度对创业型人才培养绩效的促进作用越显著,
反之越不显著。

　　H19:政产学协同度正向调节"产业参与度—创业型人才培养绩效"关系,
即政产学协同度越高,产业参与度对创业型人才培养绩效的促进作用越显著,
反之越不显著。

　　H20:政产学协同度正向调节"高校参与度—创业型人才培养绩效"关系,
即政产学协同度越高,高校参与度对创业型人才培养绩效的促进作用越显著,
反之越不显著。

4.5 控制变量的影响

　　已有研究发现,因高校所在区域、高校类别、高校科研实力等因素的直接
或间接影响,创业型人才培养过程中的政产学参与度亦存有些许区别(汤易
兵,2007;石军伟和付海艳,2012;Etzkowitz,2015)。所以,本书在探讨"政产
学参与度—创业型人才培养绩效"的关系时,择取高校所在区域、高校类别、高
校科研实力等三个变量作为控制变量。

　　(1)高校所在区域。不少研究证实,政产学参与度存在一定区域差异性
(汤易兵,2007),在美国(Etzkowitz,2015)、英国(Smith et al.,2013)、日本
(Leydesdorff & Sun,2009)、韩国(Kim et al.,2012)、中国(林嵩,2011;张海
滨和陈笃彬,2012)等国家均存在这一现象。可以说,不同区域在发展定位、资
源整合和运用等方面的能力上是有区别的,这就要求我们在探讨相关关系时
不能忽略"高校所在区域"这一变量产生的作用。

(2)高校类别。学者们论证了高校类别对探讨"政产学参与度—创业型人才培养绩效"关系的作用。综合石军伟和付海艳(2012)、原长弘等(2013)等学者的成果,在探讨政产学参与度与创业型人才培养绩效的关系时,需要考虑高校类别差异可能产生的不同影响,为此本书力求通过"高校类别"变量来控制政策影响、资源投入、发展理念和实践等外部因素伴生的有关作用。

(3)高校科研实力。目前饶凯等(2012)、石军伟和付海艳(2012)等部分学者已关注高校科研实力对政产学参与度带来的影响。在此基础上,综合实地调研情况,本研究认为高校科研实力的高低可能会影响政产学参与度状况的好坏,并且将进一步对创业型人才培养绩效产生相关影响。基于这些考虑,本书将"高校科研实力"也作为探讨"政产学参与度—创业型人才培养绩效"关系时的控制变量,其目的在于控制高校科研实力差异导致的研究导向、师资队伍、学科建设和科研实力等因素的不同而带来的复杂影响。

4.6 本章研究模型与假设汇总

根据上述研究,本书建立研究模型(如图 4-1 所示),将 20 个理论假设汇总(见表 4-1)。

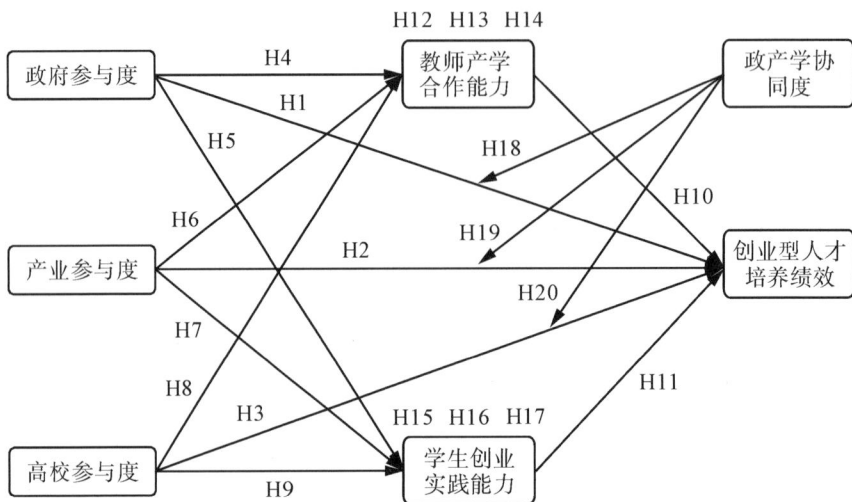

图 4-1 本研究的概念模型

表 4-1　本章的理论假设总表

假设	内　　容
第一组:政产学参与度与创业型人才培养绩效的关系及作用机制	
H1	政府参与度对创业型人才培养绩效有正向的影响
H2	产业参与度对创业型人才培养绩效有正向的影响
H3	高校参与度对创业型人才培养绩效有正向的影响
H4	政府参与度对教师产学合作能力有正向的影响
H5	政府参与度对学生创业实践能力有正向的影响
H6	产业参与度对教师产学合作能力有正向的影响
H7	产业参与度对学生创业实践能力有正向的影响
H8	高校参与度对教师产学合作能力有正向的影响
H9	高校参与度对学生创业实践能力有正向的影响
H10	教师产学合作能力对创业型人才培养绩效有正向的影响
H11	学生创业实践能力对创业型人才培养绩效有正向的影响
H12	教师产学合作能力在政府参与度与创业型人才培养绩效的关系中起中介作用
H13	教师产学合作能力在产业参与度与创业型人才培养绩效的关系中起中介作用
H14	教师产学合作能力在高校参与度与创业型人才培养绩效的关系中起中介作用
H15	学生创业实践能力在政府参与度与创业型人才培养绩效的关系中起中介作用
H16	学生创业实践能力在产业参与度与创业型人才培养绩效的关系中起中介作用
H17	学生创业实践能力在高校参与度与创业型人才培养绩效的关系中起中介作用
第二组:政产学协同度对"政产学参与度—创业型人才培养绩效"关系的调节作用	
H18	政产学协同度正向调节"政府参与度—创业型人才培养绩效"关系
H19	政产学协同度正向调节"产业参与度—创业型人才培养绩效"关系
H20	政产学协同度正向调节"高校参与度—创业型人才培养绩效"关系

4.7 本章小结

　　本章提炼和细化关键的研究变量,分析各研究变量之间的理论关系,基于理论维度分析了政产学参与度与创业型人才培养绩效的关系及实现机制问题。结合理论论证及实地调研,本章构建了政产学参与度与创业型人才培养绩效的关系及实现机制的概念模型和理论假设,提出政产学参与度对创业型人才培养绩效均存在显著的正向影响;教师产学合作能力、学生创业实践能力都在"政产学参与度—创业型人才培养绩效"关系中起中介作用;政产学协同度对"政产学参与度—创业型人才培养绩效"关系存在调节作用;并且兼顾高校所在区域、高校类别和高校科研实力等控制变量的影响,从而建立基于三螺旋理论的高校创业型人才培养机制的理论模型,有待后文立足问卷调查基础的统计分析及验证。

第五章

实证研究设计与方法论

精准考量政产学参与度与创业型人才培养绩效的关系及作用机制,不但要开展探索性案例研究和规范化的理论推理,而且应通过定量的实证分析来验证。鉴于本研究统计分析中使用的数据无法从公开资料中获取,而是采用问卷调查的方式采集,故而问卷设计是否合理、数据收集过程是否规范、所得数据质量的好坏,这些均与研究成效的高低息息相关。本章将介绍问卷的设计和调查的实施,说明变量的度量及指标的选择,描述数据样本,解释分析方法及工具。

5.1 问卷设计

5.1.1 问卷的结构和主要内容

社会调查是通过问卷或访问的方式来认识社会现象及规律,分阶段及基本过程进行(见表 5-1)(风笑天,2014)。

表 5-1　社会调查的阶段及基本过程

阶段	选题	准备	调查	分析	总结
基本过程	选择问题	调查设计	自填问卷	资料整理	报告结果
		抽取样本	邮寄填答	单变量分析	
		变量测量	结构访问	双变量分析	
		问卷设计	网络调查	多变量分析	

资料来源:根据风笑天(2014)的研究改编

　　问卷调查法是当前最常用的社会调查方法之一,其本质是一种实证方法,与随机抽样、变量测量、统计分析密不可分,特别适合于描述一个大总体的状况、性质和特征;调查问卷是用来测量人们的行为、态度和特征或收集其他信息的一种常用工具,一份完整的问卷常包括:封面信、指导语、问题及答案、编码等,其中问题及答案是问卷的主体。

　　本研究的问卷设计,是按政产学参与度与创业型人才培养绩效的关系及实现机制这一主线进行的。通过问卷调查为本研究采集有效数据,使用结构方程模型等方法开展统计分析。遵照前文的研究模型和理论假设,拟定问卷量表中测量的变量有:政府参与度、产业参与度、高校参与度、教师产学合作能力、学生创业实践能力、创业型人才培养绩效、政产学协同度。综合考虑研究需要,本研究设计的调查问卷涵盖的内容有两个部分(详见附录3):

　　(1)基本信息部分。包括问卷填写者与高校的基本信息。

　　(2)问卷主体部分。主要涵盖政府参与度、产业参与度、高校参与度、教师产学合作能力、学生创业实践能力、创业型人才培养绩效、政产学协同度等方面的现状。

5.1.2 问卷的设计原则及步骤

　　风笑天(2014)认为,一份好的问卷具有四个标准:较高的信度和效度,符合研究目的和内容,适合调查对象,问题少而精(调查一般应在20～30分钟内完成);问题的顺序上一般把简单易答、能引起被调查者兴趣的、被调查者熟悉、行为方面的、封闭式问题等几类放在前面;常见错误有概念抽象、问题含糊、问题带倾向性、问题提法不妥、问题与答案不协调、问题的含义双重、答案设计不合理、表格错误、语言方面的毛病、封面信及指导语中的毛病,要努力规避;步骤上包括六个具体环节(如图5-1所示)。

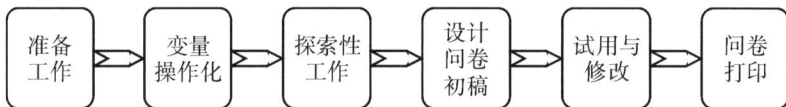

准备工作 → 变量操作化 → 探索性工作 → 设计问卷初稿 → 试用与修改 → 问卷打印

图 5-1　问卷设计的一般步骤图

资料来源:风笑天(2014)

　　本研究所使用的问卷注意到了上述观点,同时借鉴了以往众多文献成果、实地调研结果和较为成熟的调查问卷设计样式,包括以下几个步骤(如图5-2

所示）：

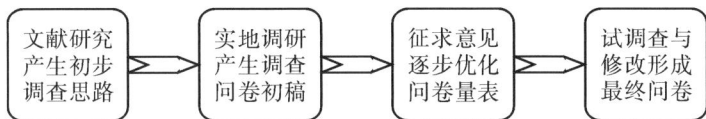

图 5-2　本研究问卷设计的步骤图

资料来源：本研究整理

（1）文献研究产生初步调查思路。梳理三螺旋理论、人力资本理论、创业教育理论、创业型人才培养绩效评价等方面的理论，汲取有关知识，产生调查构思。尔后，从文献中搜集与测量变量有关的量表或来源。

（2）实地调研产生调查问卷初稿。在参与导师及笔者主持的多个研究项目过程中，对北京、上海、天津、福建、浙江地区的 13 个政府、产业、高校单位实地调研，对政府、产业、高校的中高层领导、专家开展现场访谈，通过这一途径不但核准调查构思，征求他们对表面效度（Face Validity，指测量内容或测量指标与测量目标之间的适合性和逻辑相符性）和问题意义的意见而且验证问卷中各变量的测度是否切合实际，修改调查问卷。在实地调研中，本书所择取的中介变量——教师产学合作能力、学生创业实践能力得到了较为普遍的好评。

（3）征求意见逐步优化问卷量表。为增进问卷的有效性和合理性，本书主要向四个群体征求了意见。其一，向所在学术团队求教，包括若干名教授、副教授和 20 余名博士生及硕士生等对本测量指标的意见。其二，访谈了浙江大学、厦门大学和福州大学等高校的相关专家和学者，对问卷大至框架、小至措辞等方面的内容进行论证完善。其三，征求了福建省教育厅、福建省科技厅、福建省人社厅等三个单位 7 位专家的看法。其四，请深圳星斗天下信息科技有限公司、三盛地产集团、福建阿里巴巴电子商务有限公司等三家企业的 8 名中高层骨干对问卷进行评价并提出建议。本书立足众多专家、学者、领导献计献策的根基，对问卷做了数次调整，使初始测量题项不断完善。

（4）试调查与修改形成最终问卷。为检验问卷中指标设置及表述的恰当性，重点分析回收率、有效回收率、填答错误和填答不全等四个方面情况，笔者还于 2014 年 12 月选择福州、厦门等地的十余家政府、产业、高校单位小范围试调查，共发放 68 份问卷，其中政府人员、产业人员、高校教师、高校学生分别为 15、18、21、14 份，回收有效问卷 37 份（政府人员、产业人员、高校教师、高校学生各为 7、9、13、8 份）。结合调查结果，再一次对问卷进行优化并确定了最终的调查问卷。

5.2 数据收集流程

不同的抽样方法操作要求相异,但终究离不开界定总体、抽取样本、统计推论等几个步骤,这些过程是数据收集中的重要环节。

5.2.1 研究样本和答卷者的确定

样本(Sample)是从总体(Population)中按一定方式抽取出来的部分元素(Element)的集合体。本研究需要样本单位对创业型人才培养较了解,主要是政府、产业、高校等类别。具体来说,政府方面的样本单位应该是科技、教育、人力资源、团委等系统;产业方面的样本单位应该是创业型企业或与高校联系产学合作较多的企业;高校方面的样本单位应该是创业型大学或在创业型人才培养等方面具有一定知名度或代表性的高校。

调查对象的合作态度和对调查的理解,以及回答书面问题的能力,都会对问卷的回复率产生很大影响。一般来说,对问卷调查内容比较熟悉、有一定文字理解能力和表达能力、初次或较少接受问卷调查的几类对象,积极性较高。为此,根据问卷内容和难易程度选择恰当的调查对象就显得很有必要。出于增进信息可靠性、有效性的考虑,本研究选择的答卷者是在政府、产业、高校单位中对创业型人才培养均很了解的中高层领导、骨干,以及高校中对创业型人才培养很熟悉的学生。

5.2.2 问卷的发放及回收

问卷的发放与回收环节对于提高问卷的有效性、回收率颇为关键,应关注数据是在怎样的环境下获得的,并且保证问卷的有效性及回收率。本研究从2015年2月开始正式调查,样本单位和被调查对象的择取充分考虑广泛性、代表性和多样性。本书的问卷调查有三种渠道:

(1)现场发放。笔者在2015年2月来到预先联络好的福建省教育厅、福建省科技厅、福建省人社厅等18家政府、产业、高校单位,对政府、产业的中高层骨干和高校学生现场发放、填写问卷 158 份,回收 147 份。笔者还利用 2015 年 5 月在浙江省宁波市举行的 2015 年高校创业指导工作研讨会契机,在会议间隙对来自全国各地的高校代表进行现场调查,发放问卷 125 份,回收 121 份。

(2)邮件发放。笔者在 2015 年 2—3 月对各地政府、产业、高校单位(不含前述现场发放方式的调研单位)发出电子邮件 541 封,回收 306 封。其中,被访的政府、产业人员邮箱都由相关政产单位官方网站公布;高校教师邮箱为各"211 工程"高校官方网站可以查的高等教育、创新创业、人力资源方面的教授、副教授的到电子邮箱;高校学生邮箱为笔者曾经在一些学术会议上结识时留下的。由被调查对象将收到的调查问卷电子版填写好后直接回复给笔者,这种方式反馈速度总体较快。

(3)委托发放。笔者从 2015 年 3—4 月共委托 12 位联络人(分别来自福建、广东、浙江、上海、江苏、四川等地),其中 3 人是政府人员(工作单位为省教育厅等)、4 人为企业技术骨干或中高层管理人员(来自广东、上海等地)、5 人为高校教师(来自浙江、四川等地),由他们从除第一、第二种渠道样本单位之外的单位中选取适当的调查对象,发挥他们的人脉资源优势进行发放。委托时笔者对联络人充分说明了样本单位和被调查对象的选取条件。该种调查方式共发放 651 份,回收 377 份。

5.3 变量度量与指标选择

5.3.1 被解释变量

在第六章的实证分析中,创业型人才培养绩效为被解释变量,侧重测量高校在创业型人才培养方面获得的效能、效率及满意度(Fulgence,2015)。鉴于创业型人才培养绩效的复杂性,适宜使用多指标、多测量题项评价整体绩效,这样不但能强化操作上的可行性,而且可使结果更加理性(郑方辉等,2011)。Schultz(1960)指出,人才绩效评价一般采用"assessment",也就是对收集到的主观资料描述性统计分析后进行价值判断。检索创业型人才培养绩效的已有实证研究发现,虽然没有这方面的直接研究,但已涌现出一些相关研究。

Charney & Libecap(2003)用收入更高、资产更多、对工作满意度更高、企业规模更大、销售更好五个题项来测量创业绩效。Fayolle et al.(2006)依据课程、教师论文专著、对社区影响、校友功绩、创新、校友创办企业、外部学术情况、创业教育计划等题项来测量。陈桂香(2015)用学生专利数、创业率、创业成功率、创新竞赛获奖层次及数量、学生创新创业意识、创新创业知识、创新创业能力、创办企业盈利等题项来测量创业教育绩效。可以说,以往的创业型人才培养的实证研究中,对创业型人才培养整体绩效的分析还相当欠缺。结合实地访谈及调研可知,创业型人才培养绩效的考虑很难单独用创业绩效或创业教育绩效来衡量。因为,一定意义上来说,创业型人才培养的效果并非立竿见影,需要多角度、综合性衡量。

根据研究需要,在借鉴以上量表并吸收相关研究成果的基础上,本研究以问卷调查的方式,了解被测者的评价并反映出高校创业型人才培养绩效,这也是管理学研究中的一种常用做法,较容易奏效。为此,本研究提出如下六个测量题项(见表 5-2)。

表 5-2　创业型人才培养绩效的测量题项

测量题项	参考依据
学生创业人数增加	a、b、d
学生创业项目增多	
学生创业成功率提高	b、d
学生创业盈利能力增强	b、c
学生创新实践能力获社会好评	a、b、d
毕业生立足岗位创新能力获用人单位及社会好评	

注：a.Fayolle et al.(2006)；b.陈桂香(2015)；c.Charney & Libecap(2003)；d.本研究调研

5.3.2 解释变量

在第六章的实证分析中,解释变量有三个,即政府参与度、产业参与度、高校参与度,分别反映政府、产业、高校三个主体在创业型人才培养实践中的参与。下面分别说明三个解释变量的测量。

5.3.2.1 政府参与度的测量

关于政府参与度的测量,目前国内外还没有形成确切的指标,但部分学者的研究中已经有相关的论述。如法律政策（Lundstrom & Stevenson,2005），树立榜样和提供方案（Hay et al.,2002），程序办理、资金供给和税收优惠（Acs & Szerb,2007），鼓励教师服务社会（刘丽君,2010），孵化器等基地及宣传造势（Chmielecki & Seliga,2015）等。综合以上学者的观点，结合实地调研情况，本研究拟从八个方面进行测量（见表5-3）：

表5-3　政府参与度的测量题项

测量题项	参考依据
政府出台鼓励学生创业的相关政策	a、f
政府有中小型企业创业方案供学生创业参考	b、f
学生创业办理工商营业执照等手续便捷	c、f
政府提供税收优惠援助学生创业	c、f
政府鼓励教师参与社会服务	d、f
政府兴建企业孵化器、创业园或创业基地支持学生创业	e、f
政府通过媒体等宣传学生创业的做法和经验	e、f
政府提供融资渠道（如优惠贷款）援助学生创业	c、f

注：a.Lundstrom & Stevenson(2005)；b.Hay(2002)；c.Acs & Szerb(2007)；d.刘丽君(2010)；e.Chmielecki & Seliga(2015)；f.本研究调研

5.3.2.2 产业参与度的测量

关于产业参与度的测量，尽管各界学者没有明确的指标，但不少学者已进行相关研究，可以给本书提供一些借鉴。如资金供给和奖金设置（Lerner et al.,2008），实践基地、创业学生组织（戴晓霞,2000），信息供给、技术支援和教师吸纳（Keuschnigg et al.,2003）。借鉴上述学者的观点、结合笔者的调研，本研究拟从七个方面测量产业参与度（见表5-4）。

表5-4　产业参与度的测量题项

测量题项	参考依据
该区域有很多企业愿意提供风险投资、信贷融资	a、d
企业给学生创业提供奖金、专项基金	a、d
企业给学生创业提供实习实践基地	b、d
企业支持、参与学校的创业竞赛和社团	b、d

续表

测量题项	参考依据
企业对学生创业提供管理和技术指导	
企业欢迎教师提供科研服务	c、d
企业对学生创业提供市场需求和信息	

注:a.Lerner et al.(2008);b.戴晓霞(2000);c.Keuschnigg et al.(2003);d.本研究调研

5.3.2.3 高校参与度的测量

国内外学者不乏对于高校参与度测量的研究,但总体上系统性有待增强。Katz(2003)通过创业课程、创业教育中心、创业教育捐赠席位、创业期刊、创业教育师资等题项测量高校参与度。何郁冰和丁佳敏(2015)以创业研究中心、创业培训等题项测量高校参与度。其他学者也进行了相关论述,如创业指导中心和创业师资、创业竞赛和实践体验及资金供给(Hammer & Han,2013);场地支持(黄兆信等,2013)。这些研究虽然整体性不足,但为本研究提供了良好借鉴,加之实地调研情况,本研究从下述七个题项测量高校参与度(见表5-5)。

表 5-5 高校参与度的测量题项

测量题项	参考依据
学校设置创业通识教育课程	a、e
学校有专门的创业教育师资和组织(如创业研究中心)	a、b、c
学校为学生创业提供咨询或培训,宣传创业知识和案例	b、e
学校请产业人士做讲座,组织学生参访企业、创业园区	d、e
学校有丰富多样的创业竞赛和社团	
学校为学生创业提供资金支持	c、e
学校为学生创业提供场地支持	d、e

注:a.Katz(2003);b.何郁冰和丁佳敏(2015);c.Hammer & Han(2013);d.黄兆信等(2013);e.本研究调研

5.3.3 中介变量

在第六章的实证分析中,教师产学合作能力、学生创业实践能力是中介变量,分别衡量教师在研究上取得产业合作资助的成效和学生在创业实践相关能力上的改变状况。

5.3.3.1 教师产学合作能力的测量

梳理现有文献,关于教师产学合作能力测量的研究非常缺乏,尚无专门测量教师产学合作能力的量表。从有限的文献中我们可以发现,James(1978)用教育和研究两个题项来测量高等教育的产出,Bland & Schmitz(1986)认同教师科研水平和成果是重要的测量题项。陈笃彬和李坤皇(2014)的研究较有代表性,他们发现澳大利亚莫纳什大学以学生的成绩,教师教学质量,家长、校友和企业满意度,高校排名,教学实力排名,毕业生就业率六个题项来测量教育效果;通过专利数、论文引用数、研究经费、出版物数、教师研究卓越奖、跨学科研究项目数六个题项来测量研究效果;采取董事会、校友的满意度,毕业生就业率,世界高校排名,学校运营成本,高校与产业界的关系五个题项来测量结构与管理效果;以利益相关者的满意度和认知度,合作伙伴的资助额,校友的捐赠额,衍生企业创造的价值,科研成果的转化情况五个题项测量社会参与效果。上述研究给本研究提供了一定启示,综合实地调研的成果,本研究通过以下六个题项来测量教师产学合作能力(见表 5-6)。

表 5-6　教师产学合作能力的测量题项

测量题项	参考依据
教师承接政府或产业的课题数量增多	a、b、c、d
教师承接政府或产业的课题金额增加	
教师研究成果获政府、产业嘉奖或社会好评	
教师研究成果获技术转移或应用更频繁	
教师参与或指导的创业活动获奖	
教师在政府或产业兼职更常见	

注:a.James(1978);b.Bland & Schmitz(1986);c.陈笃彬和李坤皇(2014);d.本研究调研

5.3.3.2 学生创业实践能力的测量

学者们对学生创业实践能力的测量很关注,但目前国内外仍然没有形成确切的指标,只有一些学者的研究中进行了相关的论述。如 Voss et al.(2007)以观察能力、思维能力、动手能力、沟通能力和协作能力五个题项来测量创新创业能力。Charney & Libecap(2000)使用职业生涯进取心和创造性等题项来测量创业教育的效用。吴晓波等(2014)学者们则以学生的社交能力等题项来测量学生的创业实践能力。综合上述观点,辅以实地调研成果,本研究采用以下七个指标来测量学生创业实践能力(见表5-7)。

表 5-7 学生创业实践能力的测量题项

测量题项	参考依据
学生更能识别和捕捉商业机会	a、d
学生更能容忍压力	b、d
学生更喜欢动手操作,动手能力更强	a、d
学生更善于与风险投资接触	a、c、d
学生更乐于参加创业项目和组织	a、b、d
学生社交能力更强,人脉更广	a、c、d
学生更喜欢主动尝试	a、d

注:a.Voss et al.(2007);b.Charney & Libecap(2000);c.吴晓波等(2014);d.本研究调研

5.3.4 调节变量

在第六章的实证分析中,政产学协同度是调节变量,探析其在"政产学参与度—创业型人才培养绩效"关系中的调控性影响。

关于政产学协同度的测量,目前没有发现专门的量表,但在不少学者的论述中可以得到启发。有的研究通过技术转移组织(如 TTO)和人才培养基地来衡量(Roberts & Eesley,2012)。有的学者依据创新网络、创业大赛、创业项目和资金供给情况来反映(王军胜,2013)。一些学者在研究中考虑社会环境情况(Xavier et al.,2014)。有的研究以亲缘、学缘、商缘状况来衡量协同度(Linán,2008;Wiklund & Shepherd,2008)。综合上述观点,结合本研究调研实际,本研究从以下七个题项来测量创业型人才培养中的政产学协同度(见表5-8)。

表 5-8　政产学协同度的测量题项

测量题项	参考依据
政府、产业和学校设立技术转移组织	a、f
政府、产业和学校联合开展研究或创业项目	b、f
政府、产业和学校联合为学生创业提供资金支持	
政府、产业和学校联合为学生创业提供场地支持	a、f
政府、产业和学校联合开展学生创业大赛	b、f
形成支持学生创业的社会氛围	c、d、e、f
政府、产业和学校联合建设创业人才培养基地	a、f

注：a. Roberts & Eesley（2012）；b. 王军胜（2013）；c. Xavier et al.（2014）；d. Liñán（2008）；e. Wiklund & Shepherd（2008）；f. 本研究调研

5.3.5 控制变量

　　控制变量为对因变量可能产生作用而又在理论研究范畴之外的变量，这类变量理应加以控制，否则也会造成因变量的变化；与此同时，恰当选择控制变量可增进研究结果的准确性。在第六章的实证研究中，高校所在区域、高校类别和高校科研实力将作为控制变量。文献检索发现，在创业型人才培养等相关研究中，石军伟和付海艳（2012）、原长弘等（2013）等学者视高校所在区域、高校类别和高校科研实力等相关变量为控制变量。创业型人才培养是许多因素综合作用的结果，又考虑到我国的具体国情特征和高校实际情况，高校所在区域、高校类别和高校科研实力可能与创业型人才培养绩效存在着或多或少的关系，在实证分析中理应规避这三个变量对因变量的影响。本研究在实证分析中，将高校所在区域、高校类别和高校科研实力视为控制变量，以使本研究能够相对准确地解析自变量与因变量之间的作用关系。

　　在实证分析的过程中，本书预先设置如下选项：高校所在区域方面，1、2、3分别表示东部、中部、西部；高校类别方面，1、2、3依次代表综合性、理工类、文史类；高校科研实力方面，1、2、3分别代表好、中、一般。

5.4 数据整理与样本描述

本次问卷调查共分两个阶段,即试调查和正式调查,在每个阶段都采取现场发放、邮件发放和委托发放三种渠道。在 2015 年 1 月的试调查中,发放问卷 68 份,回收有效问卷 37 份。在 2015 年 2—4 月的正式调查中,共发放问卷 1 475 份(政府人员、产业人员、高校教师、高校学生分别为 377、385、361、352 份),最终收回 951 份(政府人员、产业人员、高校教师、高校学生依次为 196、205、267、283 份),回收率 64.5%,剔除 455 份无效问卷后得到实际有效问卷 496 份(政府人员、产业人员、高校教师、高校学生各为 101、93、167、135 份),有效问卷回收率为 33.6%(见表 5-9)。从结果来看,笔者现场发放的回收率、有效率均最高,分别为 92% 及 56% 以上;委托他人发放的回收率、有效率总体上最低,各低于 77% 和 34%;而笔者邮件发放的回收率、有效率略高于委托他人发放。上述差异的产生是因为:有些人对问卷调查问题的理解不够充分,笔者现场发放时可以充分解释,帮助被调查者较好地理解;而委托或邮件等方式,虽然笔者已尽可能交代清楚,但由于缺乏面对面沟通渠道,解释仍较为乏力,导致一些被调查者对问题的理解产生偏差,评价偏高或偏低。

表 5-9　正式调查时问卷发放及回收情况

调查渠道	发放对象	发放数	回收数	回收率(%)	有效数	有效率(%)
笔者现场发放	政府人员	48	45	93.8	29	60.4
	产业人员	34	32	94.1	20	58.8
	高校教师	125	121	96.8	99	79.2
	高校学生	76	70	92.1	43	56.6
笔者邮件发放	政府人员	175	82	46.9	37	21.1
	产业人员	187	97	51.9	42	22.5
	高校教师	104	68	65.4	32	30.8
	高校学生	75	59	78.7	25	33.3

续表

调查渠道	发放对象	发放数	回收数	回收率（%）	有效数	有效率（%）
委托他人发放	政府人员	154	69	44.8	35	22.7
	产业人员	164	76	46.3	31	18.9
	高校教师	132	78	59.1	36	27.3
	高校学生	201	154	76.6	67	33.3
合计	政府人员	377	196	52.0	101	26.8
	产业人员	385	205	53.2	93	24.2
	高校教师	361	267	74.0	167	46.3
	高校学生	352	283	80.4	135	38.4
总计		1 475	951	64.5	496	33.6

注:回收率＝回收数/发放数×100%;有效率＝有效数/发放数×100%

有 455 份问卷被列为无效问卷而被剔除掉,归纳起来主要有四个方面的原因。一是问卷基本信息填写不全、缺失严重,导致数据无法处理。二是漏答的题目过多,问卷回答完整性受到较大弱化。三是不同题项答案基本雷同,一些问卷打的分数有偏向性,趋于一致,例如都打 5 分,或都打 4 分,差异太小,基本没有区分度,影响数据分析。四是不同题项答案逻辑自相矛盾,如有的问卷对政府参与度、产业参与度、高校参与度的评价都相当好,但对政产学协同度的评价却很差。笔者也对部分受托人和被调查者进行访谈,有的明确表示不能或无法回答问卷,因为所在单位根本没有开展产学合作,无从了解;不少人认为高校还没有创业型人才培养或产学合作培养人才的意识,或者虽有一些意识,但较为薄弱等。

5.4.1 样本与变量的描述性统计

5.4.1.1 有效样本的基本信息分布

（1）样本的来源分布。本书的 496 个有效样本中,有 101 个来自政府人员、93 个源自产业人员、167 个取于高校教师、135 个出自高校学生（如图 5-3 所示）。在高校学生的具体构成上,从年级角度来说,本科三、四年级为 80 人（59.3%）,研究生有 55 人（40.7%）。从专业类别角度来看,理工类的是 36 人（26.7%）,文史类的为 39 人（28.9%）,综合性的有 46 人（34.1%）,其他的有 14

人（10.4%）。

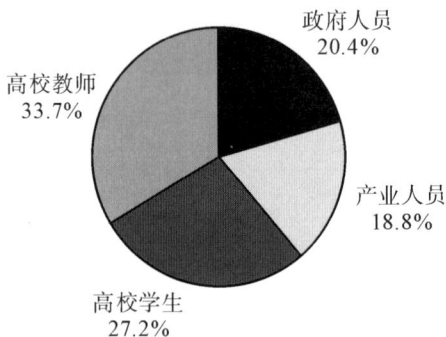

图 5-3　样本的来源分布

　　(2)样本的性别、婚姻、年龄及教育分布。从性别上来说,男性被调查者有261 人(52.6%),女性为 235 人(47.4%);从婚姻状态来看,未婚的有 217 人(43.8%),已婚的为 279 人(56.3%)。样本的年龄则呈现如下分布情况:18—30 岁的有 152 人(30.6%),31—40 岁的是 109 人(22.0%),41—50 岁的为 143人(28.8%),51 岁及以上的有 92 人(18.5%)。样本的教育程度体现为:专科的 51 人(10.3%),本科的 207 人(41.7%),硕士 153 人(30.8%),博士及以上85 人(17.1%)。

　　(3)样本的收入及创业社会关系分布。家庭年收入 50 000 元及以下的有54 人(10.9%),50 001—100 000 元的为 147 人(29.6%),100 001—150 000 元的是 183 人(36.9%),150 001 元及以上的有 112 人(22.6%)。从样本的创业社会关系来看,346 人(69.8%)有创业的朋友,仅有 43 人(8.7%)的直系亲属有创业经验。

　　(4)样本的高校属性分布。从高校所在的区域来讲(如图 5-4 所示),东部194 所(39.1%)、中部 179 所(36.1%)、西部 123 所(24.8%)。从高校的类别来看(如图 5-5 所示),综合性的 201 所(40.5%)、理工类的 137 所(27.6%)、文史类的 158 所(31.9%)。对高校科研实力的评价中(如图 5-6 所示),认为好、中、一般的分别为 158 所(31.9%)、259 所(52.2%)、79 所(15.9%)。

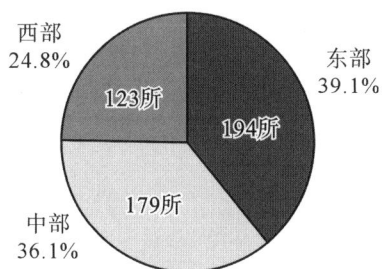

图 5-4 高校所在的区域分布

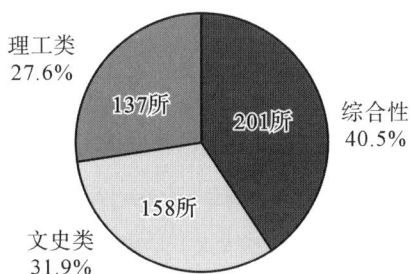

图 5-5 高校的类别分布

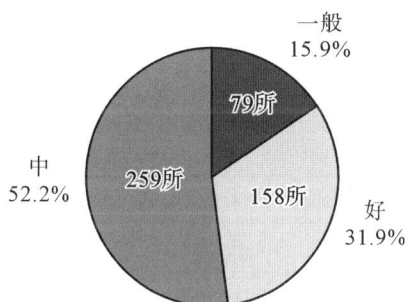

图 5-6 高校的科研实力分布

上述有效样本的基本信息表明,本次调查的样本具有较强的代表性。

5.4.1.2 有关变量测量题项的描述性统计

根据前述文献整理及实地调研,现将本研究的有关测量题项进行汇总(见表 5-10)。

表 5-10　有关变量测量题项的汇总

类别	具体变量	代码	测量题项
解释变量	政府参与度	ZF1	政府出台鼓励学生创业的相关政策
		ZF2	政府有中小型企业创业方案供学生创业参考
		ZF3	学生创业办理工商营业执照等手续便捷
		ZF4	政府提供税收优惠援助学生创业
		ZF5	政府鼓励教师参与社会服务
		ZF6	政府兴建企业孵化器、创业园或创业基地支持学生创业
		ZF7	政府通过媒体等宣传学生创业的做法和经验
		ZF8	政府提供融资渠道(如优惠贷款)援助学生创业
	产业参与度	CY1	该区域有很多企业愿意提供风险投资、信贷融资
		CY2	企业给学生创业提供奖金、专项基金
		CY3	企业给学生创业提供实习实践基地
		CY4	企业支持、参与学校的创业竞赛和社团
		CY5	企业对学生创业提供管理和技术指导
		CY6	企业欢迎教师提供科研服务
		CY7	企业对学生创业提供市场需求和信息
	高校参与度	GX1	学校设置创业通识教育课程
		GX2	学校有专门的创业教育师资和组织(如创业研究中心)
		GX3	学校为学生创业提供咨询或培训,宣传创业知识和案例
		GX4	学校请产业人士做讲座,组织学生参访企业、创业园区
		GX5	学校有丰富多样的创业竞赛和社团
		GX6	学校为学生创业提供资金支持
		GX7	学校为学生创业提供场地支持

续表

类别	具体变量	代码	测量题项
中介变量	教师产学合作能力	JS1	教师承接政府或产业的课题数量增多
		JS2	教师承接政府或产业的课题金额增加
		JS3	教师研究成果获政府、产业嘉奖或社会好评
		JS4	教师研究成果获技术转移或应用更频繁
		JS5	教师参与或指导的创业活动获奖
		JS6	教师在政府或产业兼职更常见
	学生创业实践能力	XS1	学生更能识别和捕捉商业机会
		XS2	学生更能容忍压力
		XS3	学生更喜欢动手操作,动手能力更强
		XS4	学生更善于与风险投资接触
		XS5	学生更乐于参加创业项目和组织
		XS6	学生社交能力更强,人脉更广
		XS7	学生更喜欢主动尝试
被解释变量	创业型人才培养绩效	JX1	学生创业人数增加
		JX2	学生创业项目增多
		JX3	学生创业成功率提高
		JX4	学生创业盈利能力增强
		JX5	学生创新实践能力获社会好评
		JX6	毕业生立足岗位创新能力获用人单位及社会好评

从各测量题项描述性统计(见表 5-11),可知,各题项均值都不低于2.89,基本都超过 3,初步表明样本的政府参与度、产业参与度、高校参与度、教师产学合作能力、学生创业实践能力、创业型人才培养绩效较好。该表标准差数据反映出样本间的离散性,也就是样本数据的样本间差异较小,评价结果有较高一致性。

表 5-11　有关变量测量题项的描述性统计

具体变量	测量题项	政府人员		产业人员		高校教师		高校学生	
		均值	标准差	均值	标准差	均值	标准差	均值	标准差
政府参与度	ZF1	3.80	0.90	3.53	0.96	3.58	1.20	3.46	0.97
	ZF2	3.59	1.04	3.14	1.09	3.20	1.09	3.33	0.99
	ZF3	3.66	0.98	3.36	1.11	3.42	1.14	3.19	1.05
	ZF4	3.65	0.97	3.52	1.09	3.50	1.10	3.48	1.03
	ZF5	3.32	1.01	3.20	1.17	3.22	1.08	3.30	0.94
	ZF6	3.69	1.02	3.70	1.05	3.41	1.18	3.52	1.04
	ZF7	3.72	1.05	3.45	1.14	3.47	1.18	3.47	0.94
	ZF8	3.21	0.95	2.97	0.95	3.03	1.01	2.95	0.83
产业参与度	CY1	3.31	1.00	2.94	1.12	2.92	1.05	3.28	0.98
	CY2	3.35	1.01	2.99	1.00	3.00	1.09	3.43	1.04
	CY3	3.43	0.90	3.34	1.15	3.36	0.99	3.48	0.97
	CY4	3.48	0.96	3.55	0.96	3.32	1.07	3.57	0.88
	CY5	3.30	0.98	3.20	1.04	3.13	0.98	3.48	0.92
	CY6	3.29	0.86	3.45	0.95	3.38	1.10	3.41	0.95
	CY7	3.11	1.02	3.21	0.76	3.16	0.97	3.13	0.87
高校参与度	GX1	3.44	1.01	3.39	1.22	3.60	1.24	3.37	1.05
	GX2	3.44	1.05	3.39	1.34	3.49	1.30	3.44	1.04
	GX3	3.64	0.98	3.59	1.16	3.73	1.19	3.52	0.99
	GX4	3.72	1.00	3.58	1.02	3.70	1.14	3.62	0.97
	GX5	3.66	1.07	3.47	1.14	3.64	1.14	3.82	0.97
	GX6	3.20	1.13	2.89	1.22	3.49	1.03	3.63	0.93
	GX7	3.28	1.15	3.15	1.12	3.51	1.25	3.50	0.94

续表

具体变量	测量题项	政府人员		产业人员		高校教师		高校学生	
		均值	标准差	均值	标准差	均值	标准差	均值	标准差
教师产学合作能力	JS1	3.50	0.87	3.27	1.04	3.34	1.02	3.52	0.94
	JS2	3.44	0.87	3.30	1.08	3.35	1.01	3.53	0.91
	JS3	3.56	0.96	3.39	0.89	3.24	0.94	3.49	0.98
	JS4	3.29	0.94	3.32	0.92	3.08	0.97	3.48	0.98
	JS5	3.64	0.97	3.48	1.05	3.43	1.02	3.67	0.93
	JS6	3.13	0.96	3.03	1.20	3.12	1.01	3.22	0.89
学生创业实践能力	XS1	3.48	0.90	3.43	1.00	3.23	1.01	3.37	0.87
	XS2	3.35	1.02	3.18	1.06	3.11	0.95	3.40	0.94
	XS3	3.65	0.90	3.29	1.08	3.42	0.97	3.51	0.99
	XS4	3.20	1.01	2.94	1.01	3.04	0.90	3.34	0.88
	XS5	3.49	0.92	3.13	1.09	3.25	1.00	3.58	0.93
	XS6	3.50	0.99	3.34	1.22	3.52	1.04	3.70	1.05
	XS7	3.24	1.14	3.20	0.94	3.25	0.91	3.32	0.88
创业型人才培养绩效	JX1	3.61	0.90	3.58	1.04	3.48	1.06	3.56	0.93
	JX2	3.59	0.92	3.73	0.95	3.49	1.06	3.55	0.88
	JX3	3.21	0.94	3.26	0.95	3.01	0.99	3.31	1.02
	JX4	3.13	0.93	3.32	0.98	2.96	1.02	3.33	0.96
	JX5	3.49	0.87	3.20	1.02	3.26	1.08	3.56	1.04
	JX6	3.31	1.02	3.25	1.03	3.12	0.93	3.45	0.98

5.4.2 数据合并的有效性

　　鉴于研究样本自身差异性、零散性及来源多元化，为能对样本合并后开展整体分析，应首先验证数据合并的有效性。这需对相关数据方差分析，判断各途径样本测度指标数据是否有显著差异。首先进行不同样本方差齐性检验（见表5-12）。

表 5-12　不同途径样本的方差齐性检验

代码	测量题项	Levene统计值	df1	df2	显著性概率
ZF1	政府出台鼓励学生创业的相关政策	1.49	3	492	0.217
ZF2	政府有中小型企业创业方案供学生创业参考	0.38	3	492	0.765
ZF3	学生创业办理工商营业执照等手续便捷	2.23	3	492	0.084
ZF4	政府提供税收优惠援助学生创业	2.48	3	492	0.060
ZF5	政府鼓励教师参与社会服务	1.31	3	492	0.272
ZF6	政府兴建企业孵化器、创业园或创业基地支持学生创业	2.09	3	492	0.100
ZF7	政府通过媒体等宣传学生创业的做法和经验	0.77	3	492	0.512
ZF8	政府提供融资渠道(如优惠贷款)援助学生创业	1.79	3	492	0.149
CY1	该区域有很多企业愿意提供风险投资、信贷融资	1.63	3	492	0.180
CY2	企业给学生创业提供奖金、专项基金	2.30	3	492	0.077
CY3	企业给学生创业提供实习实践基地	1.99	3	492	0.115
CY4	企业支持、参与学校的创业竞赛和社团	0.37	3	492	0.775
CY5	企业对学生创业提供管理和技术指导	2.03	3	492	0.108
CY6	企业欢迎教师提供科研服务	1.70	3	492	0.167
CY7	企业对学生创业提供市场需求和信息	2.52	3	492	0.057
GX1	学校设置创业通识教育课程	3.52	3	492	0.015
GX2	学校有专门的创业教育师资和组织(如创业研究中心)	2.13	3	492	0.095
GX3	学校为学生创业提供咨询或培训,宣传创业知识和案例	2.54	3	492	0.055
GX4	学校请产业人士做讲座,组织学生参访企业、创业园区	2.07	3	492	0.104
GX5	学校有丰富多样的创业竞赛和社团	2.22	3	492	0.085
GX6	学校为学生创业提供资金支持	2.58	3	492	0.053
GX7	学校为学生创业提供场地支持	1.20	3	492	0.309
XT1	政府、产业和学校设立技术转移组织	0.09	3	492	0.967
XT2	政府、产业和学校联合开展研究或创业项目	1.13	3	492	0.338
XT3	政府、产业和学校联合为学生创业提供资金支持	1.29	3	492	0.276

续表

代码	测量题项	Levene统计值	df1	df2	显著性概率
XT4	政府、产业和学校联合为学生创业提供场地支持	0.49	3	492	0.688
XT5	政府、产业和学校联合开展学生创业大赛	1.37	3	492	0.250
XT6	形成支持学生创业的社会氛围	1.56	3	492	0.198
XT7	政府、产业和学校联合建设创业人才培养基地	1.13	3	492	0.337
JS1	教师承接政府或产业的课题数量增多	0.84	3	492	0.473
JS2	教师承接政府或产业的课题金额增加	1.27	3	492	0.284
JS3	教师研究成果获政府、产业嘉奖或社会好评	1.37	3	492	0.250
JS4	教师研究成果获技术转移或应用更频繁	2.00	3	492	0.113
JS5	教师参与或指导的创业活动获奖	1.51	3	492	0.212
JS6	教师在政府或产业兼职更常见	0.67	3	492	0.572
XS1	学生更能识别和捕捉商业机会	2.66	3	492	0.048
XS2	学生更能容忍压力	0.97	3	492	0.408
XS3	学生更喜欢动手操作，动手能力更强	1.11	3	492	0.343
XS4	学生更善于与风险投资接触	1.11	3	492	0.344
XS5	学生更乐于参加创业项目和组织	1.46	3	492	0.226
XS6	学生社交能力更强，人脉更广	1.15	3	492	0.330
XS7	学生更喜欢主动尝试	0.51	3	492	0.673
JX1	学生创业人数增加	2.57	3	492	0.054
JX2	学生创业项目增多	1.11	3	492	0.343
JX3	学生创业成功率提高	1.11	3	492	0.344
JX4	学生创业盈利能力增强	1.46	3	492	0.226
JX5	学生创新实践能力获社会好评	2.15	3	492	0.094
JX6	毕业生立足岗位创新能力获用人单位及社会好评	2.46	3	492	0.062

从表 5-12 可知，48 个测量题项中有 46 个测量题项 F 统计值的显著性概率大于 0.05，"学校设置创业通识教育课程"（GX1）和"学生更能识别和捕捉商业机会"（XS1）两个测量题项显著性概率小于 0.05，可见绝大部分题项通过了 Levene 检验，各测度指标数据具有方差齐性。接下来将应用方差分析方法判

断不同样本的 48 个测量题项测度指标数据是否有显著差异(见表 5-13)。

表 5-13　不同途径样本的方差分析表

代码	测量题项	方差来源	平方和	df	均方和	F 值	显著性概率
ZF1	政府出台鼓励学生创业的相关政策	组间	7.756	3	2.585	2.524	0.057
		组内	503.978	492	1.024		
		总数	511.734	495			
ZF2	政府有中小型企业创业方案供学生创业参考	组间	6.943	3	2.314	2.092	0.100
		组内	544.362	492	1.106		
		总数	551.305	495			
ZF3	学生创业办理工商营业执照等手续便捷	组间	2.965	3	0.988	0.864	0.460
		组内	562.952	492	1.144		
		总数	565.917	495			
ZF4	政府提供税收优惠援助学生创业	组间	3.441	3	1.147	1.070	0.361
		组内	527.398	492	1.072		
		总数	530.839	495			
ZF5	政府鼓励教师参与社会服务	组间	3.722	3	1.241	1.148	0.329
		组内	531.615	492	1.081		
		总数	535.337	495			
ZF6	政府兴建企业孵化器、创业园或创业基地支持学生创业	组间	5.577	3	1.859	1.618	0.184
		组内	565.197	492	1.149		
		总数	570.774	495			
ZF7	政府通过媒体等宣传学生创业的做法和经验	组间	6.143	3	2.048	1.772	0.152
		组内	568.462	492	1.155		
		总数	574.605	495			
ZF8	政府提供融资渠道(如优惠贷款)援助学生创业	组间	4.541	3	1.514	1.388	0.246
		组内	536.398	492	1.090		
		总数	540.939	495			

续表

代码	测量题项	方差来源	平方和	df	均方和	F 值	显著性概率
CY1	该区域有很多企业愿意提供风险投资、信贷融资	组间	4.360	3	1.453	1.344	0.259
		组内	532.090	492	1.081		
		总数	536.450	495			
CY2	企业给学生创业提供奖金、专项基金	组间	3.584	3	1.195	1.114	0.343
		组内	527.446	492	1.072		
		总数	531.030	495			
CY3	企业给学生创业提供实习实践基地	组间	1.013	3	0.338	0.334	0.801
		组内	498.146	492	1.012		
		总数	499.159	495			
CY4	企业支持、参与学校的创业竞赛和社团	组间	4.162	3	1.387	1.472	0.221
		组内	463.675	492	0.942		
		总数	467.837	495			
CY5	企业对学生创业提供管理和技术指导	组间	1.097	3	0.366	0.382	0.766
		组内	470.387	492	0.956		
		总数	471.484	495			
CY6	企业欢迎教师提供科研服务	组间	1.740	3	0.580	0.621	0.602
		组内	459.477	492	0.934		
		总数	461.217	495			
CY7	企业对学生创业提供市场需求和信息	组间	5.364	3	1.788	1.854	0.137
		组内	474.567	492	0.965		
		总数	479.931	495			
GX1	学校设置创业通识教育课程	组间	2.160	3	0.720	0.560	0.642
		组内	632.477	492	1.286		
		总数	634.637	495			
GX2	学校有专门的创业教育师资和组织（如创业研究中心）	组间	0.050	3	0.017	0.012	0.998
		组内	694.254	492	1.411		
		总数	694.304	495			

续表

代码	测量题项	方差来源	平方和	df	均方和	F值	显著性概率
GX3	学校为学生创业提供咨询或培训,宣传创业知识和案例	组间	2.556	3	0.852	0.725	0.538
		组内	578.426	492	1.176		
		总数	580.982	495			
GX4	学校请产业人士做讲座,组织学生参访企业、创业园区	组间	1.622	3	0.541	0.505	0.679
		组内	526.425	492	1.070		
		总数	528.047	495			
GX5	学校有丰富多样的创业竞赛和社团	组间	6.390	3	2.130	1.824	0.142
		组内	574.570	492	1.168		
		总数	580.960	495			
GX6	学校为学生创业提供资金支持	组间	5.032	3	1.677	1.413	0.238
		组内	583.999	492	1.187		
		总数	589.031	495			
GX7	学校为学生创业提供场地支持	组间	9.242	3	3.081	2.449	0.063
		组内	618.879	492	1.258		
		总数	628.121	495			
XT1	政府、产业和学校设立技术转移组织	组间	6.114	3	2.038	1.804	0.146
		组内	555.868	492	1.130		
		总数	561.982	495			
XT2	政府、产业和学校联合开展研究或创业项目	组间	5.574	3	1.858	1.980	0.116
		组内	461.773	492	0.939		
		总数	467.347	495			
XT3	政府、产业和学校联合为学生创业提供资金支持	组间	1.503	3	0.501	0.497	0.685
		组内	496.237	492	1.009		
		总数	497.740	495			
XT4	政府、产业和学校联合为学生创业提供场地支持	组间	3.178	3	1.059	1.021	0.383
		组内	510.271	492	1.037		
		总数	513.449	495			

续表

代码	测量题项	方差来源	平方和	df	均方和	F值	显著性概率
XT5	政府、产业和学校联合开展学生创业大赛	组间	5.810	3	1.937	1.807	0.145
		组内	527.384	492	1.072		
		总数	533.194	495			
XT6	形成支持学生创业的社会氛围	组间	1.294	3	0.431	0.402	0.751
		组内	527.624	492	1.072		
		总数	528.918	495			
XT7	政府、产业和学校联合建设创业人才培养基地	组间	4.961	3	1.654	1.490	0.216
		组内	546.124	492	1.110		
		总数	551.085	495			
JS1	教师承接政府或产业的课题数量增多	组间	1.734	3	0.578	0.607	0.611
		组内	468.362	492	0.952		
		总数	470.096	495			
JS2	教师承接政府或产业的课题金额增加	组间	1.095	3	0.365	0.385	0.764
		组内	466.639	492	0.948		
		总数	467.734	495			
JS3	教师研究成果获政府、产业嘉奖或社会好评	组间	5.826	3	1.942	2.176	0.090
		组内	439.107	492	0.892		
		总数	444.933	495			
JS4	教师研究成果获技术转移或应用更频繁	组间	4.604	3	1.535	1.679	0.171
		组内	449.830	492	0.914		
		总数	454.434	495			
JS5	教师参与或指导的创业活动获奖	组间	2.544	3	0.848	0.859	0.462
		组内	485.875	492	0.988		
		总数	488.419	495			
JS6	教师在政府或产业兼职更常见	组间	2.543	3	0.848	0.811	0.488
		组内	514.363	492	1.045		
		总数	516.906	495			

续表

代码	测量题项	方差来源	平方和	df	均方和	F 值	显著性概率
XS1	学生更能识别和捕捉商业机会	组间	4.216	3	1.405	1.577	0.194
		组内	438.526	492	0.891		
		总数	442.742	495			
XS2	学生更能容忍压力	组间	6.899	3	2.300	2.335	0.073
		组内	484.551	492	0.985		
		总数	491.450	495			
XS3	学生更喜欢动手操作,动手能力更强	组间	4.474	3	1.491	1.532	0.205
		组内	479.010	492	0.974		
		总数	483.484	495			
XS4	学生更善于与风险投资接触	组间	1.422	3	0.474	0.523	0.667
		组内	445.796	492	0.906		
		总数	447.218	495			
XS5	学生更乐于参加创业项目和组织	组间	6.047	3	2.016	2.062	0.104
		组内	480.902	492	0.977		
		总数	486.949	495			
XS6	学生社交能力更强,人脉更广	组间	7.810	3	2.603	2.231	0.084
		组内	574.027	492	1.167		
		总数	581.837	495			
XS7	学生更喜欢主动尝试	组间	3.462	3	1.154	1.149	0.329
		组内	494.237	492	1.005		
		总数	497.699	495			
JX1	学生创业人数增加	组间	0.749	3	0.250	0.259	0.855
		组内	473.556	492	0.963		
		总数	474.305	495			
JX2	学生创业项目增多	组间	2.929	3	0.976	1.074	0.360
		组内	447.168	492	0.909		
		总数	450.097	495			

续表

代码	测量题项	方差来源	平方和	df	均方和	F 值	显著性概率
JX3	学生创业成功率提高	组间	6.193	3	2.064	2.204	0.087
		组内	460.831	492	0.937		
		总数	467.024	495			
JX4	学生创业盈利能力增强	组间	5.624	3	1.875	1.999	0.113
		组内	461.312	492	0.938		
		总数	466.936	495			
JX5	学生创新实践能力获社会好评	组间	3.785	3	1.262	1.272	0.283
		组内	488.116	492	0.992		
		总数	491.901	495			
JX6	毕业生立足岗位创新能力获用人单位及社会好评	组间	4.447	3	1.482	1.476	0.220
		组内	494.164	492	1.004		
		总数	498.611	495			

从表 5-13 中不同途径样本的方差分析结果说明,来自政府人员、产业人员、高校教师、高校学生的样本数据之间不存在显著差异性。为此,可以将不同途径样本合并后开展整体分析。

5.5 分析方法描述

5.5.1 实证分析策略设计

根据研究特点和实际需要,本书在对第四章提出的理论假设进行实证分析时,主要是采取两种策略。一是运用 AMOS21.0 软件,以结构方程模型(SEM-Structural Equation Modeling)方法来检验政产学参与度与创业型人才培养绩效关系,以及教师产学合作能力、学生创业实践能力的中介效应的理论假设,即 H1-H17。二是运用 SPSS21.0 软件,以多元回归分析方法来检验政产学协同度在"政产学参与度—创业型人才培养绩效"关系中调节作用的理论假设,也就是 H18－H20。

5.5.2 结构方程模型介绍

结构方程模型近年来颇受实证研究者垂青,已被广泛应用于心理、教育、社会、管理等领域的研究。借鉴吴明隆(2009)的研究,本研究列出了结构方程模型图(如图 5-7 所示),对 SEM 分析模型中的常用符号与定义进行了说明(见表 5-14),展示了结构方程模型分析的基本程序(如图 5-8 所示)。

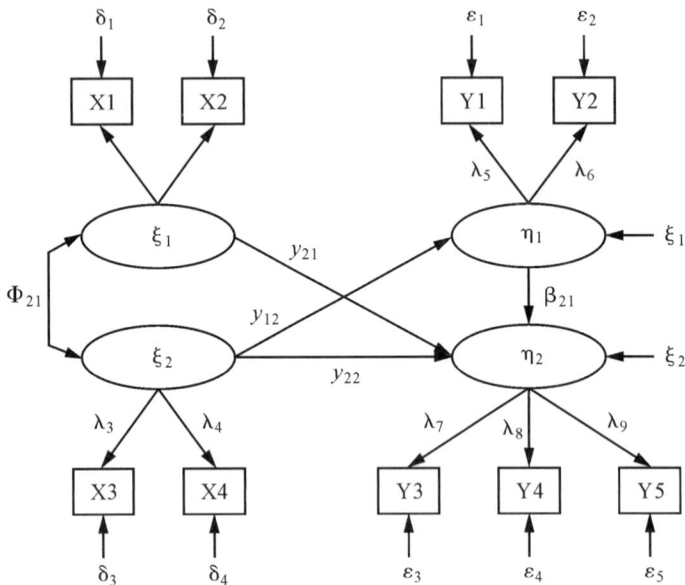

图 5-7　结构方程模型图

资料来源:吴明隆(2009)

表 5-14　SEM 分析模型中的常用符号与定义

符号	定　义
X	ξ 的观察变量或测量指标,常用正方形或长方形表示
Y	η 的观察变量或测量指标,常用正方形或长方形表示
ξ	外因潜在变量(因变量),常用圆形或椭圆形表示
η	内因潜在变量(果变量),常用圆形或椭圆形表示

续表

符号	定　义
δ	X 变量的测量误差
ε	Y 变量的测量误差
ζ	内因潜在变量的误差
β	内因潜在变量(η)间关连的系数矩阵
γ	外因潜在变量(ξ)与内因潜在变量(η)间关连的系数矩阵
Φ	外因潜在变量(ξ)的变异协方差矩阵
λ_x	X 与外因潜在变量(ξ)间的关连系数矩阵
λ_y	Y 与内因潜在变量(η)间的关连系数矩阵

资料来源：吴明隆(2009)

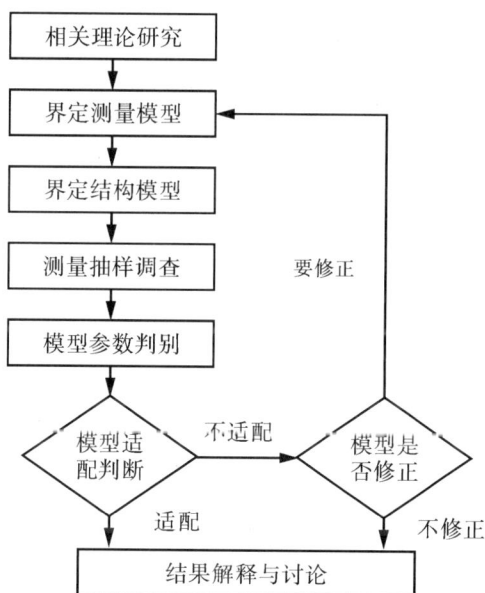

图 5-8　结构方程模型分析的基本程序

资料来源：吴明隆(2009)

温忠麟等(2005)认为变量 X 需要通过变量 M 来影响变量 Y，则称 M 为中介变量(mediator)，具体包括完全中介和部分中介。在研究中形成了中介效应原理(如图 5-9 所示)和检验程序(如图 5-10 所示)。

147

$$Y = cX + e_1$$
$$M = aX + e_2$$
$$Y = c^X + bM + e_3$$

注:衡量中介效应大小的方式,中介效应/总效应,即 $\hat{a}\hat{b}/(\hat{c} + \hat{a}\hat{b})$

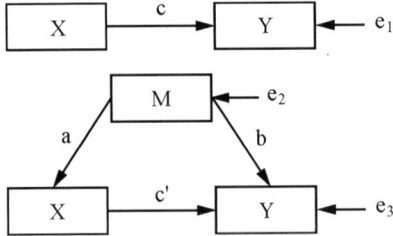

图 5-9　中介效应原理

资料来源:温忠麟等(2005)

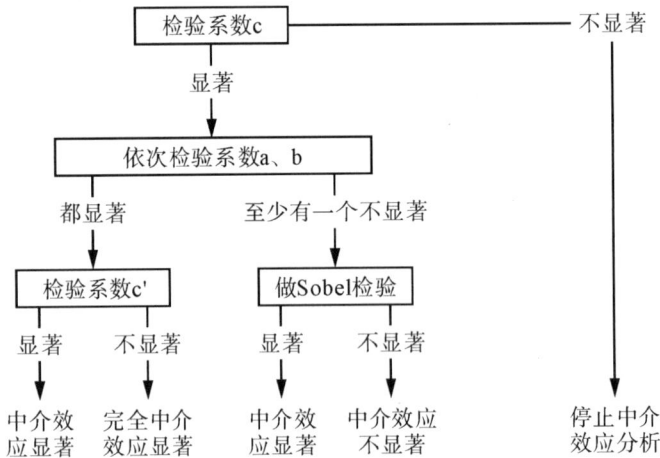

图 5-10　中介效应检验程序

资料来源:温忠麟等(2005)

　　温忠麟等(2005)有关学者还对调节效应检验(如图 5-11 所示)进行了较为充分的阐述:若 Y 与 X 的关系中,会受到第三个变量 M 的影响,则可以把 M 称为调节变量(moderator)。这一变量既可以是定性的,也可以是定量的。它可以对因变量和自变量之间关系的方向以及强弱产生一定的影响。

　　公式:$Y = f(X, M) + e$;常用的形式:$Y = aX + bM + cXM + e$。其中,系数 c 的作用是衡量调节效应(moderator effect)大小。若 c 显著,则 M 的调

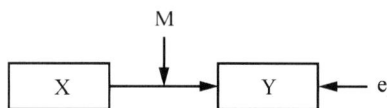

图 5-11 调节效应示意图

资料来源:温忠麟等(2005)

节效应显著。

上述关于中介效应和调节效应的原理已显示出两种效应的区别。为便于理解,本研究列出了调节变量与中介变量的相关比较(见表 5-15),通过该表可以更为清晰地把握两种变量之间的关系。

表 5-15 调节变量与中介变量的比较

	调节变量 M	中介变量 M
研究目的	X 何时影响 Y 或何时影响较大	X 如何影响 Y
关联概念	调节效应、交互效应	中介效应、间接效应
何时考虑	X 对 Y 影响时强时弱	X 对 Y 影响较强且稳定
典型模型	$Y=aM+bM+cXM+e$	$M=aX+e_2$;$Y=c'X+bM+e_3$
M 的位置	X、M 在 Y 前面,M 可在 X 前面	M 在 X 之后、Y 之前
M 的功能	影响 Y 和 X 间关系方向(正或负)和强弱	代表一种机制,X 通过它影响 Y
M 与 X、Y 关系	相关关系可以显著或不显著(后者较理想)	关系都显著
效应	回归系数 c	回归系数乘积 ab
效应检验	c 是否等于零	ab 是否等于零
检验策略	层次回归分析,检验偏回归系数 c 显著性(t 检验);或检验测定系数变化(F 检验)	依次检验,必要时做 Sobel 检验

资料来源:温忠麟等(2005)

5.6 本章小结

本章开展科学规范的实证研究设计,准确测量各研究变量,通过实地调研、专家咨询、学术交流等多种途径进行问卷设计并开展预测试,充分考量了问卷的可靠性,总体上保证了问卷的合理性和科学性,形成了符合中国情境的调查问卷。在全国范围内实施大规模的问卷调查、数据收集及整理,开展样本的有效性分析和描述性统计,对有效样本数据的初步统计表明,本次问卷调查数据是有效的。

第六章

基于三螺旋理论的高校创业型人才培养机制的实证分析

本章旨在验证第四章政产学参与度影响创业型人才培养绩效的作用机制等相关假设是否通过实证检验。具体将在对测量题项进行信度与效度分析的基础上,使用结构方程模型验证政产学参与度与创业型人才培养绩效的关系,教师产学合作能力、学生创业实践能力在政产学参与度影响创业型人才培养绩效关系中的中介作用。同时,采取多元回归分析方法验证政产学协同度对"政产学参与度—创业型人才培养绩效"影响关系的调节作用。

6.1 政产学参与度影响创业型人才培养绩效机理的验证

6.1.1 变量的分类

可将结构方程模型中的变量分为测量变量(Measured Variable)和潜变量(Latent Variable)。前者可直接观察并测量;后者只能以测量变量测量体现。在前期研究基础上,本节实证分析拟定了 6 个潜变量和 41 项测量题项(见表 6-1)。

表 6-1　模型中变量的分类

潜变量	题项代码	测量题项
政府参与度	ZF1	政府出台鼓励学生创业的相关政策
	ZF2	政府有中小型企业创业方案供学生创业参考
	ZF3	学生创业办理工商营业执照等手续便捷
	ZF4	政府提供税收优惠援助学生创业
	ZF5	政府鼓励教师参与社会服务
	ZF6	政府兴建企业孵化器、创业园或创业基地支持学生创业
	ZF7	政府通过媒体等宣传学生创业的做法和经验
	ZF8	政府提供融资渠道（如优惠贷款）援助学生创业
产业参与度	CY1	该区域有很多企业愿意提供风险投资、信贷融资
	CY2	企业给学生创业提供奖金、专项基金
	CY3	企业给学生创业提供实习实践基地
	CY4	企业支持、参与学校的创业竞赛和社团
	CY5	企业对学生创业提供管理和技术指导
	CY6	企业欢迎教师提供科研服务
	CY7	企业对学生创业提供市场需求和信息
高校参与度	GX1	学校设置创业通识教育课程
	GX2	学校有专门的创业教育师资和组织（如创业研究中心）
	GX3	学校为学生创业提供咨询或培训，宣传创业知识和案例
	GX4	学校请产业人士做讲座，组织学生参访企业、创业园区
	GX5	学校有丰富多样的创业竞赛和社团
	GX6	学校为学生创业提供资金支持
	GX7	学校为学生创业提供场地支持
教师产学合作能力	JS1	教师承接政府或产业的课题数量增多
	JS2	教师承接政府或产业的课题金额增加
	JS3	教师研究成果获政府、产业嘉奖或社会好评
	JS4	教师研究成果获技术转移或应用更频繁
	JS5	教师参与或指导的创业活动获奖
	JS6	教师在政府或产业兼职更常见

续表

潜变量	题项代码	测量题项
学生创业实践能力	XS1	学生更能识别和捕捉商业机会
	XS2	学生更能容忍压力
	XS3	学生更喜欢动手操作,动手能力更强
	XS4	学生更善于与风险投资接触
	XS5	学生更乐于参加创业项目和组织
	XS6	学生社交能力更强,人脉更广
	XS7	学生更喜欢主动尝试
创业型人才培养绩效	JX1	学生创业人数增加
	JX2	学生创业项目增多
	JX3	学生创业成功率提高
	JX4	学生创业盈利能力增强
	JX5	学生创新实践能力获社会好评
	JX6	毕业生立足岗位创新能力获用人单位及社会好评

6.1.2 信度与效度检验

6.1.2.1 信度检验

第三章已对信度进行概要介绍。根据吴明隆(2009)等学者的研究,通常仅可间接地估计信度系数,常用来衡量变量一致性的指标如 Cronbach α 系数,实际应用中 α 值至少应大于 0.70,该值越大表明测量指标间的相关性越高,信度就越大;若要净化题项,可利用校正的项总计相关系数(Corrected item-total correlation,CITC),该值至少应大于 0.35,若 CITC 较小且删除后会使 Cronbach α 值增加的题项应删除。本研究按照这一思路来验证各子量表的内部一致信度。

(1)政府参与度量表的信度分析(见表 6-2)

表 6-2 显示,政府参与度测量题项的一致性系数 Cronbach α 值为 0.814,大于 0.70。题项"政府提供融资渠道(如优惠贷款)援助学生创业"(ZF8)的 CITC 值为 0.038,小于 0.35;其余 7 个题项的 CITC 值最小为 0.529,大于 0.35。将题项 ZF8 删除后的信度分析发现,把 7 个测量题项删除后的 α 值均

小于 Cronbach α 值,这意味着政府参与度量表信度总体较高。

表 6-2　信度分析——政府参与度

代码	测量题项	CITC	删除该题项后 α 值	Cronbach α 值
ZF1	政府出台鼓励学生创业的相关政策	0.696	0.770	
ZF2	政府有中小型企业创业方案供学生创业参考	0.667	0.773	
ZF3	学生创业办理工商营业执照等手续便捷	0.613	0.781	
ZF4	政府提供税收优惠援助学生创业	0.621	0.780	
ZF5	政府鼓励教师参与社会服务	0.529	0.793	0.814
ZF6	政府兴建企业孵化器、创业园或创业基地支持学生创业	0.634	0.778	
ZF7	政府通过媒体等宣传学生创业的做法和经验	0.678	0.771	
ZF8	政府提供融资渠道(如优惠贷款)援助学生创业	0.038	0.876	

(2)产业参与度量表的信度分析(见表 6-3)

表 6-3 列出了产业参与度这一潜变量的信度分析结果。

表 6-3　信度分析——产业参与度

代码	测量题项	CITC	删除该题项后 α 值	Cronbach α 值
CY1	该区域有很多企业愿意提供风险投资、信贷融资	0.580	0.676	
CY2	企业给学生创业提供奖金、专项基金	0.631	0.664	
CY3	企业给学生创业提供实习实践基地	0.612	0.671	
CY4	企业支持、参与学校的创业竞赛和社团	0.566	0.682	0.737
CY5	企业对学生创业提供管理和技术指导	0.581	0.678	
CY6	企业欢迎教师提供科研服务	0.511	0.694	
CY7	企业对学生创业提供市场需求和信息	−0.035	0.843	

该表说明,产业参与度测量题项的一致性系数 Cronbach α 值为 0.737,大于 0.70。题项"企业对学生创业提供市场需求和信息"(CY7)的 CITC 值为 −0.035,小于 0.35;其余 6 个题项的 CITC 值最小为 0.511,大于 0.35。将题项 CY7 删除后的信度分析发现,把 6 个测量题项删除后的 α 值均小于 Cronbach α 值,这说明着产业参与度量表信度总体较高。

(3)高校参与度量表的信度分析(见表 6-4)

通过表 6-4 我们知道,高校参与度测量题项的一致性系数 Cronbach α 值为 0.896,大于 0.70;CITC 最小值为 0.648,大于 0.35;而将各测量变量删除后的 α 值总体都小于 Cronbach α 值,因此高校参与度量表的信度也较高。

表 6-4　信度分析——高校参与度

代码	测量题项	CITC	删除该题项后 α 值	Cronbach α 值
GX1	学校设置创业通识教育课程	0.672	0.884	
GX2	学校有专门的创业教育师资和组织(如创业研究中心)	0.701	0.880	
GX3	学校为学生创业提供咨询或培训,宣传创业知识和案例	0.772	0.872	
GX4	学校请产业人士做讲座,组织学生参访企业、创业园区	0.735	0.877	0.896
GX5	学校有丰富多样的创业竞赛和社团	0.701	0.880	
GX6	学校为学生创业提供资金支持	0.660	0.885	
GX7	学校为学生创业提供场地支持	0.648	0.886	

(4)教师产学合作能力量表的信度分析(见表 6-5)

表 6-5 对教师产学合作能力这一潜变量的信度分析进行说明。

表 6-5　信度分析——教师产学合作能力

代码	测量题项	CITC	删除该题项后 α 值	Cronbach α 值
JS1	教师承接政府或产业的课题数量增多	0.646	0.678	
JS2	教师承接政府或产业的课题金额增加	0.675	0.670	
JS3	教师研究成果获政府、产业嘉奖或社会好评	0.669	0.673	0.753
JS4	教师研究成果获技术转移或应用更频繁	0.606	0.689	
JS5	教师参与或指导的创业活动获奖	0.624	0.683	
JS6	教师在政府或产业兼职更常见	0.027	0.872	

可见,教师产学合作能力测量题项的一致性系数 Cronbach α 值为 0.753,大于 0.70。题项"教师在政府或产业兼职更常见"(JS6)的 CITC 值为 0.027,小于 0.35;其余 5 个题项的 CITC 值最小为 0.606,大于 0.35。将题项 JS6 删除后的信度分析发现,把这 5 个测量题项删除后的 α 值均小于 Cronbach α 值,看来教师产学合作能力量表信度总体较高。

(5)学生创业实践能力量表的信度分析(见表 6-6)

观察表 6-6 可以发现,学生创业实践能力测量题项的一致性系数 Cronbach α 值为 0.796,大于 0.70。题项"学生更喜欢主动尝试"(XS7)的 CITC 值为 0.063,小于 0.35;其余 6 个题项的 CITC 值最小为 0.610,大于 0.35。将题项 XS7 删除后的信度分析发现,把这 6 个测量题项删除后的 α 值均小于 Cronbach α 值,这意味着学生创业实践能力量表信度总体较高。

表 6-6　信度分析——学生创业实践能力

代码	测量题项	CITC	删除该题项后 α 值	Cronbach α 值
XS1	学生更能识别和捕捉商业机会	0.623	0.755	
XS2	学生更能容忍压力	0.647	0.749	
XS3	学生更喜欢动手操作,动手能力更强	0.610	0.755	
XS4	学生更善于与风险投资接触	0.681	0.744	0.796
XS5	学生更乐于参加创业项目和组织	0.688	0.741	
XS6	学生社交能力更强,人脉更广	0.640	0.748	
XS7	学生更喜欢主动尝试	0.063	0.877	

(6)创业型人才培养绩效量表的信度分析(见表 6-7)

表 6-7 介绍创业型人才培养绩效这一潜变量的信度分析结果。

表 6-7　信度分析——创业型人才培养绩效

代码	测量题项	CITC	删除该题项后 α 值	Cronbach α 值
JX1	学生创业人数增加	0.676	0.691	
JX2	学生创业项目增多	0.678	0.693	
JX3	学生创业成功率提高	0.693	0.687	
JX4	学生创业盈利能力增强	0.643	0.700	0.766
JX5	学生创新实践能力获社会好评	0.634	0.701	
JX6	毕业生立足岗位创新能力获用人单位及社会好评	0.042	0.884	

分析上表可知,创业型人才培养绩效测量题项的一致性系数 Cronbach α 值为 0.766,大于 0.70。题项"毕业生立足岗位创新能力获用人单位及社会好评"(JX6)的 CITC 值为 0.042,小于 0.35;而其余 5 个题项的 CITC 值最小为

0.634,大于 0.35。将题项 JX6 删除后的信度分析发现,把 5 个测量题项删除后的 α 值均小于 Cronbach α 值,因此,创业型人才培养绩效量表信度总体较高。

6.1.2.2 效度检验

吴明隆(2009)认为,量表的效度大体上可以通过内容效度(Content Validity)、效标关联效度(Criteria-Related validity)和构思效度(Construct Validity)等衡量。内容效度为通过量表来测量内容的适当性和相符性,本研究理论模型中政府参与度、产业参与度、高校参与度、教师产学合作能力、学生创业实践能力、创业型人才培养绩效等有关量表测量题项的产生,综合了文献整理、实地调研、专家访谈及预测试等过程,所以内容效度有较好的保障。效标关联效度为测量分数与某一外部效标间的一致性程度,也就是测验结果能代表或预测效标行为的有效性、准确性程度,需要配以实际证据佐证,但本书择取的变量很难找到现成的评价标准和其他有关资料,这一效度难以直接检验,这就要求采取实证检验的方式。构思效度为测量的结果是否能证实或解释某一理论的假设、术语或构想,解释的程度如何,它有利于验证理论模型中的变量测量模型,通常是指收敛效度(Convergent Validity)和区别效度(Discriminant Validity),前者解释潜变量的各测量题项之一致性程度,后者需要各因子间存在显著差异。可用平均变异抽取均方差(AVE)衡量收敛效度,若在0.50之上则收敛效度充分;若模型中的指标与其所属潜变量的共同方差大于该潜变量及其余潜变量的共同方差,则测度模型区别效度较好。潜变量 AVE的平方根应大于该潜变量与其他潜变量的相关系数。

借鉴吴明隆(2009)的研究,本书采取因子分析提取测量题项的共同因子,当接近理论架构时便认为测验工具构思效度较好。经验表明,Bartlett 球体检验(Bartlett test of Sphericity)统计值的显著性概率小于等于 α,KMO(Kaiser-Meyer-Olkin)值大于 0.70,同时各题项的因子负荷系数大于 0.50 时,能用因子分析将同一变量的各测量题项合并为一个因子。本研究通过 SPSS21.0软件对 6 个潜变量的 41 个测量题项依次开展因子分析,判断同一变量的不同测度题项能否较确切地反映这 6 个被测度变量,并将这些题项合并为一个因子。

(1)政府参与度题项的效度分析(见表 6-8)

通过探索性因子分析(特征根>1)来解析政府参与度涵盖的 7 个测量题项。KMO 和 Bartlett 检验的结果显示,KMO 是 0.898,大于 0.70,可以进行因子分析;Bartlett 球体检验的显著性概率是 0.000,意味着数据存在相关性,能开展因子分析。因子分析结果见表 6-9,有一个因子被识别出来,即为政府参与度,全部测量题项均较好地负载到其预期测量的因子之上,相关的因子负荷系数都大于 0.50(最大、最小值各是 0.815、0.646),因子的特征根累积解释了总体方差的 57.658%,这一效果能被认可,意味着政府参与度量表存在单维度特征。

表 6-8　KMO 和 Bartlett 检验——政府参与度

KMO 值		0.898
Bartlett 球体检验	卡方值	1 488.524***
	自由度	21
	显著性概率	0.000

显著性概率:$p^* < 0.05$;$P^{**} < 0.01$;$P^{***} < 0.001$

表 6-9　因子分析结果——政府参与度

代码	测量题项	因子负荷系数	AVE
ZF1	政府出台鼓励学生创业的相关政策	0.815	
ZF2	政府有中小型企业创业方案供学生创业参考	0.781	
ZF3	学生创业办理工商营业执照等手续便捷	0.740	
ZF4	政府提供税收优惠援助学生创业	0.764	0.576
ZF5	政府鼓励教师参与社会服务	0.646	
ZF6	政府兴建企业孵化器、创业园或创业基地支持学生创业	0.765	
ZF7	政府通过媒体等宣传学生创业的做法和经验	0.793	

注:主成分分析,Varimax 旋转;N=496;总解释变差为 57.658%

平均变异抽取均方差(AVE)是对应维度因素负荷的平方和的平均值

(2)产业参与度题项的效度分析(见表 6-10)

先开展 KMO 和 Bartlett 检验,结果显示,KMO 是 0.835,大于 0.70,可以进行因子分析;Bartlett 球体检验的显著性概率是 0.000,意味着数据存在相关性,可以开展因子分析。

表 6-10　KMO 和 Bartlett 检验——产业参与度

KMO 值		0.835
Bartlett 球体检验	卡方值	1 102.798***
	自由度	15
	显著性概率	0.000

显著性概率:p* <0.05;P** <0.01;P*** <0.001

通过表 6-11 可知,有一个因子被识别出来,也就是产业参与度,各个测量题项都能较好地负载到其预期测量的因子之上,对应的因子负荷系数均满足大于 0.50 的标准(最大值是 0.781,最小值是 0.694),因子的特征根累积解释了总体方差 56.096%,因子分析的效果可以接受,这意味着产业参与度量表存在单维度特征。

表 6-11　因子分析结果——产业参与度

代码	测量题项	因子负荷系数	AVE
CY1	该区域有很多企业愿意提供风险投资、信贷融资	0.738	
CY2	企业给学生创业提供奖金、专项基金	0.780	
CY3	企业给学生创业提供实习实践基地	0.781	0.530
CY4	企业支持、参与学校的创业竞赛和社团	0.743	
CY5	企业对学生创业提供管理和技术指导	0.753	
CY6	企业欢迎教师提供科研服务	0.694	

注:主成分分析,Varimax 旋转;N=496;总解释变差是 56.096%

平均变异抽取均方差(AVE)是对应维度因素负荷的平方和的平均值

(3)高校参与度题项的效度分析(见表 6-12)

同样地,对高校参与度题项进行效度分析,首先开展 KMO 和 Bartlett 检验,表 6-12 列出的结果说明,KMO 是 0.896,大于 0.70,能进行因子分析;Bartlett 球体检验的显著性概率是 0.000,意味着数据存在相关性,可以开展因子分析。从表 6-13 所示的因子分析结果可知,有一个因子被识别出来,即为高校参与度,全部测量题项均比较好地负载到其预期测量的因子之上,对应的因子负荷系数都大于 0.50(最大、最小值各是 0.847、0.740),因子的特征根累积解释了总体方差的 61.842%,取得的因子分析效果在可接受范围之内,意味着高校参与度量表存在单维度的特点。

表 6-12　KMO 和 Bartlett 检验——高校参与度

KMO 值		0.896
Bartlett 球体检验	卡方值	1 852.103***
	自由度	21
	显著性概率	0.000

显著性概率:p* <0.05;P** <0.01;P*** <0.001

表 6-13　因子分析结果——高校参与度

代码	测量题项	因子负荷系数	AVE
GX1	学校设置创业通识教育课程	0.765	
GX2	学校有专门的创业教育师资和组织(如创业研究中心)	0.788	
GX3	学校为学生创业提供咨询或培训,宣传创业知识和案例	0.847	
GX4	学校请产业人士做讲座,组织学生参访企业、创业园区	0.818	0.555
GX5	学校有丰富多样的创业竞赛和社团	0.790	
GX6	学校为学生创业提供资金支持	0.750	
GX7	学校为学生创业提供场地支持	0.740	

注:主成分分析,Varimax 旋转:N=496:总解释变差是 61.842%
平均变异抽取均方差(AVE)是对应维度因素负荷的平方和的平均值

(4)教师产学合作能力题项的效度分析(见表 6-14)

表 6-14 的结果说明,KMO 是 0.840,大于 0.70,可以开展因子分析;Bartlett 球体检验的显著性概率是 0.000,意味着数据存在相关性,能进行因子分析。

表 6-14　KMO 和 Bartlett 检验——教师产学合作能力

KMO 值		0.840
Bartlett 球体检验	卡方值	1 196.482***
	自由度	10
	显著性概率	0.000

显著性概率:p* <0.05;P** <0.01;P*** <0.001

在上述 KMO 和 Bartlett 检验的基础上,列出了教师产学合作能力题项的因子分析结果(见表 6-15)。

表 6-15　因子分析结果——教师产学合作能力

代码	测量题项	因子负荷系数	AVE
JS1	教师承接政府或产业的课题数量增多	0.830	
JS2	教师承接政府或产业的课题金额增加	0.841	
JS3	教师研究成果获政府、产业嘉奖或社会好评	0.820	0.538
JS4	教师研究成果获技术转移或应用更频繁	0.789	
JS5	教师参与或指导的创业活动获奖	0.787	

注：主成分分析，Varimax 旋转；N＝496；总解释变差是 66.233％
平均变异抽取均方差（AVE）是对应维度因素负荷的平方和的平均值

分析表 6-15 可知，有一个因子被识别出来，即为教师产学合作能力，各测量题项全部较好地负载到其预期测量的因子之上，对应的因子负荷系数也都大于 0.50（最大、最小值各是 0.841、0.787），因子的特征根累积解释了总体方差 66.233％，因子分析成效较好。

（5）学生创业实践能力题项的效度分析（见表 6-16）

遵循前述步骤开展 KMO 和 Bartlett 检验，结果显示，KMO 是 0.887，大于 0.70，能开展因子分析；Bartlett 球体检验的显著性概率是 0.000，意味着数据存在相关性，可开展因子分析。观察表 6-17 列出的因子分析结果，

表 6-16　KMO 和 Bartlett 检验——学生创业实践能力

KMO 值		0.887
Bartlett 球体检验	卡方值	1 340.616***
	自由度	15
	显著性概率	0.000

显著性概率：$p^* < 0.05$；$P^{**} < 0.01$；$P^{***} < 0.001$

表 6-17　因子分析结果——学生创业实践能力

代码	测量题项	因子负荷系数	AVE
XS1	学生更能识别和捕捉商业机会	0.771	
XS2	学生更能容忍压力	0.797	
XS3	学生更喜欢动手操作，动手能力更强	0.760	0.514
XS4	学生更善于与风险投资接触	0.811	
XS5	学生更乐于参加创业项目和组织	0.810	
XS6	学生社交能力更强，人脉更广	0.777	

注：主成分分析，Varimax 旋转；N＝496；总解释变差是 62.102％
平均变异抽取均方差（AVE）是对应维度因素负荷的平方和的平均值

有一个因子被识别出来，即为学生创业实践能力，所有的测量题项均较好地负载到其预期测量的因子之上，对应的因子负荷系数均大于 0.50（最大、最小值各是 0.811、0.760），因子的特征根累积解释了总体方差的 62.102%，因子分析的效果可接受。

（6）创业型人才培养绩效题项的效度分析（见表 6-18）

首先在 KMO 和 Bartlett 检验的基础上判断是否适合开展因子分析，从表 6-18 中可知 KMO 和 Bartlett 的检验结果，KMO 是 0.830，大于 0.70，适宜开展因子分析；Bartlett 球体检验的显著性概率是 0.000，意味着数据存在相关性，能开展因子分析。因子分析结果整理于表 6-19，有一个因子被识别出来，即为创业型人才培养绩效，全部测量题项都较好地负载到其预期测量的因子之上，对应的因子负荷系数全部大于 0.50（最大值是 0.847，最小值是 0.796），因子的特征根累积解释了总体方差的 68.335%，因子分析成效良好。

表 6-18 KMO 和 Bartlett 检验——创业型人才培养绩效

KMO 值		0.830
Bartlett 球体检验	卡方值	1 347.983***
	自由度	10
	显著性概率	0.000

显著性概率：p* <0.05；P** <0.01；P*** <0.001

表 6-19 因子分析结果——创业型人才培养绩效

代码	测量题项	因子负荷系数	AVE
JX1	学生创业人数增加	0.834	
JX2	学生创业项目增多	0.844	
JX3	学生创业成功率提高	0.847	0.599
JX4	学生创业盈利能力增强	0.811	
JX5	学生创新实践能力获社会好评	0.796	

注：主成分分析，Varimax 旋转；N=496；总解释变差是 68.335%
平均变异抽取均方差（AVE）是对应维度因素负荷的平方和的平均值

6.1.3 相关分析

对潜变量进行相关分析（见表 6-20），看来任何两个潜变量的 AVE 都明显高于它们间的协方差，这意味着这些潜变量的测量具有足够的区分效度，

表6-20　SEM建模前各变量描述性统计及相关系数表

	均值	标准误差	1	2	3	4	5	6	7	8	9
1.高校所在区域	2.50	1.128	1								
2.高校类别	2.19	0.935	−0.021	1							
3.高校科研实力	2.06	1.039	0.103	0.042	1						
4.政府参与度	3.25	0.919	0.231**	0.174*	0.326***	1 (0.7589)					
5.产业参与度	3.37	0.957	0.090	0.035	0.124*	0.401***	1 (0.7280)				
6.高校参与度	3.38	0.907	0.346***	0.102*	0.524***	0.468***	0.408***	1 (0.7450)			
7.教师产学合作能力	3.46	0.875	0.175**	0.045	0.216**	0.387***	0.360***	0.448***	1 (0.7335)		
8.学生创业实践能力	3.20	0.940	0.102	0.052	0.253**	0.310***	0.302***	0.340***	0.316***	1 (0.7169)	
9.创业型人才培养绩效	3.31	0.943	0.023	0.057	0.367	0.482***	0.450***	0.536***	0.481***	0.333***	1 (0.7740)

注：N=496；* 表示显著性水平(P<0.05)(双尾检验)，** 表示显著性水平(P<0.01)(双尾检验)，*** 表示显著性水平(P<0.001)(双尾检验)；对角线上括号内的数字是AVE的算术平方根

因此收敛效度和区分效度符合要求。政产学参与度与创业型人才培养绩效均具有显著正相关关系,政产学参与度与教师产学合作能力、学生创业实践能力之间都具有显著正相关关系,教师产学合作能力、学生创业实践能力都与创业型人才培养绩效之间呈显著正相关关系,这些可初步验证本研究的预期假设。需要注意的是,相关关系仅能衡量变量间有无关系,因果关系的判断还必须经由更深入的分析来验证假设。基于这些考虑,本研究运用结构方程建模技术,更清晰准确地检验上述变量间的关系,从而验证第四章建立的各有关理论假设。在此基础上,确定政府参与度、产业参与度、高校参与度、教师产学合作能力、学生创业实践能力和创业型人才培养绩效的测量变量(见表6-21)。

表 6-21　各潜变量最终的测量题项汇总表

潜变量	题项代码	测量题项	因子负荷系数
政府参与度	ZF1	政府出台鼓励学生创业的相关政策	0.815
	ZF2	政府有中小型企业创业方案供学生创业参考	0.781
	ZF3	学生创业办理工商营业执照等手续便捷	0.740
	ZF4	政府提供税收优惠援助学生创业	0.764
	ZF5	政府鼓励教师参与社会服务	0.646
	ZF6	政府兴建企业孵化器、创业园或创业基地支持学生创业	0.765
	ZF7	政府通过媒体等宣传学生创业的做法和经验	0.793
产业参与度	CY1	该区域有很多企业愿意提供风险投资、信贷融资	0.738
	CY2	企业给学生创业提供奖金、专项基金	0.780
	CY3	企业给学生创业提供实习实践基地	0.781
	CY4	企业支持、参与学校的创业竞赛和社团	0.743
	CY5	企业对学生创业提供管理和技术指导	0.753
	CY6	企业欢迎教师提供科研服务	0.694
高校参与度	GX1	学校设置创业通识教育课程	0.765
	GX2	学校有专门的创业教育师资和组织(如创业研究中心)	0.788
	GX3	学校为学生创业提供咨询或培训,宣传创业知识和案例	0.847
	GX4	学校请产业人士做讲座,组织学生参访企业、创业园区	0.818
	GX5	学校有丰富多样的创业竞赛和社团	0.790
	GX6	学校为学生创业提供资金支持	0.750
	GX7	学校为学生创业提供场地支持	0.740

续表

潜变量	题项代码	测量题项	因子负荷系数
教师产学合作能力	JS1	教师承接政府或产业的课题数量增多	0.830
	JS2	教师承接政府或产业的课题金额增加	0.841
	JS3	教师研究成果获政府、产业嘉奖或社会好评	0.820
	JS4	教师研究成果获技术转移或应用更频繁	0.789
	JS5	教师参与或指导的创业活动获奖	0.787
学生创业实践能力	XS1	学生更能识别和捕捉商业机会	0.771
	XS2	学生更能容忍压力	0.797
	XS3	学生更喜欢动手操作,动手能力更强	0.760
	XS4	学生更善于与风险投资接触	0.811
	XS5	学生更乐于参加创业项目和组织	0.810
	XS6	学生社交能力更强,人脉更广	0.777
创业型人才培养绩效	JX1	学生创业人数增加	0.834
	JX2	学生创业项目增多	0.844
	JX3	学生创业成功率提高	0.847
	JX4	学生创业盈利能力增强	0.811
	JX5	学生创新实践能力获社会好评	0.796

6.1.4 政产学参与度与创业型人才培养绩效关系的验证

　　模型拟合性是模型评价的关键,常用一些拟合指标来判断数据与理论模型的拟合程度,但由于不同的指标从不同角度衡量模型拟合的好坏,因此判断决策时应综合多个指标。借鉴何郁冰(2008)、吴明隆(2009)等学者的研究,本书通过 χ^2/df 等 9 个拟合指数(见表 6-22)来观察实证模型的拟合程度。

表 6-22　SEM 模型拟合指数的评价标准

简称	指数名称	评价标准
χ^2/df	NC 值(χ^2 与自由度比值)	1<NC<3 为宜,较宽松值 1<NC<5
AGFI	调整拟合优度指数	≥0.80
TLI	Tucker-Lewis 指数	≥0.90

续表

简称	指数名称	评价标准
CFI	比较拟合优度指数	≥0.90
IFI	增值拟合优度指数	≥0.90
GFI	拟合优度指数	≥0.90
PGFI	简约拟合优度指数	≥0.50
RMSEA	近似误差均方根估计	≤0.10
NFI	规范拟合指数	≥0.90

资料来源:何郁冰(2008);吴明隆(2009)

测量题项明确后,本研究运用结构方程模型进一步分析政产学参与度与创业型人才培养绩效之间的关系。在具体研究过程中,政府参与度、产业参与度、高校参与度、教师产学合作能力、学生创业实践能力和创业型人才培养绩效为潜变量。根据实际有效的样本数据,在解析政产学参与度与创业型人才培养绩效的相关性、进行模型的拟合时,暂未将政产学协同度这一调节变量的调节效应纳入考虑范畴。

6.1.4.1 政府参与度与创业型人才培养绩效的关系模型

表 6-23 显示,各个拟合指数都较好地满足要求,模型有着较好的拟合程度。测度模型中潜变量的估计参数说明,各参数标准化估计值的显著性概率 P 值均为 0.000,在 0.001 水平上显著;临界比值(C.R.)最大值为 27.507、最小值为 12.945,均大于 1.96,模型满足基本的拟合标准。

表 6-23 政府参与度对创业型人才培养绩效的影响关系模型拟合指数

χ^2/df	AGFI	TLI	CFI	IFI	GFI	PGFI	RMSEA	NFI
4.211	0.893	0.932	0.944	0.945	0.926	0.641	0.081	0.929

注:χ^2/df 的显著性概率是 p = 0.000

图 6-1 表明,模型中政府参与度与创业型人才培养绩效之间的标准化路径系数为 0.735,P 值为 0.000,在 0.001 水平上显著,这就说明政府参与度对创业型人才培养绩效存在显著的正向影响,所以假设 H1 获得支持。

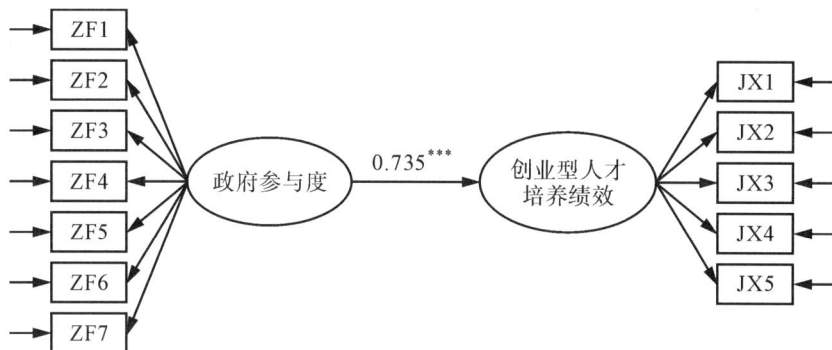

图 6-1　政府参与度对创业型人才培养绩效的影响关系模型

6.1.4.2 产业参与度与创业型人才培养绩效的关系模型

表 6-24 显示,全部拟合指数都较好地满足要求,模型有着较好的拟合程度。测度模型中潜变量的估计参数说明,各参数标准化估计值的显著性概率 P 值均为 0.000,在 0.001 水平上显著;临界比值(C.R.)最大值为 20.921、最小值为 11.066,均大于 1.96,模型满足基本的拟合标准。

表 6-24　产业参与度对创业型人才培养绩效的影响关系模型拟合指数

X^2/df	AGFI	TLI	CFI	IFI	GFI	PGFI	RMSEA	NFI
4.325	0.893	0.901	0.906	0.906	0.902	0.582	0.098	0.901

注:X^2/df 的显著性概率是 p = 0.000

图 6-2 表明,模型中产业参与度与创业型人才培养绩效之间的标准化路径系数为 0.713,P 值为 0.000,在 0.001 水平上显著,看来产业参与度对创业型人才培养绩效存在显著的正向影响,这就表明假设 H2 获得支持。

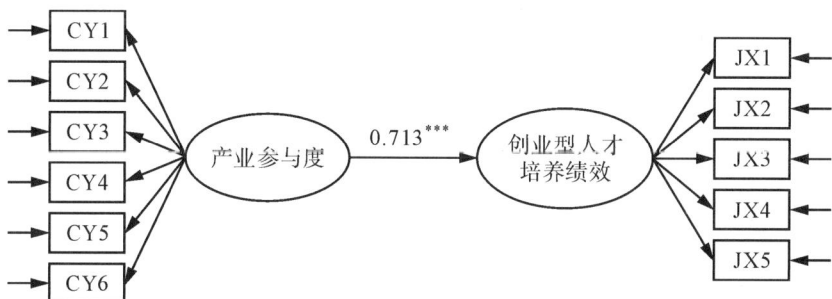

图 6-2　产业参与度对创业型人才培养绩效的影响关系模型

6.1.4.3 高校参与度与创业型人才培养绩效的关系模型

表 6-25 显示,高校参与度对创业型人才培养绩效的影响关系模型拟合指数全部都较好地满足要求,模型有着较好的拟合程度。测度模型中潜变量的估计参数意味着,各参数标准化估计值的显著性概率 P 值均为 0.000,在 0.001 水平上显著;临界比值(C.R.)最大值为 22.068、最小值为 15.700,均大于 1.96,模型满足基本的拟合标准。

表 6-25　高校参与度对创业型人才培养绩效的影响关系模型拟合指数

X^2/df	AGFI	TLI	CFI	IFI	GFI	PGFI	RMSEA	NFI
2.680	0.862	0.903	0.921	0.921	0.900	0.616	0.093	0.907

注:X^2/df 的显著性概率是 p = 0.000

观察图 6-3,发现高校参与度与创业型人才培养绩效的关系模型中,高校参与度与创业型人才培养绩效之间的标准化路径系数为 0.806,P 值为 0.000,在 0.001 水平上显著,这就说明高校参与度对创业型人才培养绩效存在显著的正向影响,所以假设 H3 获得支持。

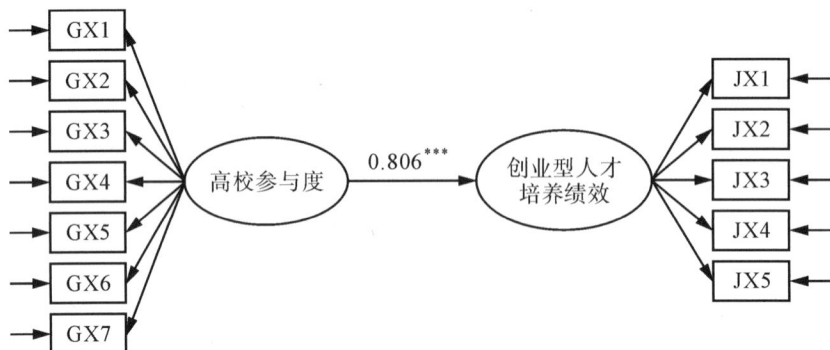

图 6-3　高校参与度对创业型人才培养绩效的影响关系模型

6.1.5 教师产学合作能力、学生创业实践能力的中介作用验证

政府参与度、产业参与度、高校参与度与教师产学合作能力、学生创业实践能力及创业型人才培养绩效之间是否存在中介作用,需要进一步验证。中介变量作为一种间接效应,如何确切地知道其是否真正起到中介变量的作用,

或者说如何明晰其中介效应(mediator effect)是否显著? 根据 Baron & Kenny(1986)、温忠麟等(2005)的研究(如图 6-4 所示),本研究将通过以下四个标准来判断中介效应:一是因变量 C 对自变量 A 回归,回归系数达到显著水平。二是中介变量 B 对自变量 A 回归,回归系数达到显著水平。三是因变量 C 对中介变量 B 回归,回归系数具有显著水平。四是因变量 C 同时对中介变量 B 和自变量 A 回归,中介变量 B 的回归系数达到显著水平,若自变量 A 的回归系数减小且也达到显著水平,则 B 起部分中介作用;若自变量 A 的回归系数减小但不具有显著性,则 B 起完全中介作用。需要说明的是,尽管在模型方程中可能还包含了与创业型人才培养绩效相关的其他变量,但上述判断标准依然具有适用性,因为若有多个自变量和中介变量时,研究者首先应明确是哪个自变量经过哪个中介变量的中介效应,并找出该自变量的系数,从而根据前述中介效应判断标准加以验证。

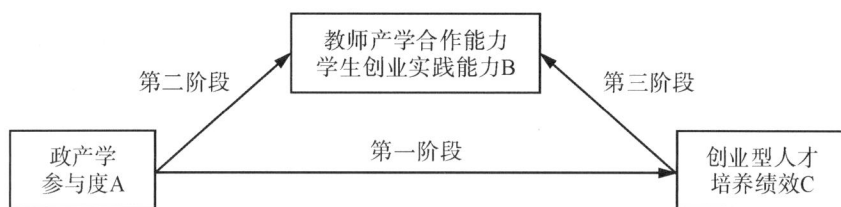

图 6-4　中介变量状况示意图

本书 6.1.4 章节中已研究了因变量(创业型人才培养绩效)分别对三个自变量(政府参与度、产业参与度、高校参与度)的回归结果,判断中介效应的标准一已获证实。所以,本部分只解析中介作用判断的第二、第三、第四个标准,验证教师产学合作能力、学生创业实践能力在政产学参与度对创业型人才培养绩效影响关系之间的中介作用。

6.1.5.1 政府参与度—"教师产学合作能力和学生创业实践能力"—创业型人才培养绩效的关系

6.1.4.1 的实证验证结果说明,政府参与度对创业型人才培养绩效的回归系数已达到显著水平(标准化估计值为 0.735,P 值为 0.000,在 0.001 水平上显著),所以判断中介作用的标准一已获证实。接下来,验证教师产学合作能力和学生创业实践能力在"政府参与度—创业型人才培养绩效"关系中扮演中介作用的其他三个判断标准。

(1)政府参与度对"教师产学合作能力、学生创业实践能力"的影响

表 6-26 显示,各个拟合指数全部符合标准,模型拟合效果良好。测度模型中潜变量的估计参数说明,各参数标准化估计值的显著性概率 P 值均为 0.000,在 0.001 水平上显著;临界比值(C.R.)最大值为 30.073、最小值为 17.861,均大于 1.96,模型满足基本的拟合标准。

表 6-26 政府参与度对"教师产学合作能力、学生创业实践能力"的影响关系模型拟合指数

X^2/df	AGFI	TLI	CFI	IFI	GFI	PGFI	RMSEA	NFI
3.831	0.882	0.901	0.905	0.905	0.901	0.763	0.076	0.901

注:χ^2/df 的显著性概率是 p = 0.000

图 6-5 表明,模型中政府参与度与教师产学合作能力之间的标准化路径系数为 0.733,P 值为 0.000,在 0.001 水平上显著,说明政府参与度对教师产学合作能力存在显著的正向影响,所以假设 H4 获得支持;政府参与度与学生创业实践能力之间的标准化路径系数为 0.485,P 值为 0.000,在 0.001 水平上显著,说明政府参与度对学生创业实践能力存在显著的正向影响,所以假设 H5 获得支持。这些说明,政府参与度对教师产学合作能力、学生创业实践能力的影响关系模型成立,亦即教师产学合作能力、学生创业实践能力两个中介变量对政府参与度这一自变量的回归系数具备显著水平,判断中介效应的标准二通过。

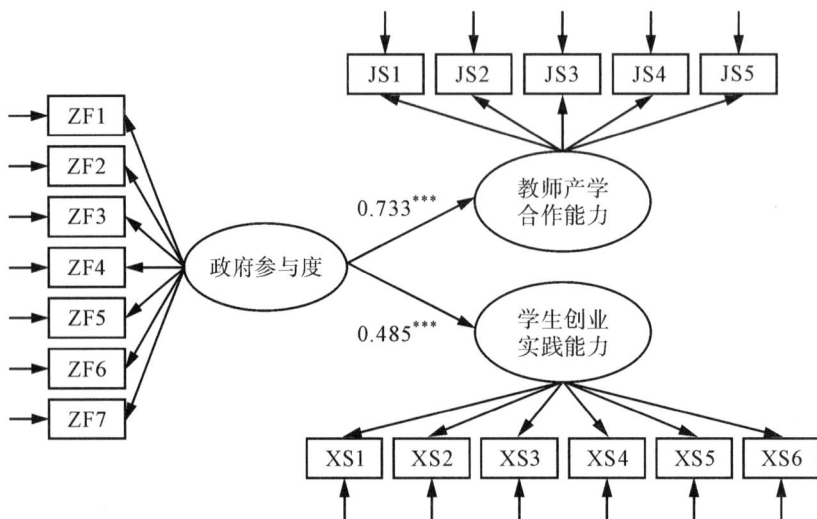

图 6-5 政府参与度对"教师产学合作能力、学生创业实践能力"的影响关系模型

(2)"教师产学合作能力、学生创业实践能力"对创业型人才培养绩效的影响

表 6-27 显示,各个拟合指数全部符合标准,模型拟合效果良好。测度模型中潜变量的估计参数说明,各参数标准化估计值的显著性概率 P 值均为 0.000,在 0.001 水平上显著;临界比值(C.R.)最大值为 27.297、最小值为 16.624,均大于 1.96,模型满足基本的拟合标准。

表 6-27　"教师产学合作能力、学生创业实践能力"对创业型人才培养绩效的影响关系模型拟合指数

X^2/df	AGFI	TLI	CFI	IFI	GFI	PGFI	RMSEA	NFI
3.147	0.873	0.903	0.907	0.907	0.901	0.713	0.091	0.903

注:X^2/df 的显著性概率是 p = 0.000

图 6-6 表明,模型中教师产学合作能力与创业型人才培养绩效之间的标准化路径系数为 0.691,P 值为 0.000,在 0.001 水平上显著,说明教师产学合作能力对创业型人才培养绩效存在显著的正向影响,所以假设 H10 获得支持;学生创业实践能力与创业型人才培养绩效之间的标准化路径系数为 0.266,P 值为 0.000,在 0.001 水平上显著,说明学生创业实践能力对创业型人才培养绩效存在显著的正向影响,所以假设 H11 获得支持。这些说明,教师产学合作能力、学生创业实践能力对创业型人才培养绩效的影响关系模型成立,亦即创业型人才培养绩效这一因变量对教师产学合作能力、学生创业实践能力这两个中介变量的回归系数具备显著水平,判断中介效应的标准三通过。

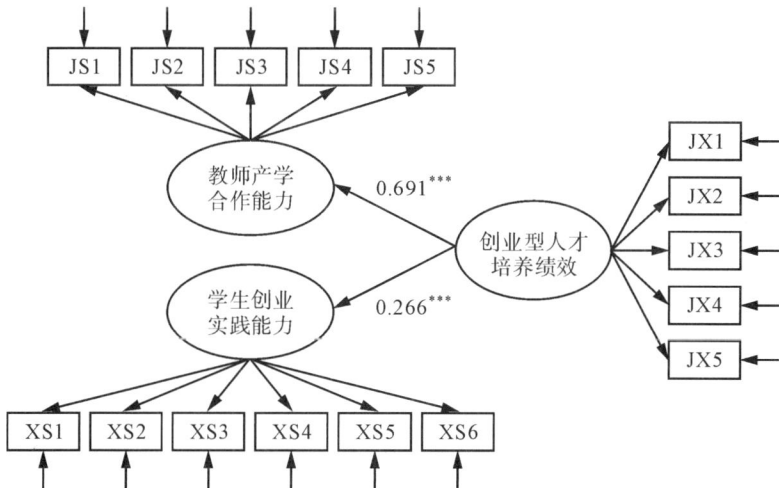

图 6-6　"教师产学合作能力、学生创业实践能力"对创业型人才培养绩效的影响关系模型

(3)"教师产学合作能力、学生创业实践能力"在"政府参与度—创业型人才培养绩效"中的中介作用模型

研究中先着手考虑部分中介作用模型是否能通过验证,也就是先拟定因变量对自变量的回归路径。表 6-28 显示,各个拟合指数全部符合标准,模型拟合效果良好。测度模型中潜变量的估计参数说明,各参数标准化估计值的显著性概率 P 值均为 0.000,在 0.001 水平上显著;临界比值(C.R.)最大值为 22.678、最小值为 12.612,均大于 1.96,模型满足基本的拟合标准。

表 6-28　"教师产学合作能力、学生创业实践能力"的部分中介效应模型拟合指数
（政府参与度—创业型人才培养绩效）

χ^2/df	AGFI	TLI	CFI	IFI	GFI	PGFI	RMSEA	NFI
3.050	0.886	0.917	0.926	0.926	0.903	0.726	0.064	0.902

注:χ^2/df 的显著性概率是 p $=0.000$

从表 6-29 和图 6-7 来看,政府参与度与教师产学合作能力的标准化路径系数为 0.569,P 值为 0.000,在 0.001 水平上显著;政府参与度与学生创业实践能力的标准化路径系数为 0.513,P 值为 0.000,在 0.001 水平上显著;教师产学合作能力与创业型人才培养绩效的标准化路径系数为 0.390,P 值为 0.000,在 0.001 水平上显著;学生创业实践能力与创业型人才培养绩效的标准化路径系数为 0.077,P 值为 0.048,在 0.05 水平上显著;政府参与度与创业型人才培养绩效之间的标准化路径系数从前面的 0.735 减少到 0.504,P 值为 0.000,在 0.001 水平上显著。按照判断中介作用的标准四,当因变量同时对中介变量和自变量回归,中介变量的回归系数达到显著水平,自变量的回归系数虽然减少但仍然达到显著水平时,说明中介变量起部分中介作用,自变量部分地通过中介变量影响因变量,即教师产学合作能力、学生创业实践能力均在政府参与度与创业型人才培养绩效关系中起部分中介作用,假设 H12、H15 分别成立。因为实证结果已分别支持教师产学合作能力、学生创业实践能力在"政府参与度—创业型人才培养绩效"关系中起部分中介作用,而且删除政府参与度到创业型人才培养绩效的路径亦无法获得理论和实践上的支撑,所以本研究保留"政府参与度—创业型人才培养绩效"的直接作用路径,不再考虑和验证完全中介作用模型。

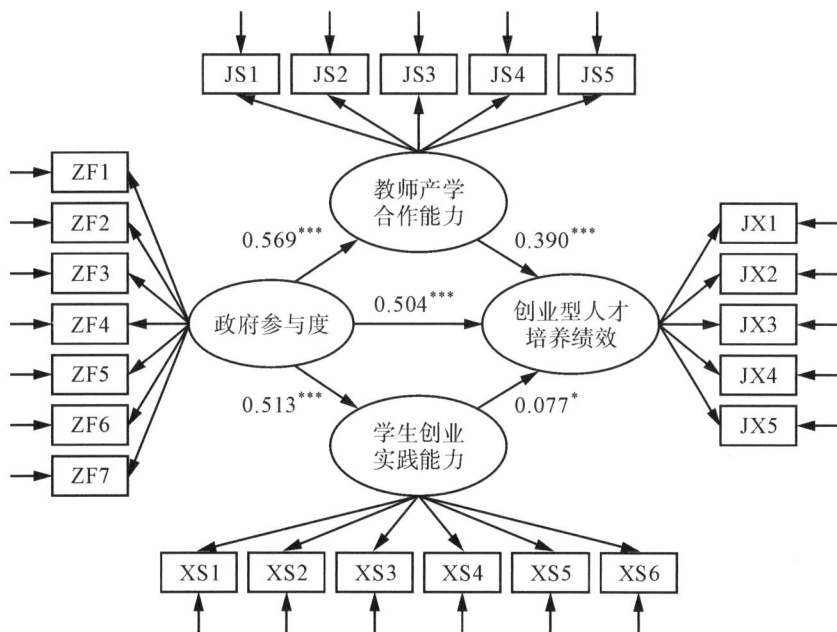

图 6-7 "教师产学合作能力、学生创业实践能力"的部分中介作用模型

（政府参与度—创业型人才培养绩效）

表 6-29 部分中介效应结构模型的估计参数

（政府参与度—"教师产学合作能力、学生创业实践能力"—创业型人才培养绩效）

效应路径	标准化估计值	标准误差(S.E.)	临界比(C.R.)	显著性
教师产学合作能力＜——政府参与度	0.569	0.041	11.518	***
学生创业实践能力＜——政府参与度	0.513	0.045	9.447	***
创业型人才培养绩效＜——政府参与度	0.504	0.037	12.953	***
创业型人才培养绩效＜——教师产学合作能力	0.390	0.053	8.229	***
创业型人才培养绩效＜——学生创业实践能力	0.077	0.052	1.987	0.048

注：显著性水平中，$P^* < 0.05$，$P^{**} < 0.01$，$P^{***} < 0.001$

6.1.5.2 产业参与度—"教师产学合作能力和学生创业实践能力"—创业型人才培养绩效的关系

6.1.4.2 的实证验证结果说明，产业参与度对创业型人才培养绩效的回归系数已达到显著水平（标准化估计值为 0.713，P 值为 0.000，在 0.001 水平上

显著),所以判断中介作用的标准一已获证实。从 6.1.5.1 的实证研究结果可知,教师产学合作能力、学生创业实践能力对创业型人才培养绩效的回归系数均已具备显著水平(标准化估计值分别是 0.691 和 0.266,P 值均为 0.000,都在 0.001 水平上显著),因此判断中介作用的标准三也已获证实。下文将验证中介效应的判断标准二和标准四。

(1)产业参与度对"教师产学合作能力、学生创业实践能力"的影响

表 6-30 显示,各个拟合指数全部符合标准,模型拟合效果良好。测度模型中潜变量的估计参数说明,各参数标准化估计值的显著性概率 P 值均为 0.000,在 0.001 水平上显著;临界比值(C.R.)最大值为 28.943、最小值为 17.934,均大于 1.96,模型满足基本的拟合标准。

图 6-8 表明,模型中产业参与度与教师产学合作能力之间的标准化路径系数为 0.667,P 值为 0.000,在 0.001 水平上显著,说明产业参与度对教师产学合作能力存在显著的正向影响,所以假设 H6 获得支持。产业参与度与学生创业实践能力之间的标准化路径系数为 0.525,P 值为 0.000,在 0.001 水平上显著,说明产业参与度对学生创业实践能力存在显著的正向影响,所以假设 H7 获得支持。这些说明,产业参与度对教师产学合作能力、学生创业实践能力的影响关系模型成立,亦即教师产学合作能力、学生创业实践能力对产业参与度这一自变量的回归系数具备显著水平,已达到验证中介效应标准二的要求。

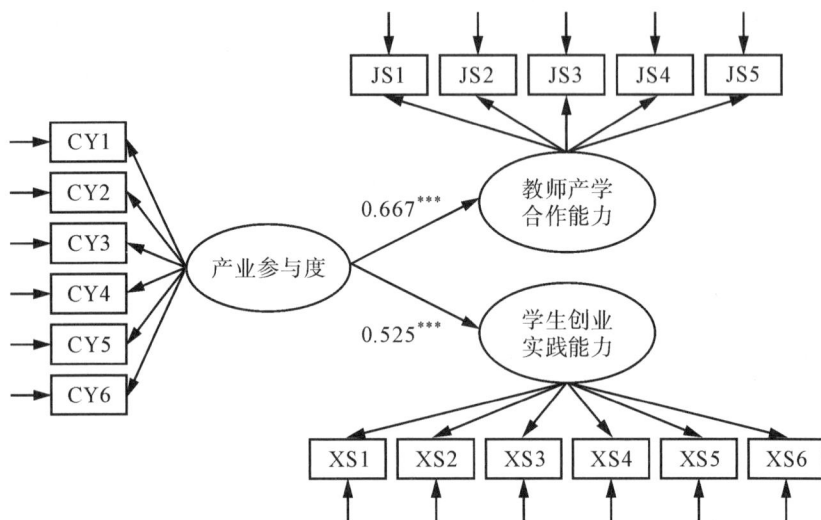

图 6-8　产业参与度对"教师产学合作能力、学生创业实践能力"的影响关系模型

表 6-30　产业参与度对"教师产学合作能力、学生创业实践能力"的
影响关系模型拟合指数

X^2/df	AGFI	TLI	CFI	IFI	GFI	PGFI	RMSEA	NFI
3.729	0.875	0.905	0.910	0.910	0.903	0.760	0.074	0.901

注：X^2/df 的显著性概率是 p ＝0.000

（2）"教师产学合作能力、学生创业实践能力"在"产业参与度—创业型人才培养绩效"中的中介作用模型

研究中先考虑部分中介作用模型是否能通过验证，即先拟定因变量对自变量的回归路径。表 6-31 显示，各个拟合指数全部符合标准，模型拟合效果良好。测度模型中潜变量的估计参数说明，各参数标准化估计值的显著性概率 P 值均为 0.000，在 0.001 水平上显著；临界比值（C.R.）最大值为 22.338、最小值为 11.289，均大于 1.96，模型满足基本的拟合标准。

表 6-31　"教师产学合作能力、学生创业实践能力"的部分中介效应模型拟合指数
（产业参与度—创业型人才培养绩效）

X^2/df	AGFI	TLI	CFI	IFI	GFI	PGFI	RMSEA	NFI
3.571	0.874	0.901	0.909	0.909	0.902	0.708	0.072	0.902

注：X^2/df 的显著性概率是 p ＝0.000

从表 6-32 和图 6-9 来看，产业参与度与教师产学合作能力的标准化路径系数为 0.541，p 值为 0.000，在 0.001 水平上显著；产业参与度与学生创业实践能力的标准化路径系数为 0.533，p 值为 0.000，在 0.001 水平上显著；教师产学合作能力与创业型人才培养绩效的标准化路径系数为 0.382，p 值为 0.000，在 0.001 水平上显著；学生创业实践能力与创业型人才培养绩效的标准化路径系数为 0.125，p 值为 0.003，在 0.01 水平上显著；产业参与度与创业型人才培养绩效之间的标准化路径系数从前面的 0.713 减少到 0.493，p 值为 0.000，在 0.001 水平上显著。按照判断中介作用的标准四可知，教师产学合作能力、学生创业实践能力均在产业参与度与创业型人才培养绩效关系中起部分中介作用，假设 H13、H16 分别成立。鉴于实证结果已分别支持教师产学合作能力、学生创业实践能力在"产业参与度—创业型人才培养绩效"关系中起部分中介作用，而且删除产业参与度到创业型人才培养绩效的路径也无法获取理论及实践上的支持，基于这一考虑，本研究保留"产业参与度—创业型人才培养绩效"的直接作用路径，不再考虑和验证完全中介作用模型。

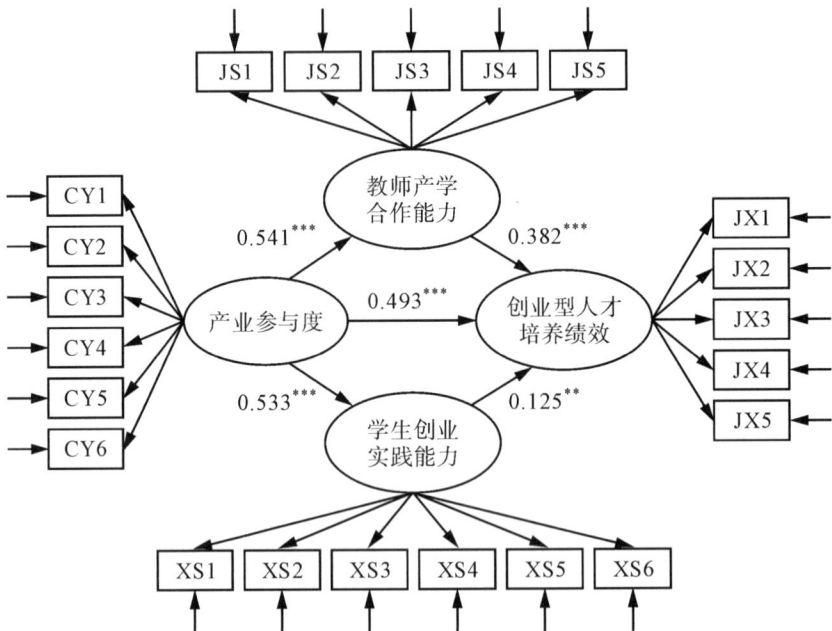

图 6-9 "教师产学合作能力、学生创业实践能力"的部分中介作用模型

(产业参与度—创业型人才培养绩效)

表 6-32 部分中介效应结构模型的估计参数

(产业参与度—"教师产学合作能力、学生创业实践能力"—创业型人才培养绩效)

效应路径	标准化估计值	标准误(S.E.)	临界比(C.R.)	显著性
教师产学合作能力<——产业参与度	0.541	0.049	11.287	***
学生创业实践能力<——产业参与度	0.533	0.056	8.922	***
创业型人才培养绩效<——产业参与度	0.493	0.043	10.147	***
创业型人才培养绩效<——教师产学合作能力	0.382	0.052	8.038	***
创业型人才培养绩效<——学生创业实践能力	0.125	0.051	2.956	0.003

注:显著性水平中,P* <0.05,P** <0.01,P*** <0.001

6.1.5.3 高校参与度、教师产学合作能力和学生创业实践能力与创业型人才培养绩效的关系

6.1.4.3 的实证验证结果说明,高校参与度对创业型人才培养绩效的回归系数已达到显著水平(标准化估计值为 0.806,P 值为 0.000,在 0.001 水平上

显著),所以判断中介作用的标准一已获证实。通过 6.1.5.1 的教师产学合作能力、学生创业实践能力分别对创业型人才培养绩效的的实证检验结果可知,教师产学合作能力、学生创业实践能力对创业型人才培养绩效的回归系数都已具备显著水平(标准化估计值依次是 0.691 和 0.266,P 值均是 0.000,都在0.001 水平上显著),因此判断中介作用的标准三也已获证实。下文将验证中介效应的判断标准二和标准四。

(1)高校参与度对教师产学合作能力、学生创业实践能力的影响

表 6-33 显示,各个拟合指数全部符合标准,模型拟合效果良好。测度模型中潜变量的估计参数说明,各参数标准化估计值的显著性概率 P 值均为0.000,在 0.001 水平上显著;临界比值(C.R.)最大值为 29.917、最小值为18.308,均大于 1.96,模型满足基本的拟合标准。

表 6-33　高校参与度对教师产学合作能力、学生创业实践能力的影响关系模型拟合指数

X^2/df	AGFI	TLI	CFI	IFI	GFI	PGFI	RMSEA	NFI
3.617	0.871	0.917	0.920	0.920	0.905	0.769	0.073	0.903

注:X^2/df 的显著性概率是 p＝0.000

图 6-10 表明,模型中高校参与度与教师产学合作能力之间的标准化路径系数为 0.737,P 值为 0.000,在 0.001 水平上显著,说明高校参与度对教师产

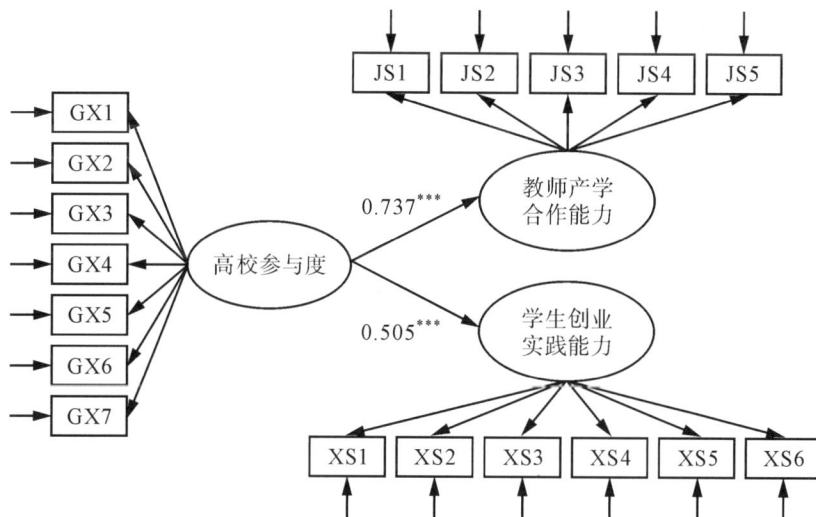

图 6-10　高校参与度对教师产学合作能力、学生创业实践能力的影响关系模型

学合作能力存在显著的正向影响,所以假设 H8 获得支持。高校参与度与学生创业实践能力之间的标准化路径系数为 0.505,P 值为 0.000,在 0.001 水平上显著,表明高校参与度对学生创业实践能力存在显著的正向影响,所以假设 H9 获得支持。这些意味着,高校参与度对教师产学合作能力、学生创业实践能力的影响关系模型成立,也就是说教师产学合作能力、学生创业实践能力两个中介变量对高校参与度这一自变量的回归系数具备显著水平,满足验证中介效应的标准二。

(2)教师产学合作能力、学生创业实践能力在"高校参与度—创业型人才培养绩效"中的中介作用模型

研究中先观察部分中介作用模型是否能通过验证,也就是先拟定因变量对自变量的回归路径。表 6-34 显示,各个拟合指数全部符合标准,模型拟合效果良好。测度模型中潜变量的估计参数说明,各参数标准化估计值的显著性概率 P 值均为 0.000,在 0.001 水平上显著;临界比值(C.R.)最大值为 23.426、最小值为 14.476,均大于 1.96,模型满足基本的拟合标准。

表 6-34　"教师产学合作能力、学生创业实践能力"的部分中介效应模型拟合指数（高校参与度—创业型人才培养绩效）

X^2/df	AGFI	TLI	CFI	IFI	GFI	PGFI	RMSEA	NFI
3.404	0.842	0.910	0.919	0.920	0.905	0.713	0.070	0.902

注:X^2/df 的显著性概率是 p = 0.000

从表 6-35 和图 6-11 来看,高校参与度与教师产学合作能力的标准化路径系数为 0.675,p 值为 0.000,在 0.001 水平上显著;高校参与度与学生创业实践能力的标准化路径系数为 0.586,p 值为 0.000,在 0.001 水平上显著;教师产学合作能力与创业型人才培养绩效的标准化路径系数为 0.270,p 值为 0.000,在 0.001 水平上显著;学生创业实践能力与创业型人才培养绩效的标准化路径系数为 0.079,p 值为 0.046,在 0.05 水平上显著;高校参与度与创业型人才培养绩效之间的标准化路径系数从前面的 0.806 减少到 0.604,p 值为0.000,在 0.001 水平上显著。根据前述判断中介作用的标准四可知,教师产学合作能力、学生创业实践能力均在高校参与度与创业型人才培养绩效关系中起部分中介作用,假设 H14、H17 分别成立。鉴于实证结果已分别支持教师产学合作能力、学生创业实践能力在"高校参与度—创业型人才培养绩效"关系中起部分中介作用,而且删除高校参与度到创业型人才培养绩效的路径亦无法获得理论及实践方面的支撑,所以本研究保留"高校参

与度—创业型人才培养绩效"的直接作用路径,不予考虑和验证完全中介作用模型。

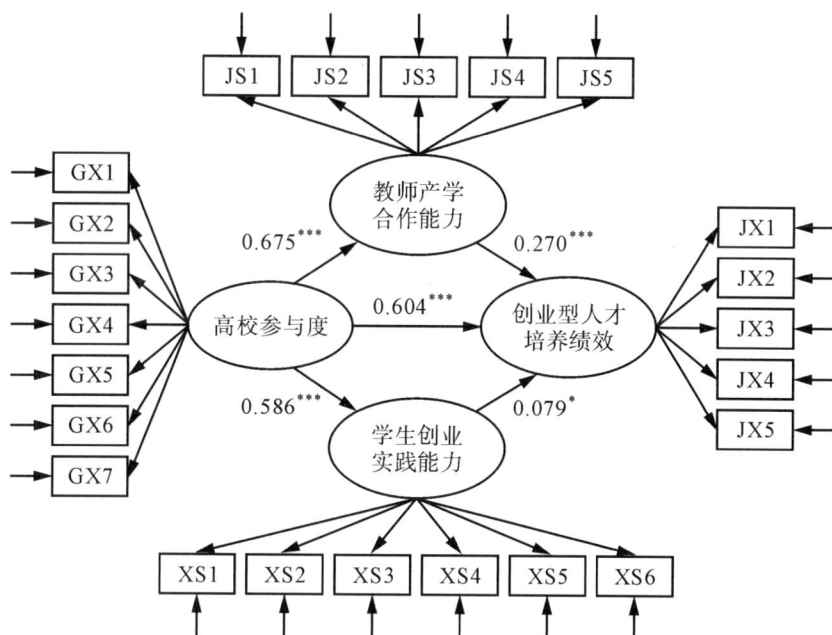

图 6-11　"教师产学合作能力、学生创业实践能力"的部分中介作用模型

（高校参与度—创业型人才培养绩效）

表 6-35　部分中介效应结构模型的估计参数

（高校参与度—"教师产学合作能力、学生创业实践能力"—创业型人才培养绩效）

效应路径	标准化估计值	标准误差（S.E.）	临界比（C.R.）	显著性
教师产学合作能力＜——高校参与度	0.675	0.041	13.586	***
学生创业实践能力＜——高校参与度	0.586	0.046	9.859	***
创业型人才培养绩效＜——高校参与度	0.604	0.048	14.752	***
创业型人才培养绩效＜——教师产学合作能力	0.270	0.053	6.236	***
创业型人才培养绩效＜——学生创业实践能力	0.079	0.054	2.008	0.046

注:显著性水平中,$P^* < 0.05$,$P^{**} < 0.01$,$P^{***} < 0.001$

6.1.5.4 政产学参与度—"教师产学合作能力和学生创业实践能力"—创业型人才培养绩效关系的整体 SEM 模型

综合前述实证验证结果，可以构建涵盖政产学参与度、教师产学合作能力和学生创业实践能力与创业型人才培养绩效关系的整体 SEM 模型。表 6-36 显示，各个拟合指数全部符合标准，模型拟合效果良好。表 6-37 测度模型中潜变量的估计参数说明，各参数标准化估计值的显著性概率 P 值均为 0.000，在 0.001 水平上显著；临界比值（C.R.）最大值为 24.345、最小值为 11.672，均大于 1.96，模型满足基本的拟合标准。

表 6-36　整体 SEM 模型的拟合指数

X^2/df	AGFI	TLI	CFI	IFI	GFI	PGFI	RMSEA	NFI
3.882	0.894	0.901	0.905	0.905	0.904	0.685	0.076	0.904

注：χ^2/df 的显著性概率是 p＝0.000

表 6-37　整体 SEM 模型中测度模型中潜变量的估计参数

变量＜——因子	标准化估计值	估计值	标准误（S.E.）	临界比（C.R.）	显著性
JX1＜——创业型人才培养绩效	0.854	1.000			
JX2＜——创业型人才培养绩效	0.822	0.831	0.034	24.345	***
JX3＜——创业型人才培养绩效	0.764	0.792	0.038	21.040	***
JX4＜——创业型人才培养绩效	0.719	0.751	0.039	19.076	***
JX5＜——创业型人才培养绩效	0.723	0.774	0.040	19.505	***
JS1＜——教师产学合作能力	0.766	1.000			
JS2＜——教师产学合作能力	0.765	0.988	0.046	21.257	***
JS3＜——教师产学合作能力	0.690	0.884	0.049	17.964	***
JS4＜——教师产学合作能力	0.652	0.854	0.051	16.670	***
JS5＜——教师产学合作能力	0.670	0.903	0.052	17.347	***
XS1＜——学生创业实践能力	0.673	1.000			
XS2＜——学生创业实践能力	0.722	1.158	0.075	15.388	***
XS3＜——学生创业实践能力	0.698	1.116	0.075	14.883	***
XS4＜——学生创业实践能力	0.745	1.150	0.073	15.687	***

续表

变量＜——因子	标准化估计值	估计值	标准误（S.E.）	临界比（C.R.）	显著性
XS5＜——学生创业实践能力	0.754	1.213	0.077	15.723	***
XS6＜——学生创业实践能力	0.705	1.232	0.081	15.245	***
ZF1＜——政府参与度	0.678	1.000			
ZF2＜——政府参与度	0.468	0.655	0.056	11.672	***
ZF3＜——政府参与度	0.528	0.794	0.063	12.512	***
ZF4＜——政府参与度	0.670	0.984	0.062	15.810	***
ZF5＜——政府参与度	0.637	0.979	0.065	15.110	***
ZF6＜——政府参与度	0.714	1.071	0.064	16.808	***
ZF7＜——政府参与度	0.769	1.091	0.059	18.370	***
CY1＜——产业参与度	0.579	1.000			
CY2＜——产业参与度	0.681	1.218	0.086	14.204	***
CY3＜——产业参与度	0.658	1.162	0.084	13.778	***
CY4＜——产业参与度	0.718	1.307	0.088	14.909	***
CY5＜——产业参与度	0.746	1.421	0.097	14.645	***
CY6＜——产业参与度	0.693	1.320	0.096	13.770	***
GX1＜——高校参与度	0.534	1.000			
GX2＜——高校参与度	0.651	1.293	0.097	13.298	***
GX3＜——高校参与度	0.730	1.397	0.098	14.255	***
GX4＜——高校参与度	0.785	1.425	0.096	14.898	***
GX5＜——高校参与度	0.821	1.559	0.102	15.298	***
GX6＜——高校参与度	0.733	1.532	0.108	14.172	***
GX7＜——高校参与度	0.716	1.432	0.103	13.866	***

注：显著性水平中，$P^* < 0.05$，$P^{**} < 0.01$，$P^{***} < 0.001$

从表 6-38 和图 6-12 来看，政府参与度与教师产学合作能力之间的标准化路径系数为 0.195，P 值为 0.000，在 0.001 水平上显著；产业参与度与教师产学合作能力之间的标准化路径系数为 0.294，P 值为 0.000，在 0.001 水平上显著；高校参与度与教师产学合作能力之间的标准化路径系数为 0.482，P 值为 0.000，在 0.001 水平上显著；政府参与度与学生创业实践能力之间的标准化路径系数为 0.147,P 值为 0.013,在 0.05 水平上显著;产业参与度与学生创业实践能力之间的标准化路径系数为 0.272,P 值为 0.000,在 0.001 水平上显著;高校参与度与学生创业实践能力之间的标准化路径系数为 0.279,P 值为 0.000,在 0.001 水平上显著;教师产学合作能力与创业型人才培养绩效之间的标准化路径系数为 0.169,P 值为 0.001,在 0.01 水平上显著;学生创业实践能力与创业型人才培养绩效之间的标准化路径系数为 0.428,P 值为 0.000,在 0.001 水平上显著;政府参与度与创业型人才培养绩效之间的标准化路径系数为 0.134,P 值为 0.006,在 0.01 水平上显著;产业参与度与创业型人才培养绩效之间的标准化路径系数为 0.129,P 值为 0.018,在 0.05 水平上显著;高校参与度与创业型人才培养绩效之间的标准化路径系数为 0.210,P 值为 0.000,在 0.001 水平上显著。

表 6-38　整体 SEM 模型中结构模型的估计参数

效应路径	标准化估计值	标准误（S.E.）	临界比（C.R.）	显著性
教师产学合作能力＜——政府参与度	0.195	0.057	3.500	***
教师产学合作能力＜——产业参与度	0.294	0.076	4.822	***
教师产学合作能力＜——高校参与度	0.482	0.080	7.489	***
学生创业实践能力＜——政府参与度	0.147	0.054	2.484	0.013
学生创业实践能力＜——产业参与度	0.272	0.073	4.116	***
学生创业实践能力＜——高校参与度	0.279	0.069	4.456	***
创业型人才培养绩效＜——教师产学合作能力	0.169	0.071	3.220	0.001
创业型人才培养绩效＜——学生创业实践能力	0.428	0.056	11.672	***
创业型人才培养绩效＜——政府参与度	0.134	0.067	2.756	0.006
创业型人才培养绩效＜——产业参与度	0.129	0.092	2.373	0.018
创业型人才培养绩效＜——高校参与度	0.210	0.097	3.635	***

注:显著性水平中,$P^* < 0.05, P^{**} < 0.01, P^{***} < 0.001$

　　研究表明,整体模型的拟合情况良好,回归系数均已具备显著性水平,前述中介作用模型验证结果的合理性得以充分证明。具体来说,第一,政府参与度对创业型人才培养绩效的间接效应是$(0.195 * 0.169) + (0.147 * 0.428) = 0.096$,直接效应是 0.134,总效应是 $0.096 + 0.134 = 0.230$。第二,产业参与度对创业型人才培养绩效的间接效应是$(0.294 * 0.169) + (0.272 * 0.428) = 0.166$,直接效应是 0.129,总效应是 $0.166 + 0.129 = 0.295$。第三,高校参与度

对创业型人才培养绩效的间接效应是(0.482 * 0.169)+(0.279 * 0.428)＝
0.201,直接效应是 0.210,而它的总效应是 0.201＋0.210＝0.411。所以,在政
府参与度、产业参与度、高校参与度三个自变量对创业型人才培养绩效这一因
变量影响的整体 SEM 模型中,高校参与度对创业型人才培养绩效的正向影
响最大,其次是产业参与度,最后是政府参与度。

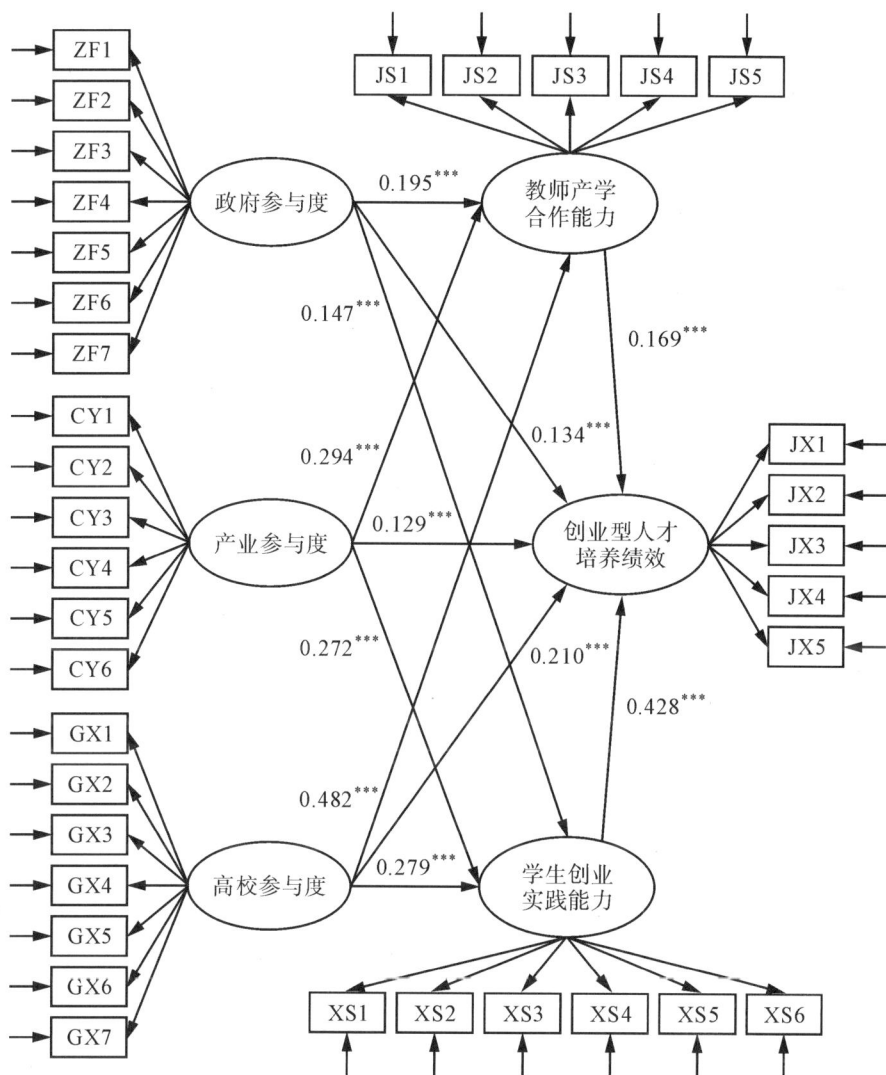

图 6-12　政产学参与度与"教师产学合作能力、学生创业实践能力"及
创业型人才培养绩效关系的整体 SEM 模型

6.2 政产学协同度的调节作用验证

鉴于前文使用的 SEM 技术未考虑政产学协同度对"政产学参与度—创业型人才培养绩效"关系可能存在的调控性影响，本研究接下来将使用多元回归分析方法，验证政产学协同度对"政产学参与度—创业型人才培养绩效"关系的调节作用的理论假设。

6.2.1 信度与效度检验

6.2.1.1 信度检验

根据前文的研究，政产学协同度包括 7 个测量题项（见表 6-39）。

表 6-39　政产学协同度包括的测量题项

类别	具体变量	代码	测量题项
调节变量	政产学协同度	XT1	政府、产业和学校设立技术转移组织
		XT2	政府、产业和学校联合开展研究或创业项目
		XT3	政府、产业和学校联合为学生创业提供资金支持
		XT4	政府、产业和学校联合为学生创业提供场地支持
		XT5	政府、产业和学校联合开展学生创业大赛
		XT6	形成支持学生创业的社会氛围
		XT7	政府、产业和学校联合建设创业人才培养基地

政产学协同度为潜变量，各测量题项的描述性统计见表 6-40，各题项均值都不小于 2.93，总体大于 3，初步体现出样本的政产学协同度较好。该表中的标准差数据反映出本调查样本数据的样本间差异较小，评价结果一致性较高。

表 6-40 政产学协同度测量题项的描述性统计

潜变量	测量题项	政府人员		产业人员		高校教师		高校学生	
		均值	标准差	均值	标准差	均值	标准差	均值	标准差
政产学协同度	XT1	3.01	1.07	3.24	1.12	3.01	1.17	3.22	0.88
	XT2	3.31	1.01	3.28	0.98	3.12	1.02	3.42	0.86
	XT3	3.13	1.03	3.02	1.03	3.04	1.01	3.51	0.94
	XT4	3.20	1.06	3.28	1.07	3.17	1.00	3.38	0.94
	XT5	3.54	1.00	3.48	1.10	3.43	1.04	3.71	1.00
	XT6	3.23	0.98	3.37	0.99	3.07	1.10	3.47	1.07
	XT7	2.94	0.92	3.02	0.94	2.93	0.81	3.19	0.88

政产学协同度的信度分析按照前文讨论的一致性系数 Cronbach α 值以及校正的项总计相关系数(CITC)来检验。数据处理结果见表 6-41,政产学协同度测量题项的一致性系数 Cronbach α 值为 0.768,大于 0.70。题项"政府、产业和学校联合建设创业人才培养基地"(XT7)的 CITC 值为 −0.022,小于 0.35;其余 6 个题项的 CITC 值最小为 0.561,大于 0.35。将题项 XT7 删除后的信度分析发现,把这 6 个测量题项删除后的 α 值均小于 Cronbach α 值,这意味着政产学协同度量表信度总体较高。

表 6-41 信度分析——政产学协同度

代码	测量题项	CITC	删除该题项后 α 值	Cronbach α 值
XT1	政府、产业和学校设立技术转移组织	0.623	0.711	
XT2	政府、产业和学校联合开展研究或创业项目	0.655	0.708	
XT3	政府、产业和学校联合为学生创业提供资金支持	0.662	0.705	
XT4	政府、产业和学校联合为学生创业提供场地支持	0.648	0.707	0.768
XT5	政府、产业和学校联合开展学生创业大赛	0.574	0.722	
XT6	形成支持学生创业的社会氛围	0.561	0.725	
XT7	政府、产业和学校联合建设创业人才培养基地	−0.022	0.864	

6.2.1.2 效度检验

首先开展 KMO 和 Bartlett 检验(见表 6-42),KMO 是 0.864,大于 0.70,可以进行因子分析;Bartlett 球体检验的显著性概率是 0.000,意味着数据存在相关性,可以开展因子分析。因子分析结果整理见表 6-43,有一个因子被识别出来,即为政产学协同度,全部题项均较好地负载到其预期测量的因子之上,对应的因子负荷系数均大于 0.50(最大值是 0.814,最小值是 0.699),因子的特征根累积解释了总体方差的 59.785%,因子分析效果可以接受。

表 6-42　KMO 和 Bartlett 检验——政产学协同度

KMO 值		0.864
Bartlett 球体检验	卡方值	1271.754***
	自由度	15
	显著性概率	0

显著性概率:$p^* < 0.05$;$P^{**} < 0.01$;$P^{***} < 0.001$

表 6-43　因子分析结果——政产学协同度

代码	测量题项	因子负荷系数	AVE
XT1	政府、产业和学校设立技术转移组织	0.788	
XT2	政府、产业和学校联合开展研究或创业项目	0.812	
XT3	政府、产业和学校联合为学生创业提供资金支持	0.814	0.542
XT4	政府、产业和学校联合为学生创业提供场地支持	0.799	
XT5	政府、产业和学校联合开展学生创业大赛	0.719	
XT6	形成支持学生创业的社会氛围	0.699	

注:主成分分析,Varimax 旋转;N=496;总解释变差是 59.785%。平均变异抽取均方差(AVE)是对应维度因素负荷的平方和的平均值

6.2.2 三个问题检验

根据张龙等(2010)的研究,在使用多元回归方法分析问题时,唯有在回归模型不存在多重共线性、自相关和异方差等三个问题时,才能正确地应用模型并获取科学结论。本研究将在对这三个问题检验的基础上解析调节效应。

6.2.2.1 多重共线性检验

若某两个或多个解释变量之间出现了线性相关性,则称为多重共线性(Multicollinearity),这里"共线性"表示存在着线性相关关系,"多重"意味着相关关系有多个组合。探讨解释变量间的多元线性问题,一般以方差膨胀因子(Variance Inflating Factor,VIF)表示,记成 $VIF = (1 - R^2)^{-1}$,表明普通最小二乘法(OLS)的估计量的方差随着多重共线性的增加而"膨胀"起来,从而把细小的变化用明显的数量变化反映出来。一般在 $0 < VIF < 10$ 时,认为模型没有多重共线性;在 $VIF \geqslant 10$(此时 $R^2 > 0.9$)时,说明模型有较严重的多重共线性。经验表明,还可根据可决系数 R^2、F 检验、t 检验的结果来判断,即若模型的可决系数 R^2 很大,F 检验高度显著,但偏回归系数的 t 检验几乎都不显著,则模型很可能有多重共线性。对接下来研究中回归模型的 VIF 计算结果情况意味着,全部模型中均为 $0 < VIF < 10$,所以这些解释变量(含控制变量)之间没有多重共线性问题。

6.2.2.2 自相关检验

自相关(Autocorrelation)是序列相关的一种,指同一变量逐次项之间的关系,即随机变量在时间上与其滞后项之间的相关。序列相关检验一般使用D-W 方法,这是由 Durbin 和 Watson 于 1951 年提出的,适用于大样本($n > 15$),仅用于检验是否存在自相关性。该方法的使用过程中,若 DW 值接近于0,则有正自相关;若 DW 值接近于 2,则无自相关;若 DW 值接近于 4,则有负自相关;若 DW 值不接近于 0、2、4 当中的任何一个,则不能做出结论。本书的样本数据为截面数据(cross-section data),这种情况下不同期样本值之间自相关问题产生的概率很小,后续分析回归模型的 DW 计算结果亦说明,在全部模型中 DW 值都靠近 2,所以在本研究中没有不同编号样本值之间的自相关问题。

6.2.2.3 异方差检验

异方差性(Heteroscedasticity)指被解释变量所有观测值的分散程度随解释变量的变化而变化。异方差性会产生如下后果:参数的最小二乘估计仍是线性无偏的,但不再是有效估计;无法正确估计参数的标准误差和估计区间;参数显著性检验失效;预测的精准度降低。在建立回归模型的过程中,一般要观察被解释变量的离散程度与解释变量之间是否存在相关关系,若随着解释变量值的增加,被解释变量的离散程度呈现逐渐增大或减小的趋势,则表明模型存在着异方差性,也就是观察被解释变量与解释变量的散点图,可以判断模型存在异方差性与否。本研究对后续要说明的各回归模型被解释变量与解释变量关系的散点图进行解析,发现随着解释变量值的增加或减少,被解释变量的离散程度呈现无序状态,这一无序的散点图说明本研究中全部回归模型都没有异方差问题。

6.2.3 回归分析

开始回归分析之前,本研究对各变量开展描述性统计分析,测算这些变量两两之间的简单相关系数(见表 6-44)。观察结果可知,政产学参与度、政产学协同度、创业型人才培养绩效之间存在显著的正向影响,使得本研究的预期假设得到初步验证,下文将使用多元回归分析方法对这些变量之间的关系开展更精准的验证。研究中拟借鉴均值分离技术,应用 SPSS21.0 统计分析软件进行数据分析,对政产学协同度在"政产学参与度—创业型人才培养绩效"关系中的调节作用开展回归分析,从而验证之前的假设。本研究将政产学协同度这个变量因子分析标准化处理后,均值为 3,据此依次把全部样本划分为高政产学协同度、低政产学协同度两个子样本,接着开展创业型人才培养绩效对政产学参与度的线性回归,探索高低政产学协同度对同一解释变量的回归系数之间是否有显著差异。

6.2.3.1 政产学协同度对"政府参与度—创业型人才培养绩效"的调节作用检验

研究中将对政产学协同度评分≤3 的 267 个样本列为低政产学协同度的子样本(N=267),同理将对政产学协同度评分>3 的 229 个样本计为高政产学协同度的子样本(N=229)。对这些子样本开展多元线性回归分析,得出如表 6-45 和表 6-46 所示政产学协同度对"政府参与度—创业型人才培养绩效"调节作用的回归参数估计结果。

表 6-44　回归分析前各变量描述性统计及相关系数表

	均值	标准误	1	2	3	4	5	6	7	8
1.高校所在区域	2.50	1.128								
2.高校类别	2.19	0.935	−0.021	1						
3.高校科研实力	2.06	1.039	0.103	0.042	1					
4.政府参与度	3.25	0.919	0.231**	0.174*	0.326***	1 (0.7589)				
5.产业参与度	3.37	0.957	0.090	0.035	0.124*	0.401***	1 (0.7280)			
6.高校参与度	3.38	0.907	0.346***	0.102*	0.524***	0.468***	0.408***	1 (0.7450)		
7.政产学协同度	3.23	0.975	0.147**	0.092*	0.312***	0.473***	0.493***	0.442**	1 (0.7362)	
8.创业型人才培养绩效	3.31	0.943	0.023	0.057	0.367	0.482***	0.450***	0.436***	0.494***	1 (0.7740)

注：$N=496$；* 表示显著性水平（$P<0.05$）（双尾检验），** 表示显著性水平（$P<0.01$）（双尾检验），*** 表示显著性水平（$P<0.001$）（双尾检验）；对角线上括号内的数字是 AVE 的算术平方根

表 6-45 低政产学协同度样本对"政府参与度—创业型人才培养绩效"的回归估计

变　量	标准化回归系数	T 值	显著性概率	VIF
高校所在区域	0.046	1.146	0.124	1.024
高校类别	−0.127	−2.188	0.025*	1.135
高校科研实力	0.095	1.583	0.073	1.057
政府参与度	0.363	3.069	0.004**	1.093
模型统计量				
DW	2.142			
R^2	0.457			
调整后 R^2	0.418			
F 值	18.902*** （显著性概率为 0.000）			

注：表中显示的回归系数是最后一步回归得到的标准回归系数（N＝267）。被解释变量：创业型人才培养绩效；$P^* < 0.05$；$P^{**} < 0.01$；$P^{***} < 0.001$（以下同）

表 6-46 高政产学协同度样本对"政府参与度—创业型人才培养绩效"的回归估计

变　量	标准化回归系数	T 值	显著性概率	VIF
高校所在区域	0.026	0.869	0.267	1.146
高校类别	−0.094	−1.516	0.071	1.047
高校科研实力	0.053	1.134	0.167	1.134
政府参与度	0.483	5.456	0.000***	1.042
模型统计量				
DW	2.025			
R^2	0.497			
调整后 R^2	0.457			
F 值	23.517*** （显著性概率为 0.000）			

注：表中显示的回归系数是最后一步回归得到的标准回归系数（N＝229）

上述统计结果表明，当低政产学协同度时，政府参与度对创业型人才培养绩效提高存在显著影响（回归系数是 0.363，$P＝0.004 < 0.01$），此时三个控制变量中仅高校类别对"政府参与度—创业型人才培养绩效"的调节作用有影响；当高政产学协同度时，政府参与度对创业型人才培养绩效提高存在显著影响（回归系数是 0.483，$P＝0.000 < 0.001$），此时三个控制变量对"政府参与度—创业型人才培养绩效"的调节作用均无影响。这意味着在政产

学协同度自低向高变化时,政府参与度对创业型人才培养绩效的回归系数提高了,同时回归系数的显著性概率也显著提高。鉴于不能对两个子样本相匹配解释变量的回归系数开展统计检验,以验证它们的差异情况,故仅可参照上述结果获得基本结论:政产学协同度越高,政府参与度对创业型人才培养绩效的关系越紧密,政府参与度越能促进创业型人才培养绩效,假设 H18 成立。

6.2.3.2 政产学协同度对"产业参与度—创业型人才培养绩效"的调节作用检验

同理对高低政产学协同度两个子样本进行多元线性回归分析,表 6-47 和表 6-48 列出了政产学协同度对"产业参与度—创业型人才培养绩效"调节作用的回归参数估计结果。

表 6-47　低政产学协同度样本对"产业参与度—创业型人才培养绩效"的回归估计

变　量	标准化回归系数	T 值	显著性概率	VIF
高校所在区域	−0.057	−1.467	0.097	1.134
高校类别	−0.012	−0.925	0.217	1.157
高校科研实力	0.094	2.193	0.032*	1.053
产业参与度	0.262	3.335	0.001**	1.035
模型统计量				
DW	2.064			
R^2	0.523			
调整后 R^2	0.496			
F 值	25.165*** (显著性概率为 0.000)			

注:表中显示的回归系数是最后一步回归得到的标准回归系数(N=267)

表 6-48　高政产学协同度样本对"产业参与度—创业型人才培养绩效"的回归估计

变　量	标准化回归系数	T 值	显著性概率	VIF
高校所在区域	−0.056	−1.468	0.099	1.078
高校类别	−0.009	−0.857	0.236	1.135
高校科研实力	0.096	2.220	0.027*	1.341
产业参与度	0.266	3.435	0.001**	1.011

续表

变 量	标准化回归系数	T 值	显著性概率	VIF
模型统计量				
DW	2.016			
R²	0.536			
调整后 R²	0.503			
F 值	26.356*** (显著性概率为 0.000)			

注:表中显示的回归系数是最后一步回归得到的标准回归系数(N=229)

上述结果说明,当低政产学协同度时,产业参与度对创业型人才培养绩效提高存在显著影响(回归系数是 0.262,$P=0.001<0.01$),此时仅高校科研实力这个控制变量对"产业参与度—创业型人才培养绩效"的调节作用有影响;当高政产学协同度时,产业参与度对创业型人才培养绩效提高存在显著影响(回归系数为 0.266,$P=0.001<0.01$),此时也只有高校科研实力这一控制变量对"产业参与度—创业型人才培养绩效"的调节作用有影响。通过这些分析可知,当政产学协同度自低向高变化时,产业参与度对创业型人才培养绩效的回归系数基本保持不变,并且回归系数的显著性概率也大体不变。因而,根据上述结果总体上将结论归纳为:政产学协同度越大,产业参与度对创业型人才培养绩效的关系并非越紧密,产业参与度并不是越能促进创业型人才培养绩效,假设 H19 不成立。这是因为,在我国的创业型人才培养中,目前产业的参与还不够理想,也就是创业型人才培养实践对产业的融合非常敏感,不论是在低政产学协同度还是在高政产学协同度下,产业参与度都能促进创业型人才培养绩效的提高。

6.2.3.3 政产学协同度对"高校参与度—创业型人才培养绩效"的调节作用检验

同理对高低政产学协同度两个子样本进行多元线性回归分析,政产学协同度对"高校参与度—创业型人才培养绩效"调节作用的回归参数估计结果见表 6-49 和表 6-50。

表 6-49　低政产学协同度样本对"高校参与度—创业型人才培养绩效"的回归估计

变　量	标准化回归系数	T 值	显著性概率	VIF
高校所在区域	0.132	2.221	0.024*	1.078
高校类别	0.117	2.213	0.026*	1.023
高校科研实力	0.141	2.264	0.021*	1.019
高校参与度	0.436	6.532	0.000***	1.094
模型统计量				
DW	2.024			
R^2	0.513			
调整后 R^2	0.475			
F 值	23.342*** (显著性概率为 0.000)			

注:表中显示的回归系数是最后一步回归得到的标准回归系数(N=267)

表 6-50　高政产学协同度样本对"高校参与度—创业型人才培养绩效"的回归估计

变　量	标准化回归系数	T 值	显著性概率	VIF
高校所在区域	0.135	2.245	0.021*	1.036
高校类别	0.096	2.013	0.048*	1.047
高校科研实力	0.146	2.462	0.015*	1.103
高校参与度	0.574	7.865	0.000***	1.103
模型统计量				
DW	2.012			
R^2	0.564			
调整后 R^2	0.512			
F 值	29.234*** (显著性概率为 0.000)			

注:表中显示的回归系数是最后一步回归得到的标准回归系数(N=229)

分析上述结果可知,当低政产学协同度时,高校参与度对创业型人才培养绩效提高存在显著影响(回归系数是 0.436,$P=0.000<0.001$),这一情况下三个控制变量对"高校参与度—创业型人才培养绩效"的调节作用都有影响;当高政产学协同度时,高校参与度对创业型人才培养绩效提高有显著影响(回归系数是 0.574,$P=0.000<0.001$),此时也是三个控制变量对"高校参与度—创业型人才培养绩效"的调节作用都有影响。实证结果可知,当政产学协同度自

低向高变化时,高校参与度对创业型人才培养绩效的回归系数得以提高,并且回归系数的显著性概率都是 0.000。因为不能对两个子样本相对应解释变量的回归系数开展统计检验,以确认它们是否有差异,为此仅可参照前述结果基本得出结论:政产学协同度越大,高校参与度对创业型人才培养绩效的关系越紧密,高校参与度越能促进创业型人才培养绩效,假设 H20 成立。

6.3 假设检验结果小结

　　整理本章的结构方程模型验证和多元回归分析结果,得到验证结果总表(见表 6-51),这说明本章的实证分析结果对第四章构建的绝大部分研究假设给予了支持。

表 6-51　第四章理论假设的验证结果总表

假设	内　　容	结果
第一组:政产学参与度与创业型人才培养绩效的关系及作用机制		
H1	政府参与度对创业型人才培养绩效有正向的影响	支持
H2	产业参与度对创业型人才培养绩效有正向的影响	支持
H3	高校参与度对创业型人才培养绩效有正向的影响	支持
H4	政府参与度对教师产学合作能力有正向的影响	支持
H5	政府参与度对学生创业实践能力有正向的影响	支持
H6	产业参与度对教师产学合作能力有正向的影响	支持
H7	产业参与度对学生创业实践能力有正向的影响	支持
H8	高校参与度对教师产学合作能力有正向的影响	支持
H9	高校参与度对学生创业实践能力有正向的影响	支持
H10	教师产学合作能力对创业型人才培养绩效有正向的影响	支持
H11	学生创业实践能力对创业型人才培养绩效有正向的影响	支持
H12	教师产学合作能力在政府参与度与创业型人才培养绩效的关系中起中介作用	支持
H13	教师产学合作能力在产业参与度与创业型人才培养绩效的关系中起中介作用	支持

续表

假设	内　　容	结果
H14	教师产学合作能力在高校参与度与创业型人才培养绩效的关系中起中介作用	支持
H15	学生创业实践能力在政府参与度与创业型人才培养绩效的关系中起中介作用	支持
H16	学生创业实践能力在产业参与度与创业型人才培养绩效的关系中起中介作用	支持
H17	学生创业实践能力在高校参与度与创业型人才培养绩效的关系中起中介作用	支持
第二组：政产学协同度对"政产学参与度—创业型人才培养绩效"关系的调节作用		
H18	政产学协同度正向调节"政府参与度—创业型人才培养绩效"关系	支持
H19	政产学协同度正向调节"产业参与度—创业型人才培养绩效"关系	不支持
H20	政产学协同度正向调节"高校参与度—创业型人才培养绩效"关系	支持

6.4 结果讨论

　　根据本研究的子问题1(影响效应研究)和子问题2(影响机理研究)，立足探索性案例研究和理论分析的根基，本书构建了政产学参与度影响创业型人才培养绩效机制的概念模型和理论假设。本研究认为政产学参与度对创业型人才培养绩效存在显著的正向促进作用；政产学参与度通过影响教师产学合作能力、学生创业实践能力间接作用于创业型人才培养绩效；同时政产学协同度对"政产学参与度—创业型人才培养绩效"的关系有调节作用。随后，以我国政府、产业、高校单位被调查对象的496份有效问卷为样本，在大样本实证分析的基础上本章验证了第四章做出的理论假设。从研究结果来看，前述理论假设绝大部分都得到了验证，意味着政产学参与度正向影响创业型人才培养绩效，教师产学合作能力、学生创业实践能力在政产学参与度影响创业型人才培养绩效中起中介作用，政产学协同度对政府参与度、高校参与度与创业型人才培养绩效关系都具有调节作用，而对产业参与度与创业型人才培养绩效关系不具有调节作用。这些设想不但具有理论的可行性，而且亦可总体通过实证验证。接下来，本研究将深入解析前述实证结果。

6.4.1 政产学参与度与创业型人才培养绩效

本书立足现有文献的研究成果，基于中国情境透视政产学参与度与创业型人才培养绩效的关系。通过实证检验结果可知，经由 SEM 分析得到的政府参与度影响创业型人才培养绩效的标准化路径系数是 $0.735(P=0.000)$；产业参与度影响创业型人才培养绩效的标准化路径系数是 $0.713(P=0.000)$；高校参与度影响创业型人才培养绩效的标准化路径系数是 $0.806(P=0.000)$。这些表明，政府参与度、产业参与度、高校参与度均可以提升创业型人才培养绩效；三个影响创业型人才培养绩效的标准化路径系数中，高校参与度最高，政府参与度次之，最后是产业参与度。政产学参与度与创业型人才培养绩效的关系实证检验结果与我国的国情和实际是相符的。创业型人才培养这一复杂系统工程的推进，需要方方面面的资源供给，而政府、产业、高校的参与特别是在我国情境下的参与显得更为重要。这一实证结果也表明，在我国的创业型人才培养中，除了着重加强高校参与度之外，政府参与度、产业参与度也都需要提高，特别是产业参与度亟待提高。

本研究的实证结果有力地支持着政产学参与度与创业型人才培养绩效的关系，实际上也是基于中国情境对部分学者有关政产学参与度与创业型人才培养绩效不相关、弱相关或负相关争论认识的深化。也就是说，政府参与度、产业参与度、高校参与度都是增进创业型人才培养绩效的重要保障，这亦构成了对本书子问题 1"影响效应研究"即"政产学参与度与创业型人才培养绩效关系的影响效应"研究的肯定回应。

6.4.2 政产学参与度与教师产学合作能力、学生创业实践能力

实证检验结果表明，SEM 分析获得的政府参与度影响教师产学合作能力的标准化路径系数是 $0.733(P=0.000)$，政府参与度影响学生创业实践能力的标准化路径系数是 $0.485(P=0.000)$；产业参与度影响教师产学合作能力的标准化路径系数是 $0.667(P=0.000)$，产业参与度影响学生创业实践能力的标准化路径系数是 $0.525(P=0.000)$；高校参与度影响教师产学合作能力的标准化路径系数是 $0.737(P=0.000)$，高校参与度影响学生创业实践能力的标准化路径系数是 $0.505(P=0.000)$。这就说明，政府参与度、产业参与度、高校参与度均为提高教师产学合作能力的重要推手；三个影响教师产学合

作能力的标准化路径系数中,高校参与度最高,政府参与度次之,最后是产业参与度。与此同时,政府参与度、产业参与度、高校参与度都对学生创业实践能力的提高发挥了有益作用;三个影响学生创业实践能力的标准化路径系数中,产业参与度最高,高校参与度次之,最后是政府参与度。这样的结果与我国的国情和实际也是相符的,因为在创业型人才培养中,政府、产业、高校三个参与主体的理念和举措都会对教师产学合作能力及学生创业实践能力产生不容小觑的影响。总之,政府参与度、产业参与度、高校参与度对教师产学合作能力、学生创业实践能力都存在正向促进作用,这说明政府、产业、高校的重视和参与都有利于提高教师产学合作能力、学生创业实践能力,尤其是对教师产学合作能力的促进作用更为突出。

6.4.3 教师产学合作能力、学生创业实践能力与创业型人才培养绩效

分析实证结果,从教师产学合作能力对创业型人才培养绩效的影响来看,SEM 分析后获得的标准化路径系数是 $0.691(P=0.000)$,这意味着教师产学合作能力对于提高创业型人才培养绩效具有显著的正向影响;分析学生创业实践能力对创业型人才培养绩效的影响可知,经由 SEM 分析得到的标准化路径系数是 $0.266(P=0.000)$,看来学生创业实践能力对于提高创业型人才培养绩效具有显著的正向影响。对比这些实证结果可以发现,在影响创业型人才培养绩效的标准化路径系数中,教师产学合作能力显著高于学生创业实践能力,教师产学合作能力的重要性不喻自明;而学生创业实践能力对创业型人才培养绩效影响的标准化路径系数尚不够理想,有待提高。教师产学合作能力、学生创业实践能力对创业型人才培养绩效的正向促进作用表明,教师产学合作能力和学生创业实践能力的增强均有助于提高创业型人才培养绩效,特别是教师产学合作能力对提高创业型人才培养绩效作用相当重要和关键。

6.4.4 教师产学合作能力、学生创业实践能力的中介作用

根据文献梳理、实地调研和探索性案例研究的情况,本书以教师、学生能力为研究扩展的着眼点,侧重探讨教师产学合作能力、学生创业实践能力在政产学参与度影响创业型人才培养绩效关系中的中介作用,而实证结果也对这一理论预期给予了支持。

　　经由 SEM 分析表明,创业型人才培养绩效对政府参与度的标准化回归系数具备显著水平;教师产学合作能力和学生创业实践能力对政府参与度的标准化回归系数都具备显著水平;创业型人才培养绩效对教师产学合作能力和学生创业实践能力的标准化回归系数均具备显著水平;创业型人才培养绩效同时对政府参与度以及教师产学合作能力、学生创业实践能力回归,创业型人才培养绩效对教师产学合作能力、学生创业实践能力的标准化回归系数都具备显著水平,对政府参与度的标准化回归系数虽然减少但仍然维持在显著水平(标准化回归系数是 0.504,$P = 0.000 < 0.001$),可见教师产学合作能力和学生创业实践能力两个中介变量使得政府参与度对创业型人才培养绩效的影响关系"弱化"了。这说明政府参与度对创业型人才培养绩效的影响是通过教师产学合作能力和学生创业实践能力的部分中介作用实现的。

　　经由 SEM 分析说明,创业型人才培养绩效对产业参与度的标准化回归系数具备显著水平;教师产学合作能力和学生创业实践能力对产业参与度的标准化回归系数都具备显著水平;创业型人才培养绩效对教师产学合作能力和学生创业实践能力的标准化回归系数均具备显著水平;创业型人才培养绩效同时对产业参与度以及教师产学合作能力、学生创业实践能力回归,创业型人才培养绩效对教师产学合作能力、学生创业实践能力的标准化回归系数都具备显著水平,对产业参与度的标准化回归系数虽然减少但还是保持在显著水平(标准化回归系数是 0.493,$P = 0.000 < 0.001$),也就是教师产学合作能力和学生创业实践能力两个中介变量使得产业参与度对创业型人才培养绩效的影响关系"弱化"了。这意味着产业参与度对创业型人才培养绩效的影响是通过教师产学合作能力和学生创业实践能力的部分中介作用实现的。

　　经由 SEM 分析得出,创业型人才培养绩效对高校参与度的标准化回归系数具备显著水平;教师产学合作能力和学生创业实践能力对高校参与度的标准化回归系数都具备显著水平;创业型人才培养绩效对教师产学合作能力和学生创业实践能力的标准化回归系数均具备显著水平;创业型人才培养绩效同时对高校参与度以及教师产学合作能力、学生创业实践能力回归,创业型人才培养绩效对教师产学合作能力、学生创业实践能力的标准化回归系数都具备显著水平,对高校参与度的标准化回归系数虽然减少但依然维持于显著水平(标准化回归系数是 0.604,$P = 0.000 < 0.001$),可见教师产学合作能力和学生创业实践能力两个中介变量使得高校参与度对创业型人才培养绩效的影响关系"弱化"了。这说明高校参与度对创业型人才培养绩效的影响是通过教师产学合作能力和学生创业实践能力的部分中介作用实现的。

　　上述分析表明,政产学参与度对创业型人才培养绩效的影响是通过教师产学合作能力、学生创业实践能力的部分中介作用实现的。这样的结论符合本书的研究预期和我国的实际情境。政府、产业、高校在创业型人才培养中的参与和创业型人才培养绩效之间均存在一定的距离,政府、产业、高校对创业型人才培养绩效的影响均必然通过影响教师产学合作能力、学生创业实践能力而得以实现,所以实证检验结果与本书的理论预期及现实状况是一致的。

　　本研究实证结果验证了教师产学合作能力、学生创业实践能力的部分中介作用,这就给政产学参与度与创业型人才培养绩效两者间的关系铺设了"金桥",得出的结论不但丰富了三螺旋理论,探索了政产学参与度的作用,而且对于提高教师产学合作能力、学生创业实践能力亦有较大的启发。其一,因为政产学参与度能提高创业型人才培养绩效,政府、产业、高校就应发挥自身优势,凸显功能最大化,切实强化对创业型人才培养的重视和资源投入,在为创业型人才培养的支持上提供不竭的源头活水,促进创业型人才培养可持续发展。其二,政府、产业、高校作用的实现,应与教师产学合作能力、学生创业实践能力联结起来,仅经由教师产学合作能力、学生创业实践能力的传导作用时,才能更充分地实现政产学参与度对创业型人才培养绩效的影响。所以,在创业型人才培养中,必须整体统筹政产学参与度和教师产学合作能力、学生创业实践能力,不可偏废,否则政产学参与度对创业型人才培养绩效的正向促进作用无法有效产生或急剧减弱。上述中介效应的实证结果意味着本研究创设的理论逻辑是可行的。

6.4.5 政产学协同度的调节作用

　　明晰了政产学参与度影响创业型人才培养绩效的机制后,本研究继而探讨了政产学协同度对"政产学参与度—创业型人才培养绩效"关系的正向调节作用。

　　从实证结果可知,政产学协同度自低到高变化时,政府参与度对创业型人才培养绩效的促进作用得以增强(回归系数自 0.363 上升到 0.483),即政产学协同度越大,政府参与度越能促进创业型人才培养绩效的提高,也就是政产学协同度对"政府参与度—创业型人才培养绩效"具有显著的正向调节作用。这一结论与研究的预期一致,为此增进政产学协同很有必要。

　　由实证研究来看,政产学协同度自低到高变化时,产业参与度对创业型人才培养绩效的促进作用基本不变(回归系数仅由 0.262 略微上升到 0.266),即政产学协同度越大,产业参与度并非越能促进创业型人才培养绩效的提高,也就是政产学协同度在"产业参与度—创业型人才培养绩效"关系中不存在调节作用。该结论同研究的预期相左,这意味着无论是高政产学协同度还是低政产学协同度,产业参与度对创业型人才培养绩效均有显著的促进作用,增进产业参与度的重要性一目了然。

实证研究还说明,政产学协同度自低到高变化时,高校参与度对创业型人才培养绩效的促进作用得以增强(回归系数由 0.436 上升到 0.574),即政产学协同度越大,高校参与度越能促进创业型人才培养绩效的提高,这就表明政产学协同度对"高校参与度—创业型人才培养绩效"具有显著的正向调节作用。这一结论与预期的结论是一致的,为此增进政产学协同非常有必要。

6.5 本章小结

本章结构方程建模和多元回归分析相结合,根据 496 份来自政府、产业、高校单位被调查对象的有效样本,通过大规模问卷调查采集的数据,对政产学参与度与创业型人才培养绩效的关系,教师产学合作能力、学生创业实践能力在政产学参与度与创业型人才培养绩效关系中的中介作用,政产学协同度在政产学参与度与创业型人才培养绩效关系中的调节作用等假设开展了统计分析。实证分析可知:政产学参与度对创业型人才培养绩效有显著的正向影响,教师产学合作能力、学生创业实践能力在政产学参与度与创业型人才培养绩效的关系中起部分中介作用,政产学协同度在政府参与度、高校参与度与创业型人才培养绩效的关系中均起显著的正向调节作用,在产业参与度与创业型人才培养绩效的关系中不存在正向调节作用。本章还结合中国情境,讨论、分析实证检验结果,提炼出新的科学发现。

第七章

三螺旋理论视角下完善高校创业型人才培养机制的对策建议

通过对创业型人才培养绩效影响效应与影响机理的深入分析,本研究基本理清了三螺旋理论视角下的高校创业型人才培养机制,为提出完善创业型人才培养机制的对策提供了思路的启发。在三螺旋理论视角下,将创业型人才培养这一系统工程向纵深推进,需要推动政府、产业、高校的参与和政产学协同,冲破种种壁垒,实现互动和增进协同,促进效益最大化。

7.1 强化政府在创业型人才培养中的引导机制

政府参与度对创业型人才培养绩效存在显著的正向影响;教师产学合作能力、学生创业实践能力都在政府参与度对创业型人才培养绩效影响关系中起部分中介作用;在政产学参与度与"教师产学合作能力、学生创业实践能力"及创业型人才培养绩效关系的整体 SEM 模型中,政府参与度是不可或缺的重要因素。政府应加大引导力度,激发教师产学合作能力和学生创业实践能力的传导作用,使政府参与度对创业型人才培养绩效的影响更有效地实现。

7.1.1 动态引导

在三螺旋理论中,政府是政策缔造者和经济环境维护者,作为高等教育管理者,这一公共组织具有合法性、权威性和资源优势。结合我国国情和高校实际,构建政产学合作的创业型人才培养体系,尤需政府摒弃功利性思想,将创业型人才培养纳入高等教育人才培养规划,从培养一个真正的"人"开始,动态地把握和推进(如图7-1所示)。初期,利益机制模糊,政府、产业、高校均处于观望状态,政府因有特殊职能和优势应强势介入,主动打破分散的静态均衡并有效引导。该阶段政府的作用为主且不断减小,产业和高校的作用渐而次之但逐步加强,当政府与产业的作用均衡时,本阶段即告结束;人才成长曲线较为平缓,略有上升。成长期,政府继续淡出,转而引导产业发展,扶持高校,不断突出产业与高校的职能。该阶段政府作用下降,产业和高校作用上升,当高校作用上升至与产业作用均衡时,本阶段即完成;人才成长曲线继续上升。成熟期,政府以宏观调控为主应对市场失灵,产业继续加强配合,而高校主导地位进一步夯实。该阶段政府作用明显退化,高校作用持续大幅上升,且远超产业和政府作用;人才成长曲线呈现加速上升趋势。鉴于我国国情实际,在整个运转过程中,政府无论是否居于主导地位,均应有机统筹并注重创新,从渐进创新到突破创新、从局部创新到整体创新、从外围创新到核心创新,切实提高原始创新、集成创新和引进消化吸收再创新能力,促进创业型人才这一人才资源的边际效益最大化,推动高等教育内涵式发展。

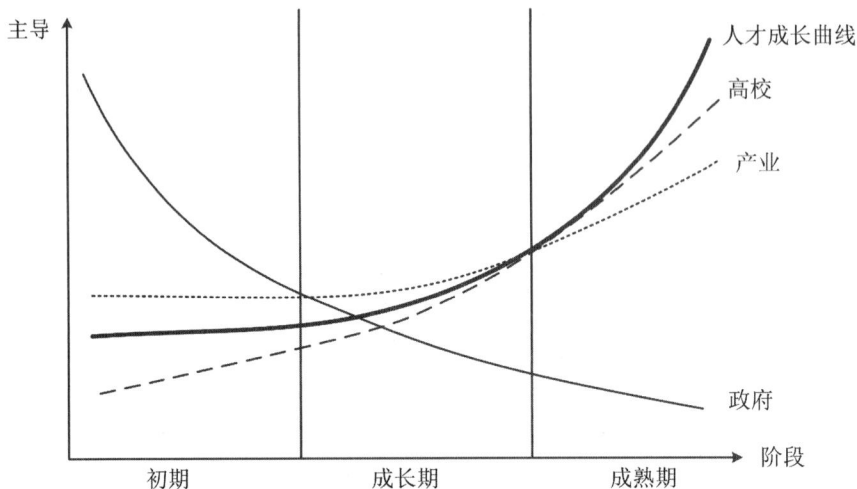

图 7-1 政产学合作培养创业型人才的动态图

资料来源:根据刘有升和陈笃彬(2015)的研究改编

7.1.2 优化制度

作为一项牵涉面广、复杂度高、系统性强的工作,创业型人才培养工作牵一发而动全身,关键点在于提高创业型人才培养绩效,这是龙头。当前创业型人才培养工作快速发展,取得了阶段性成果,但绩效仍然不够理想,还达不到形势发展的需要和国家战略的实施要求,需要深度挖掘、重点推进。因此,在创业型人才培养实践中,必须牢牢咬住提高创业型人才培养绩效这个龙头不放松,以此为出发点和落脚点。首先,政府作为契约关系的来源,要清晰界定创业型人才培养中各相关主体的责任、权利和义务,适当参照德国"双元制"等做法,尽量保持政策延续性,确保稳定的相互作用与交换,降低交易成本。其次,创业型人才培养涉及部属、部省共建、省属、市属等不同层次高校,涵盖公办高校、民办高校、中外合作办学、独立学院等不同办学形式,要在广泛咨询、调研和论证的基础上完善评价、激励及约束机制,提高制度的合理性、系统性和约束力,对不同层级政府有效制约,增进各级政府的使命感和紧迫感。再次,要促进知识产权保护和转移、民间资本进入风险投资领域等财政金融方面法律和政策的完善,加大政策的支持力度,加快制度创新步伐,满足大学生创业的合理诉求。然后,改进对高校的管理和调控,促进政策环境的改善,例如促使高校改进和完善教师的评价体系,促进高校为学生创业健全规章制度,进而推动政策、制度环境的完善。以项目对接为例,合同里就应明确规定,高校教师和学生均必须参加项目,而且起重要作用,一改以往学生作用不大或难以衡量的局面;政府还应实时监测项目的开展是否达到预期效果,改进评价机制。最后,要建立"创业型人才培养中心"等强有力组织,由各有关部委负责人组成,建设跨层次、跨部门的资源整合平台,以高效率促进高效益。

7.1.3 加大投入

我国高等教育的发展,离不开政府的大量投入,政府在创业型人才培养中,要在资金来源、优惠措施、硬件建设、运作手段等方面有更大的投入力度。政府可结合国家金融综合改革试验区建设和区域振兴规划等重大项目工程,在创业型人才培养的资金来源上,形成中央财政专项、地方财政配套、产业投入、高校投入、社会捐助、天使投资、风险资本和私募股权基金等共同组成的多元化支撑体系。如为促进三螺旋理论视角下创业型人才培养的资金流动,政府可以规定产业、高校都必须出一些资金,既可以放在高校内部,也可以放在产学研合作组织里,作为奖金或基本经费。在优惠措施上,对学生发明专利新产品实行适当退税和政府优先采购;在股权出卖的资本收益等方面给予税收优惠;还要促进项目审批手续的简化。在硬件建设上,政府规划出适量土地,建立创业园区;发挥集结和规模优势,实施科技重大专项,突破重大技术瓶颈;将优质教育资源向重点学科、专业、实验室和实习基地倾斜,促进资源高效配置和综合集成。在具体运作手段上,以保障性投入为主、奖励性投入为辅,促进公平与效益兼收。

7.2 改进产业在创业型人才培养中的引擎机制

产业参与度对创业型人才培养绩效存在显著的正向影响;在三个影响学生创业实践能力的标准化路径系数中,产业参与度最高;教师产学合作能力、学生创业实践能力都在产业参与度对创业型人才培养绩效影响关系中起部分中介作用;在政产学参与度与"教师产学合作能力、学生创业实践能力"及创业型人才培养绩效关系的整体 SEM 模型中,产业参与度对创业型人才培养绩效的正向影响介于高校参与度和政府参与度之间。产业应加大引擎作用,注重教师产学合作能力、学生创业实践能力传导作用的发挥,使产业参与度对创业型人才培养绩效的影响更充分有效地实现。

7.2.1 资金扶持

我国政产学协同培养创业型人才这一实践总体还在起步和摸索阶段,其中一个突出表现就是产业寻求资金使用舞台和高校急需人才培养资金的状态时常并存。化解这一矛盾,促进产业与高校对接,需产业勇于"长线投资",充分评估高校的人才和知识资源优势,加大人力、财力和物力投入。好风凭借力,产业要设立创业风险补偿基金或贷款担保基金,在支持的覆盖面、力度和强度上有所突破,促进风险投资加速流转,在为政府分担教育财政支出的同时为创业型人才培养提供更加充沛的资金,取得一石二鸟之效。作为切入点,可择取一些较有市场前景和发展潜力的学生创业项目,给予"第一桶金",扶上马、送一程后,进一步加强示范和推广。在这一过程中,要充分顾及学生创业者对资金的需求心态,规避学生负面心理的产生,从而既能从物质上给予其支持,又能从精神上注入动力。

7.2.2 平台支撑

产业首先要主动借势,充分挖掘并驾驭高校硬件资源优势(如国家大学科技园、实验室、研发基地、创业基地、科研基金、孵化器等),通过合作建立实验室、共同进行人才培训、设立博士后科研工作站等形式与高校创设协同研发和实践平台。鉴于产业参与度对创业型人才培养绩效的正向作用,产业要多提供有益于创业型经济发展的创新研究,而不仅仅是过去的生产、营销实践;同时,在这一过程中,还要向参与的学生提供一个全程化的锻炼平台,让学生从产品研发到落实的各流程都能经历和熟悉一遍;在实践过程中培养学生,把教师和学生当作自己的员工。其次要依托区域特色,立足自身实际,打造全方位平台,主动取得政府支持,自主创办高新技术园区,建立科技成果孕育、转化、示范和推广的孵化平台。在这里,"孵"是过程和手段,"化"是目的和归宿。再次要成立相应中介机构,向各有关企业提供技术、培训、咨询、信息和管理等多样化、一站式服务,尽心尽力地帮助企业解决共性问题,力所能及地配合企业解决个性问题。创业型人才培养的实践平台不应局限于高校,而应延伸为政府、产业、高校和社会大舞台。为此,应在夯实传统实践平台建设的基础上,拓展更多平台,尤其是产学研项目、竞赛和社团等,以实践平台的多样化、内涵性、孵化性为创业型人才培养提供保障。

7.2.3 信息畅通

产业要端正创业型人才培养的价值观和消费观,改进与高校间信息不对称的情况,促进信息的顺畅沟通及无缝黏合,产业在这方面应有所作为,且能有所作为。应积极鼓励产业高级管理人员和技术骨干走进高校,在参与高校产品开发和研究的同时,取得三个方面的成果。一是为高校提供最新市场讯息,充分运用网络信息化手段,协助推动教学与培训,助力学生走出仅在"象牙塔"里成长成才的误区,增进对市场的适应能力和敏锐性、洞察力。二是通过生产经营活动,衡量高校衍生企业研究成果与市场需求是否适应并及时反馈。三是通过政产学协同创新,促进研究成果转化,压缩高校研究成果转化为现实生产力的周期,为创业型人才培养增进更多源头活水、集聚更多鲜活动力。

7.3 优化高校在创业型人才培养中的引领机制

与政府参与度及产业参与度相比,高校参与度对创业型人才培养绩效、教师产学合作能力的显著正向影响最大;教师产学合作能力对于提高创业型人才培养绩效产生的作用显著高于学生创业实践能力;教师产学合作能力、学生创业实践能力都在高校参与度对创业型人才培养绩效影响关系中起部分中介作用;在政产学参与度与"教师产学合作能力、学生创业实践能力"及创业型人才培养绩效关系的整体 SEM 模型中的显著正向影响最大。高校应加大引领力度,着重增进教师产学合作能力和学生创业实践能力的传导作用。

7.3.1 树立正确理念

三螺旋的组织原则是期望高校能在社会中起更大作用。创业型人才培养工作需要高校四个基本职能并驾齐驱。高校在专利、技术、人才和知识等方面优势明显,仅在 2015 年度国家科学技术三大奖中,高校就囊括总获奖项目的近七成。因此在创业型人才培养中,高校要敢于担当,围绕中长期人才发展规划,仔细研究政府导向和细分市场需求,认识到高校教育最重要的目的是让学生发现他所擅长的方向。将创业教育纳入素质教育实践,促进教育者和被教育者齐心协力,在高等教育后大众化阶段推进学生精英培育,以体系化教育推动学生创业实践素质发展,不断培养更多创业型人才。要端正一些认识,如高校不仅仅是把学生输送出去,更重要的是要指导学生,从经济、法律等相关角度提供指导和支持,完善创业教育生态系统;教师的项目不能只停留于抽象层面,还要开展一些具体的项目,两者兼顾、不可偏废;学生的创业实践能力不仅是要懂技术,还要善于商业化;学生不能只做实验,还要知道产品如何研发、营销。这些亟待高校理清办学理念,校领导率身垂范,全校上下一条心,增强创业型人才培养软实力。

7.3.2 改进培养模式

第一,增进融会贯通。高校应重视学科互补、交叉和大跨度综合,使学生文理兼通、专博相济、科艺并举、德智体全面发展。第二,注重因材施教。因人而异,加强个性化培养,侧重培养独立思考能力和批判思维。遵循学生心智发展规律,形成创业实习和见习岗位、社团、实体等百花齐放良好格局。第三,强化动手实践。提高学生创业实践能力不仅仅是改些商业计划书,这只是其中的一个侧面,还应广泛参与到企业的项目运营中,允许和引导学生特别是本科生多花些时间,为此要制定一些条例,鼓励学生在参与企业的实践中获得学分。高校还要依托各级工程实践教育中心建设,加强研究性学习,突出思维动手、知识转化、专业设计、团队合作等能力培养,以创业挑战竞赛、体验计划为载体,建立相关基地和孵化园区,供学生无偿使用或优惠租用。高校还可进行创业实验班改革,减少理论教学比例,增加方法论、工具型分量,强化科研实践。第四,凸显激励活力。注重强制、选择性激励和退出机制综合使用。改变分数唯上状况,优化成绩结构,将实践教学环节指导与考核落到实处,丰富理论知识、实践能力、创新思维和创业能动性等评价指标,激发学生创新动力、创业激情和冒险精神。

7.3.3 整合多方资源

首先,凝聚内外合力。一方面,加快国际化进程,实行中外联合培养、交换生项目、海外实习、国际学术会议、短期访学等培养方式。另一方面,整合政府、企业、社区等国内教育资源,经常性进行政府人员、企业家等与学生面对面活动,汲取经验教训,避免"选择性忘记",使市场前沿技术问题与技术前沿市场应用交融,在开放治学中谋求共赢。主动融入国家和社会发展战略,凝练特色,寻求新的契机和增长点,赢得政府重视。充分发挥自身优势,以科研、技术开发、咨询论证等服务与产业深度合作并共建共享,赢得产业配合。用活用好校友、公益人士等社会资源,搭建创业平台,取得基金、场地和智力资助,赢得社会支持。其次,加强学科建设。及时调整、建立和健全创业专业结构、学科体系,将当前课程教学向专业教学过渡,在条件成熟时上升到学位教学。再次,加强师资建设。作为创业型人才培养主要实施者,教师本身应是创新者和创业者,具备较强产学合作和创业实践能力,但这也是应率先突破的短板之一。为此,要增进校内外教师资源融合,既可安排校内教师到工程一线挂职,又可引进实践能力较强的产业骨干、企业家任创业兼职导师。经常选派教师赴该领域领先的国内外高校做访问学者、留学研修,拓展视野、启迪智慧。鼓励教师创办衍生企业,免费提供专利申请、公共资源使用等服务,既提供实践实战机会,又推动学校资源走向社会。完善考核机制,兼顾不同学科、岗位和阶段差异,物质激励和精神激励相结合、倡导第三方评价,以长效机制形成创业型人才培养的良好趋势、态势和气势。

7.4 健全政产学在创业型人才培养中的协同机制

政产学协同度是"政府参与度—创业型人才培养绩效""高校参与度—创业型人才培养绩效"影响关系的调控机制。政产学协同度对政产学参与度与创业型人才培养绩效关系的正向调控影响形式较复杂,要增进政产学协同度、重视政产学参与度的地位和效用;特别是无论政产学协同度情境如何,产业参与度对创业型人才培养绩效正向作用都很明显,要凸显产业参与度的作用。

7.4.1 推动创业型大学建设

国外特别是美国、英国、德国等国家建设创业型大学并推动创业型人才培养的做法,为我国提供了宝贵借鉴。结合我国情境,通过推动创业型大学建设助推创业型人才培养不失为一条重要路径,部分高校在这方面已有成功实践,应从以下五个方面着手:第一,建立强有力的驾驭核心。既取得学校行政核心或上层群体重视,也增进学术基层——院(系)与教师群体扶持,在创业型人才培养的驾驭核心上做文章,真正形成全员育人格局。第二,形成扩宽的发展周边。巩固重学术本位、重专业知识传统,强化跨学科研究项目的导向,增进教师产学合作能力和学生创业实践能力。第三,促进多元化的经费来源。主动争取政府拨款、补助和合同和社会支持,实现创业型人才培养经费来源的多元化、社会化。第四,产生激活的学术中心地带。在夯实"科学与技术"功能基础上,通过"企业化精神"刺激,改变价值观,强化学术创业和知识创业。第五,形成整合的创业文化。凝练创业型人才培养的信念,在学术中心地带广泛传播,在师生中充分激发,进而成为整个校园的创业型文化或灵魂。上述五个方面中,尤其要在组织制度和动力机制的变革上着力强化。

7.4.2 形成全方位支撑体系

创业型人才培养离不开坚实的基础资源服务支持。一要在制度创新上加强健全和完善，以好的制度供给促进创业型人才培养取得事半功倍的效果。二要在资源供给上多方努力，通过完备的资源配套和保障，为创业型人才培养提供更多的资金、项目、实践和竞赛等，使创业型人才培养具有充沛的资源供给。三要提高学生创业的专业含量和科技元素。创业型人才培养绩效的一大体现是学生创业的成效，但作为全社会人才资源的重要组成部分，大学生的创业应区别于一般群体的创业，凸显其特殊性和优势，这就需要引导和鼓励大学生紧扣专业，发挥专业知识积淀优势，助力技术转移，推动立足专业和富有科技元素的创业，使创业竞争力更强。四要营造创业兴业社会氛围。如今，全社会崇尚创业、鼓励创业、助推创业、宽容失败的氛围仍在形成过程中，尚有一些负面因素需要我们重视和消除，对症下药、逐个突破，形成为国家创效益、为人类谋福祉的创业兴业文化。

7.4.3 建立多元化协同机制

三螺旋理论下的创业型人才培养亟须政府、产业、高校三个主体动力，而政产学深度融合更为关键，这样才能在政产学三者间形成一股螺旋上升动力，推进创业型人才培养向纵深发展。这就要求增进区域政产学的互补性要素流动，以组织协同、战略协同、资金协同、信息协同、技术协同、人才协同为抓手，构建"资金流动、知识共享、项目对接、信息循环、协同创新"的创业型人才培养生态系统，这有利于培养大学生的创业意识和精神，并有效提高其创业实践能力，这对高校特别是理工类高校堪为重要。组织协同需要建立协同创新中心，促进知识和资金分享。战略协同应致力于政产学三方达成共同愿景。资金协同上要使学生既可以用政府的资金，也可以用学校的资金，更可以获得企业的资金。信息协同应使政产学三方形成无缝的沟通渠道，促进信息互融互通；使学生可以掌握多种信息，既可以是产业信息、也可以是高校知识。技术协同需要建立技术转移组织，使产业的技术及时向高校、向师生辐射，也需要高校师生的技术能尽早走向社会、更快地推广和应用。人才协同应使学生既有高校导师、也有企业导师。在这六大协同中，尤其要推动组织协同。需要政府创设相应组织支撑，提供到位服务，营造良好的政策、制度和社会环境。需要产业改变游离状态,融入其中,提供相关的资金、平台和信息等。需要高校成立创新创业领导小组、创业研究院、创业学院等机构,建立学校、职能部门、学院、全校师生共同努力的工作格局;重点发挥技术转移办公室、研究中心、重点实验室、国家大学科技园、创业孵化基地、专业创新创业实验室、创业育成中心等机构的孵化带动作用。需要构建产学合作联盟、协同创新中心、协同创业中心等更多的协同平台。

7.5 本章小结

本章就三螺旋理论视角下完善创业型人才培养机制的对策建议进行了思考,是对前述研究中理论铺垫、模型构建和假设提出、实证验证的逻辑补充。研究中从政府、产业、高校三个利益主体的参与及三者的协同等四个层面,对三螺旋理论视角下创业型人才培养机制的完善提出了一些对策建议。

第八章

结论与展望

本研究以三螺旋理论为分析工具和研究切入点,以教师产学合作能力和学生创业实践能力为评价对象,强调知识、信息、人员和资金的多范围流动,考量在政产学合作培养创业型人才过程中教师和学生的主体作用,系统地分析基于三螺旋理论的创业型人才培养机制,提出针对性的对策建议。具体研究中,沿着"案例探索—理论构建—实证检验—对策建议"的逻辑主线开展理论与实证分析,依次进行了文献综述、探索性案例研究、理论模型构建和假设阐述、实证检验、对策建议等环节。本章将围绕主要结论、理论贡献及实践价值、研究创新、研究不足及展望等四方面进行总结与展望。

8.1 主要结论

政产学研合作培养创业型人才成为全球性趋势,提高大学生创业能力是我国高等教育改革的一个核心任务,已成为创业型大学建设的关键。立足这些现实背景,本研究在文献梳理和实地调研的基础上,贯穿"政产学参与度与创业型人才培养绩效的关系"的研究主线,分解为影响效应研究、影响机理研究和对策研究三个问题。综合理论探索与实证分析的研究范式,探讨了政产学参与度与创业型人才培养绩效的关系,以及政产学协同度对这一关系的调节作用;分析了政产学参与度通过影响教师与学生能力即教师产学合作能力和学生创业实践能力,进而影响创业型人才培养绩效的基本路径,验证了政产学参与度影响创业型人才培养绩效的作用机制问题;提出了完善创业型人才培养机制的对策建议。

在具体的研究过程中,首先,梳理了三螺旋理论、创业型人才培养理论、人力资本理论、社会资本理论、建构主义理论等有关理论。其次,使用探索性案例研究方法,择取 MIT、沃里克大学、福州大学等三所较有代表性的国内外高校开展案例研究,获得了政产学参与度影响创业型人才培养绩效作用机制的初步模型。再次,构建了政产学参与度与创业型人才培养绩效关系的理论模型和有关假设。接着,在全国范围内实施了大样本容量的问卷调查,并对前述理论假设开展了实证验证和讨论。最后,提出了三螺旋理论视角下完善我国创业型人才培养机制的对策建议。基于这些阐述和验证,本研究的主要结论是:

(1)创业型人才培养绩效提升的动力源泉:政产学参与度

研究中通过问卷调查法对我国政产学参与度与创业型人才培养绩效的关系开展了实证验证,发现政府参与度、产业参与度、高校参与度均显著地正向影响创业型人才培养绩效,但影响程度不一而同。

政府参与度对创业型人才培养绩效影响的实证检验表明,经由 SEM 分析获得的标准化路径系数是 0.735($P = 0.000$),意味着政府参与在创业型人才培养的实践中,不但可以有效地促进创业型人才培养各环节的顺利运转,而且可以使创业型人才培养获取政策优势并转化为高效运转动力。产业参与度对创业型人才培养绩效影响的实证检验证明,经由 SEM 分析获得的标准化路径系数是 0.713($P = 0.000$),意味着产业参与在创业型人才培养的实践中,既可以改善创业型人才培养的资源供给,又可以使高校更好地整合来自政府、产业的资源,提高创业型人才培养绩效。高校参与度对创业型人才培养绩效影响的实证检验显示,经由 SEM 分析获得的标准化路径系数是 0.806($P = 0.000$),意味着高校参与在创业型人才培养中产生的效能,不但可以增加创业型人才培养的数量,而且可以提升创业型人才培养的质量,进而提高创业型人才培养绩效。上述三个参与度中,高校参与度对创业型人才培养绩效的影响作用更为明显,这同我国的情境一致。因为,创业型人才培养这一复杂的系统工程需要方方面面的资源供给,而高校的参与总体上可为创业型人才培养创设更多更为直接的资源和便利。当然政府参与度、产业参与度也是不可或缺的因素。因此,政产学参与度是创业型人才培养绩效提升的动力源泉,这就正面肯定回应了本研究子问题 1(影响效应研究),即"政府参与度、产业参与度、高校参与度三个自变量对创业型人才培养绩效这一因变量是否有显著的正向影响"。

这些实证结果既基于中国情境回应了部分学者关于政产学参与度与创业

型人才培养绩效不相关、弱相关、负相关等争议,又给创业型人才培养提供了一条很有发展前景的道路。在政产学的参与下,高校不但能改进创业型人才培养的模式,而且可以使创业型人才培养得到较大的效益提升。我国的政府、产业、高校要出台促进创业型人才培养的政策举措并积极付诸实践;还应分析创业型人才培养中的政产学参与问题,要围绕创业型人才培养的实际需求,有针对性地提供。片面强调政府、产业、高校的资源供给,而对创业型人才培养的实际考虑不周,既无益也不可行。

(2)政产学参与度影响创业型人才培养绩效的中介机制:教师产学合作能力和学生创业实践能力

立足文献综述及实地调研的基础,本书基于教师、学生能力的两个构面即教师产学合作能力和学生创业实践能力,探讨政产学参与度影响创业型人才培养绩效的作用机制,解析其在政产学参与度影响创业型人才培养绩效关系中的中介效应。

教师产学合作能力和学生创业实践能力在政府参与度对创业型人才培养绩效影响关系中的中介效应验证说明,在加入教师产学合作能力和学生创业实践能力两个中介变量之后,政府参与度对创业型人才培养绩效影响关系的标准化路径系数虽然减少了,但依旧维持在显著水平(标准化路径系数是$0.504, P = 0.000 < 0.001$)。这表明,教师产学合作能力和学生创业实践能力两个中介变量使得政府参与度对创业型人才培养绩效的影响关系"弱化"了,即政府参与度对创业型人才培养绩效的影响是通过教师产学合作能力和学生创业实践能力的部分中介作用实现的。

教师产学合作能力和学生创业实践能力在产业参与度对创业型人才培养绩效影响关系中的中介效应验证意味着,在加入教师产学合作能力和学生创业实践能力两个中介变量之后,产业参与度对创业型人才培养绩效影响关系的标准化路径系数尽管减少了,但是仍然维持在显著水平(标准化路径系数是$0.493, P = 0.000 < 0.001$)。这显示出,教师产学合作能力和学生创业实践能力两个中介变量使得产业参与度对创业型人才培养绩效的影响关系"弱化"了,即产业参与度对创业型人才培养绩效的影响是通过教师产学合作能力和学生创业实践能力的部分中介作用实现的。

教师产学合作能力和学生创业实践能力在高校参与度对创业型人才培养绩效影响关系中的中介效应验证说明,在加入教师产学合作能力和学生创业实践能力两个中介变量之后,高校参与度对创业型人才培养绩效影响关系的标准化路径系数虽然减少了,但依旧维持在显著水平(标准化路径系数是

$0.604, P = 0.000 < 0.001$）。这意味着,教师产学合作能力和学生创业实践能力两个中介变量使得高校参与度对创业型人才培养绩效的影响关系"弱化"了,即高校参与度对创业型人才培养绩效的影响是通过教师产学合作能力和学生创业实践能力的部分中介作用实现的。

加入教师产学合作能力和学生创业实践能力这两个中介变量之后,政产学参与度对创业型人才培养绩效的影响效应出现了变化。从政府参与度对创业型人才培养绩效的总效应来看,间接效应是$(0.195 * 0.169) + (0.147 * 0.428) = 0.096$,直接效应是$0.134$,总效应是$0.096 + 0.134 = 0.230$。从产业参与度对创业型人才培养绩效的总效应来看,间接效应是$(0.294 * 0.169) + (0.272 * 0.428) = 0.166$,直接效应是$0.129$,总效应是$0.166 + 0.129 = 0.295$。从高校参与度对创业型人才培养绩效的总效应来看,间接效应是$(0.482 * 0.169) + (0.279 * 0.428) = 0.201$,直接效应是$0.210$,总效应是$0.201 + 0.210 = 0.411$。因此,在政府参与度、产业参与度、高校参与度三个自变量对创业型人才培养绩效这一因变量的整体 SEM 模型中,高校参与度对创业型人才培养绩效的正向影响最大,其次是产业参与度,最后是政府参与度。这与前述实证分析总体一致,也表明本书择取的教师产学合作能力和学生创业实践能力这两个中介变量契合理论探讨和我国情境。

上述实证分析验证了教师产学合作能力、学生创业实践能力的中介效应,在解析政产学参与度和创业型人才培养绩效两者间的关系中搭建了"金桥",不但延伸了国内外学者对创业型人才培养的研究,而且启发着高校整合教师产学合作能力和学生创业实践能力。政产学参与中创设的资源供给,应与教师产学合作能力和学生创业实践能力紧密关联,充分激发教师产学合作能力和学生创业实践能力的中介效应,使政产学参与度对创业型人才培养绩效的影响作用更为充分有效。所以,提升创业型人才培养绩效,应统筹考虑政产学参与度和教师产学合作能力、学生创业实践能力,否则政产学参与度对创业型人才培养绩效的正向促进作用不能有效实现;还可能导致教师产学合作能力、学生创业实践能力难以提高,进而使政产学参与度对创业型人才培养绩效的影响大为减弱。这些结果正面肯定回应了本研究问题2(影响机理研究)的前半部分,即"教师产学合作能力、学生创业实践能力这两个变量的中介机制"。

(3)政产学参与度影响创业型人才培养绩效的调控机制:政产学协同度

前文已证实政产学参与度对创业型人才培养绩效的正向影响,这一促进作用在不同的情境下是否一成不变? 阐明政产学参与度影响创业型人才培养绩效的中介机制后,本研究提出了政产学协同度在政产学参与度对创业型人才培养绩效影响关系之间调节作用的模型和假设。通过实证检验说明,政产学协同度对政产学参与度与创业型人才培养绩效关系的正向调节作用呈现出多样化的表现形式,这就增进了人们对政产学协同度地位和效用的认识。

实证结果显示,政产学协同度自低向高变化时,政府参与度对创业型人才培养绩效的促进作用得到了增强(回归系数由 0.363 上升到 0.483),即政产学协同度越大,政府参与度越能促进创业型人才培养绩效的提高,该结论符合研究的预期。政产学协同度自低到高变化时,产业参与度对创业型人才培养绩效的促进作用基本保持不变(回归系数仅由 0.262 略微上升到 0.266),即政产学协同度越大,产业参与度并非越能促进创业型人才培养绩效的提高,该结论同研究的预期相左,这意味着无论是高政产学协同度还是低政产学协同度,产业参与度对创业型人才培养绩效均有显著的促进作用。政产学协同度自低向高变化时,高校参与度对创业型人才培养绩效的促进作用得到了增强(回归系数由 0.436 上升到 0.574),即政产学协同度越大,高校参与度越能促进创业型人才培养绩效的提高,该结论也符合研究的预期。

因此,基于不同的政产学协同度情境,"政产学参与度—创业型人才培养绩效"的影响关系表现出不同的形式,这就回应了本研究问题 2(影响机理研究)的后半部分,即"政产学协同度这一变量的调控机制"。

(4)完善创业型人才培养机制的对策:政产学参与和协同

在前述文献研究、实地调研和实证分析的基础上,本书对创业型人才培养机制有了较为清晰和完整的认识。基于这些判断,本研究对三螺旋理论下如何完善创业型人才培养机制进行了设计,将政府参与度、产业参与度、高校参与度与教师产学合作能力、学生创业实践能力及创业型人才培养绩效纳入一个整体的分析框架、统筹考虑。既要重视增进政产学参与度,又要注重政产学协同度,增强教师产学合作能力、学生创业实践能力,不断完善三螺旋理论下创业型人才培养机制,从而提升创业型人才培养绩效。研究中从强化政府在创业型人才培养中的引导机制、改进产业在创业型人才培养中的引擎机制、优化高校在创业型人才培养中的引领机制、健全政产学在创业型人才培养中的协同机制等四个维度入手。这一理论探讨和经验分析对前述的研究结论做了进一步的补充说明,也就正面肯定回应了本研究子问题 3(对策研究),即"可以采取哪些对策完善创业型人才培养机制,促进创业型人才培养"。

8.2 理论贡献及实践价值

(1)理论贡献:第一,提出了创业型人才培养机制研究的新视角。基于教师产学合作能力、学生创业实践能力这两个中介变量,解析政产学参与度促进创业型人才培养绩效的主要途径,并剖析政产学协同度对两者关系的调节作用,以明晰创业型人才培养的作用机制。第二,拓展了三螺旋理论在创业型人才培养中的应用。针对以往三螺旋理论大多仅用于区域创新体系研究的不足,本研究将其拓展于探索创业型人才培养的机制和途径。第三,对三螺旋理论视角下高校创业型人才培养机制的完善形成了一些新思考。立足理论假设和实证检验基础,从政、产、学三个利益主体的参与和协同等角度提出了一些操作性较强的对策。

(2)实践价值:第一,为创业型人才培养提供一个新的思路。拓宽了创业型人才培养的组织边界和管理机制的研究视域,研究成果有利于思考如何将创业型人才培养平台由高校内部延伸至政府和产业,在激发教师和学生的主体作用的同时,开放式地聚合政府重视、产业扶持的外部力量。第二,为政产学合作提供一个新的方向。丰富了协同创新体系的分析框架及作用范围,研究成果有利于思考如何将政产学合作由单纯的科研项目合作拓展和深化到创业型人才培养,通过完善人才培养体系进一步推进政产学协同创新。第三,为中国实施"双创"战略提供一个新的参考。当前中国正着力开展创新驱动发展战略和大众创业、万众创新"双创"战略,研究成果有利于思考如何完善相关的教育政策、科技政策、创新政策和产业政策等,为各级各类管理决策者提供有效的学术参考。

8.3 研究创新

当前,培养创业型人才是我国高等教育改革的一个核心任务和创业型大学建设的关键,而通过政产学研合作提高大学生创业能力已成为全球性趋势。本研究基于三螺旋理论的视角,通过导入教师产学合作能力、学生创业实践能力这两个变量来解析政产学参与度促进创业型人才培养绩效的作用机制,分析政产学协同度对两者关系的正向调节作用,得出了一些新的研究结论。本书的创新点主要是:

(1)研究视角上的创新。从三螺旋理论的视角对创业型人才培养机制进行了新的探索,所得结论有助于深化对创业型人才培养实现机理的研究,对于完善三螺旋理论体系也有较大的价值。

随着创新创业对经济增长的作用日益突出,有关创业型人才培养的研究得到了中外学者的广泛重视,得出了许多重要的共识,为探索创业型人才培养的内涵、影响因素及支持体系等奠定了理论基础,深化了人们对创业型人才成长的思考,但总体上看,当前对创业型人才的培养机制这一核心问题的研究还不够深入,有关的理论分析也缺乏系统性,亟待在中国开展创新驱动发展战略这一新形势下进行完善。近年来,从政产学合作的角度探讨如何推进创业型人才的培养成为新的关注点,其中三螺旋理论是这一分析的关键。自 Etzkowitz、Leydesdorff 等在 20 世纪 90 年代中期提出三螺旋理论以来,政府、产业、高校之间的互动与协同被普遍认为是推进区域技术转移、创新和经济增长的重要途径。学者们已将三螺旋理论运用于创业型大学构建和人才培养研究,但分析范围仍限于以高校(早期研究)、教师(中后期研究)作为评价对象,强调高校使命的转变,关注高校与政产研的合作、知识转移与资源流动,尚未深入剖析政产学合作对高校人才培养的影响,也缺乏基于中国情境的实证研究。

本研究基于三螺旋理论的视角,从管理学层面对创业型人才培养机制进行探讨。本书将理论阐述和实证检验相结合,剖析政产学合作对创业型人才培养的影响,包括政府、产业、高校在创业型人才培养中的参与程度及其三者之间的协同度,探索"三螺旋"对创业型人才培养绩效的影响及作用机制。案例分析和实证研究结果表明,本书基于三螺旋视角的创业型人才培养机制在理论逻辑上具有较大程度的可行性,案例分析和实证研究结论既进一步深化了创业型人才培养理论,又拓展了三螺旋理论的应用。

(2)研究内容上的创新。对三螺旋如何提高创业型人才培养绩效进行了中介机制和调节机制的分析,获得的结论更为微观、更有操作性。

很多研究认可政产学参与度对创业型人才培养绩效的正面影响,但已有的实证分析样本大体源于发达国家,获得的结论未必契合我国实际。本研究以我国的政府、产业、高校单位为样本,假设并验证了政产学参与度对创业型人才培养绩效的影响关系,既基于中国情境回应了政产学参与度与创业型人才培养绩效负相关、弱相关或不相关等争议，又更加完整地凸显出政产学参与度对创业型人才培养的地位和价值。同时，不少学者认同政产学参与度对创业型人才培养绩效的直接影响关系，但鲜见有关政产学参与度影响创业型人才培养绩效作用机制的探讨，研究的系统性仍然较为欠缺。基于较为系统的文献整理及探索性案例研究，本书认为政产学参与度影响创业型人才培养绩效的路径并非完全直接，以教师产学合作能力、学生创业实践能力两个变量，建立并验证了"政产学参与度—'教师产学合作能力和学生创业实践能力'—创业型人才培养绩效"的中介机制模型和假设，既优化了已有"政产学参与度—创业型人才培养绩效"直接作用的研究，又对探讨教师产学合作能力、学生创业实践能力的关系赋予了新的启发。

此外，学者们很少关注基于不同情境下政产学参与度与创业型人才培养绩效之间的关系。本研究基于权变的思维，采用政产学协同度这一变量，建立并检验了政产学协同度对"政产学参与度—创业型人才培养绩效"关系的调节机制模型和假设，发现政产学参与度与创业型人才培养绩效的正向关系基于不同政产学协同度情境存在不同的表现形式，尤其是得出了政产学协同度在"产业参与度—创业型人才培养绩效"关系中不存在正向调节作用的新结论，既有利于更清晰地把握政产学参与度与创业型人才培养绩效的影响关系，也推进了人们对政产学协同度价值和效应的认识。

8.4 研究不足及展望

创业型人才培养属于较年轻的研究范畴，研究政产学参与度与创业型人才培养绩效的关系逐渐成为教育创新管理领域的热点之一。本研究尝试基于三螺旋理论的角度来解析该问题，虽然取得了一定成效，但受各种主客观因素的掣肘，仍然存在一些不足，有待在未来的探索中加以深化。

（1）中介变量的选择还可以更深入。本书导入了教师产学合作能力和学生创业实践能力作为中介变量，探讨政产学参与度对创业型人才培养绩效的影响机制，但在实践中，"政产学参与度—创业型人才培养绩效"关系实现的中介变量可能还存在另外的可能性，这就需要在未来的分析中，以更加深入的理论探讨及探索性案例研究，提取出其他的中介变量并优化模型。此外，各个变量的测量题项尽管主要源自文献搜集及实地调研，但其信度和效度仍需加强。

（2）实证研究过程还可以更优化。本书采用结构方程建模及多元回归分析方法，探讨了政产学参与度对创业型人才培养绩效的影响及作用机制这一问题，但在实证研究中使用的是截面数据，还无法体现研究问题的动态过程。未来的研究应通过更多的方法提升实证研究结论的外部效度。例如，可以考虑对某个地区或某个高校进行追踪性案例研究，或采用面板数据对三螺旋在创业型人才培养中的作用进行纵向研究，并进行政策的预测、模拟和计量分析，等等。

参考文献

[1]Abubakar S.G.，Shazali A.M.，Fariastuti D.An exploratory study on the constraints for entrepreneurial activity：a case of micro and small enterprises in Kano，Nigeria[J]．The Journal of Applied Management and Entrepreneurship，2013，18(4)：79-87.

[2]Acs Z.J.，Szerb L.Entrepreneurship，economic growth and public policy[J]．Small Business Economics，2007，28(2)：109-122.

[3]Acworth E.B.University-industry engagement：the formation of the Knowledge Integration Community（KIC）model at the Cambridge-MIT Institute[J]．Research Policy，2008，37(8)：1241-1254.

[4]Almobaireek W.N.，Manolova T.S.Who wants to be an entrepreneur? entrepreneurial intentions among Saudi university students[J]．African Journal of Business Management，2012，6(11)：4029-4040.

[5]Altmann A.，Ebersberger B.Universities in Change-Managing Higher Education Institutions in the Age of Globalization[M]．New York：Springer，2013.

[6]Audretsch D.B.，Heger D.，Veith T.Infrastructure and entrepreneurship[J]．Small Business Economics，2014，44(2)：219-230.

[7]Audretsch D.B.，Lehmann E.E.Does the Knowledge Spillover Theory of Entrepreneurship hold for regions[J]．Research Policy，2005，34(8)：1191-1202.

[8]Balomenou C.，Kalman A.，Kolovos K.Comparative analysis of the implementation of the Triple Helix Theory[EB/OL]．http://www.sre.wu.ac.at/ersa/ersaconfs/ersa14/e-140826aFinal00954.pdf，2014.

[9]Baron R.M.，Kenny D.A.The moderator-mediator variable distinction in socialpsychological research：conceptual，strategic，and statistical considerations[J]．Journal of Personality & Social Psychology，1986，51(6)：1173-1182.

[10]Baumol W.J.Entrepreneurship and small business：toward a program of research [J]．Foundations & Trends in Entrepreneurship，2009，3(2)：155.

[11]Beard T.R.,Ford G.S.,Koutsky T.M.,et al.A valley of death in the innovation sequence:an economic investigation[J].Research Evaluation,2007,18(5):343-356.

[12]Becker G.S.Human Capital:a Theoretical and Empirical Analysis with Special Reference to Education[M].New York:Columbia University Press,1975.

[13]Bhat S.A.,Khan R.A.Entrepreneurship education ecosystem:an assessment study of J.& K.State[J].International Journal of Economics,Commerce and Management,2014,2 (4):1-8.

[14]Bhosale M.B.,Bhola S.S.Entrepreneurship education-enhancement for job creator [J].International Journal of Marketing,Financial Services & Management Research,2014,3 (3).

[15]Bjorvatn K.,Cappelen A.W.,Sekei L.H.,et al.Teaching through television:experimental evidence on entrepreneurship education in Tanzania[EB/OL].http://ssrn.com/abstract=2577197,2015.

[16]Bland C.J.,Schmitz C.C.Characteristics of the successful researcher and implications for faculty development[J].Journal of Medical Education,1986,61(1):22-31.

[17]Bourdieu P.The Forms of Capital[M].Oxford:Blackwell Publishers Ltd,1986.

[18]Bridge S.,Hegarty C.,Porter S.Rediscovering enterprise:developing appropriate university entrepreneurship education[J].Education & Training,2010,52(9):722-734.

[19]Chan E.S.Entrepreneurship education in Australia:a preliminary study[EB/OL]. http://www.asiaentrepreneurshipjournal.com/vol1issueII/chan.pdf,2005.

[20]Charney A.,Libecap G.D.The contribution of entrepreneurship education:an analysis of the berger program[J].International Journal of Entrepreneurship Education,2003,3 (3):340-342.

[21]Charney A.,Libecap G.D.The impact of entrepreneurship education:an evaluation of the berger entrepreneurship program at the University of Arizona,1985-1999[EB/OL]. http://campus.bifrost.is/bif1407/missov04/skjol/The_Impact_of_entrepreneurship_Education%20UAriz_85-99.pdf,2000.

[22]Chatman D.,Altman I.,Johnson T.G.Community entrepreneurial climate:an analysis of small business owners' perspectives In 12 small towns in Missouri,USA[J].Journal of Rural and Community Development,2008,3:60-77.

[23]Chawawa M.,Raditloaneng W.N.Entrepreneurship development training and lifelong learning[J].Lifelong Learning for Poverty Eradication,2015(4):59-77.

[24]Chmielecki M.,Seliga R.A comparative study of attitudes towards entrepreneurship between Polish and British students[J].Przedsiebiorczosc I Zarzadzanie,2015,16(2): 89-107.

[25] Clark B. R. CreatingEntrepreneurial Universities: Organizational Pathways of

Transformation[M].New York:Pergamon,1998.

[26]Coleman J.S.Social capital in the creation of human capital[J].American Journal of Sociology,1998,94(Suppl 1):17-41.

[27]Drucker P.F.Innovation and Entrepreneurship[M].New York:Harper & Row, 1985.

[28]Dunn K.The entrepreneurship ecosystem[J].Technology Review,2005.

[29]Edwards L.J.,Muir E.J.Promoting entrepreneurship at the University of Glamorgan through formal and informal learning[J].Journal of Small Business & Enterprise Development,2005,12(4):613-626.

[30]Eisenhardt K.M.Building theories from case studies research[J].Academy of Management Review,1989,14(4):532-550.

[31]Etzkowitz H.Making a humanities town:knowledge-infused clusters,civic entrepreneurship and civil society in local innovation systems[J].Triple Helix,2014,2(1):1-22.

[32]Etzkowitz H.The Triple Helix:academic-industry-government relations[J].Annals of the New York Academy of Sciences,1996,787(1):67-86.

[33]Etzkowitz H.The Triple Helix:university-industry-government innovation in action[J].Papers in Regionalence,2008,90(2):121-442.

[34]Etzkowitz H.,Etzkowitz A.Europe of the future and the future of Europe:the innovation/austerity choice[J].Industry & Higher Education,2015,29(2):83-88.

[35]Etzkowitz H.,Leydesdorff L.The dynamics of innovation:from national systems and "Mode 2" to a Triple Helix of university-industry-government relations[J].Research Policy,2000,29(2):109-123.

[36]Fayolle A.,Gailly B.,Lassas-Clerc N.Assessing the impact of entrepreneurship education programmes:a new methodology[J].Journal of European Industrial Training, 2006,30(9):701-720.

[37]Fetters M.L.,Greene P.G.,Rice M.P.,et al.The development of university-based entrepreneurship ecosystems:global practices[J].Perspectives Policy & Practice in HigherEducation,2012,16(2):373-374.

[38]Finnie R.,Laporte C.,Finnie R.,et al.Self-employment among Canadian college and university graduates[J].Relations Industrielles,2003,58(1):3-32.

[39]Fredholm S.,Krejcarek J.,Krumholz S.,et al.Designing an engineering entrepreneurship curriculum for Olin College[C].2002 American Society of Engineering Education Annual Conference & Exhibition,Montreal,Canada.

[40]Friedman J.,Silberman J.University technology transfer:doincentives,management,and location matter[J].Journal of Technology Transfer,2003,28(1):17-30.

[41]Fulgence K.Assessing the status of entrepreneurship education courses in higher

learning institutions[J].Education & Training,2015,57(2):239-258.

[42]Gibbert M.,Ruigrok W.,Wicki B.What passes as rigorous case study[J].Strategic Management Journal,2008,29(13):1465-1474.

[43]Glaeser E. L., Kerr W. R. Local industrial conditions and entrepreneurship: how much of a spatial distribution can we explain[EB/OL]. http://www. nber. org/papers/ w14407,2008.

[44]Gnyawali D.R.,Dan F.Environments for entrepreneurship development:key dimensions and research implications[J].Entrepreneurship Theory & Practice,1994,18:43-62.

[45]Griffiths M.D.,Kickul J.,Carsrud A.L.Government bureaucracy,transactional impediments,and entrepreneurial intentions[J].International Small Business Journal,2009,27 (5):626-645.

[46]Group AIYES.Youth entrepreneurship education in America:a policy maker's guide[EB/OL].http://www.voced.edu.au/content/ngv%3A66494,2008.

[47]Hamilton E.Entrepreneurial learning in family business:a situated learning perspective[J].Journal of Small Business & Enterprise Development,2011,18(1):8-26.

[48]Hammer M.,Han V.D.M.Using pull strategy for curricula design on entrepreneurship education[A].3E Conference:Inaugural ECSB Entrepreneurship Education Conference[C].2013.

[49]Han W.P.,Leydesdorff L.Longitudinal trends in networks of university-industry-government relations in South Korea:the role of programmatic incentives[J].Research Policy,2010,39(5):640-649.

[50]Hardy C.,Phillips N.,Lawrence T.B.Resources,knowledge and influence:the organizational effects of interorganizational collaboration[J].Journal of Management Studies,2003,40(2):321-347.

[51]Hart D.M.The emergence of entrepreneurship policy[J].Small Business Economics,2004,22(3-4):313-323.

[52]Hay M.,Cox L.W.,Reynolds P.D.,et al.Global entrepreneurship monitor (Gem)-2002 executive report[EB/OL].http://ssrn.com/abstract=1509260,2002.

[53]Heinonen J.An entrepreneurial-directed approach to teaching corporate entrepreneurship at university level[J].Education & Training,2007,49(4):310-324.

[54]Herrmann W.A.The future of the research university:meeting the global challenges of the 21st century[C].Ewing Marion Kauffman Foundation,2008:68-74.

[55]Hume W.R.Productive relationships in research and development betweengovernment,industry and universities[EB/OL]. http://media. wiley. com/product_data/excerpt/ 77/04709173/0470917377-1.pdf,2014.

[56]Isyaku S.Mediating effect of uncertainty avoidance on the relationship between entrepreneurial talent and SMEs performance in Nigeria:a conceptual analysis[J].International Journal of Academic Research in Business & Social Sciences,2014,4(6):368-383.

[57]James E.Product mix and cost disaggregation:a reinterpretation of the economics of higher education[J].Journal of Human Resources,1978,13(2):157-186.

[58]Johannisson B.University training for entrepreneurship:Swedish approaches[J].Entrepreneurship & Regional Development,1991,3(1):67-82.

[59]Johansen V.Entrepreneurship education and start-up activity:a gender perspective [J].International Journal of Gender & Entrepreneurship,2013,5(2):216-231.

[60]Jones C.Entrepreneurship education:revisiting our role and its purpose[J].Journal of Small Business & Enterprise Development,2010,17(4):500-513.

[61]Katz J.A.The chronology and intellectual trajectory of American entrepreneurship education:1876-1999[J].Journal of Business Venturing,2003,18(2):283-300.

[62]Keuschnigg C.,Nielsen S.B.Taxes and venture capital support[J].European Finance Review,2003,7(3):515-539.

[63]Kim Y.,Kim W.,Yang T.The effect of Triple Helix system and habitat on regional entrepreneurship:empirical evidence from the U.S.[J].Research Policy,2012,41(1):154-166.

[64]Kitagawa F.,Webber D.J.,Plumridge A.,et al.University entrepreneurship education experiences:enhancing the entrepreneurial ecosystems in a UK[EB/OL].https://ideas.repec.org/p/uwe/wpaper/20151505.html,2015.

[65]Koka B.R.,Prescott J.E.Strategic alliances as social capital:a multidimensional view[J].Strategic Management Journal,2002,23(9):795-816.

[66]Kondo M.A public research institute that created and led a large industrial group in Japan[J].Scientometrics,2012,90(1):141-162.

[67]Kundu S.C.,Sunita R.Entrepreneurial tendencies of aspiring human resources in India:a multivariate analysis[J].International Journal of Management & Enterprise Development,2010,8(4):333-357.

[68]Kwon K.S.,Han W.P.,So M.,et al.Has globalization strengthened South Korea's national research system? National and international dynamics of the Triple Helix of scientific co-authorship relationships in South Korea[J].Scientometrics,2012,90(1):163-176.

[69]Larso D.,Saphiranti D.,Wulansari A.Educating technology-based entrepreneurs: the development of an MBA program in creative and cultural entrepreneurship[C].Technology Management for Emerging Technologies (PICMET),2012 Proceedings of PICMET' 12:IEEE,2012:879-884.

[70]Lerner J.,Malmendier U.With a little help from my random friends:successand

failure in post-business school entrepreneurship[J].Review of Financial Studies,2013,26 (10):2411-2452.

[71]Lerner J.,Sorensen M.,Stromberg P.Private equity and long-run investment:the case of innovation[J].Journal of Finance,2008,66(2):445-477.

[72]Leydesdorff L.The mutual information of university-industry-government rela-tions:an indicator of the Triple Helix dynamics[J].Scientometrics,2003,58(2):445-467.

[73]Leydesdorff L.The Triple Helix,Quadruple Helix,…,and an N-tuple of helices: explanatory models for analyzing the knowledge-based economy[J].Journal of the Knowl-edge Economy,2012,3(1):25-35.

[74]Leydesdorff L.Triple Helix of university-industry government relations[J].Ency-clopedia of Creativity Invention Innovation & Entrepreneurship,2013,58(2):191-203.

[75]Leydesdorff L.,Sun Y.National and international dimensions of the Triple Helix in Japan:university-industry-government versus international coauthorship relations[J]. Journal of the American Society for Information Science & Technology,2009,60(4):778.

[76]Lima E.,Lopes R.M.,Nassif V.,et al.Opportunities to improve entrepreneurship education:contributions considering Brazilian challenges[J].Journal of Small Business Man-agement,2014,53(4):1033-1051.

[77]Liñán F.Skill and valueperceptions:how do they affect entrepreneurial intentions [J].International Entrepreneurship & Management Journal,2008,4(3):257-272.

[78]Lorz M.,Mueller S.,Volery T.Entrepreneurship education:a systematic review of the methods in impact studies[J].Journal of Enterprising Culture,2013,21(2):123-151.

[79]Louis-Michel L.,Laframboise M.,Larivière V.,et al.The effect of university-in-dustry collaboration on the scientific impact of publications:the Canadian case(1980-2005) [J].Research Evaluation,2008,17(3):227-232.

[80]Lundstrom A.,Stevenson L.A.EntrepreneurshipPolicy:Theory and Practice[M]. New York:Springer US,2005.

[81]Lundvall B.Å.,Johnson B.,Andersen E.S.,et al.National systems of production, innovation and competence building[J].Research Policy,2002,31(2):213-231.

[82]Mars M.M.,Ginter M.B.Academic innovation and autonomy:an exploration of en-trepreneurship education within American community colleges and the academic capitalist context[J].Community College Review,2012,40(1):75-95.

[83]Martin B.C.,Mcnally J.J.,Kay M.J.Examining the formation of human capital in entrepreneurship:a meta-analysis of entrepreneurship education outcomes[J].Journal of Business Venturing,2013,28(2):211-224.

[84]Mayer-Haug K.,Read S.,Brinckmann J.,et al.Entrepreneurial talent and venture performance:a meta-analytic investigation of SMEs[J].Research Policy,2013,42(6):1251-

1273.

[85]Menzies T.V.,Paradi J.C.Entrepreneurship education and engineering students-career path and business performance[J].International Journal of Entrepreneurship & Innovation,2003,4(2):121-132.

[86]Mincer J.Human Capital,Technology,and the Wage Structure:What do Time Series Show[M].New York:Columbia University Press,1991.

[87]Moberg K.Two approaches to entrepreneurship education:the different effects of education for and through entrepreneurship at the lower secondary level[J].International Journal of Management Education,2014,12(3):512-528.

[88]Neck H.M.,Greene P.G.Entrepreneurship education:known worlds and new frontiers[J].Journal of Small Business Management,2011,49(1):55-70.

[89]O'Shea R.P.,Allen T.J.,Morse K.P.,et al.Delineating the anatomy of an entrepreneurial university:the Massachusetts Institute of Technology experience[J].R&D Management,2007,37(1):1-16.

[90]Pillis E.D.,Reardon K.K.The influence of personality traits and persuasive messages on entrepreneurial intention:a cross-cultural comparison[J].Career Development International,2007,12(4):382-396.

[91]Pittaway L.,Cope J.Entrepreneurship education:a systematic review of the evidence[J].International Small Business Journal,2007,25(5):479-510.

[92]Putnam R.D.,Leonardi R.,Nanetti R.Y.Making Democracy Work:Civic Traditions in Modern Italy[M].Princeton:Princeton University Press,1993.

[93]Raffo C.,Lovatt A.,Banks M.,et al.Teaching and learning entrepreneurship for micro and small businesses in the cultural industries sector[J].Education & Training,2000,42(6):356-365.

[94]Ranga M.,Etzkowitz H.Triple Helix systems:an analytical framework for innovation policy and practice in the knowledge society[J].Industry & Higher Education,2013,27(4):237-262.

[95]Ranga M.,Hoareau C.,Durazzi N.,et al.Study on university-business cooperation in the US[EB/OL].http://www.science-marketing.com/pdf/2013-07-07-Ranga.pdf,2013.

[96]Refaat A.A.The necessity of engineering entrepreneurship education for developing economies[J].International Journal of Education and Information Technologies,2009,3(2):85-96.

[97]Reynolds P.D.Chapter A:GEM data processing[J].Foundations & Trends in Entrepreneurship,2012,8(3):239.

[98]Riddle L.,Hrivnak G.A.,Nielsen T.M.Transnational diaspora entrepreneurship in emerging markets:bridging institutional divides[J].Journal of International Management,

2010,16(4):398-411.

[99]Robert E. L. On the road to an entrepreneurial economy: a research and policy guide[EB/OL]. http://sites.kauffman.org/pdf/Entrepreneurial_Roadmap_web.pdf,2007.

[100]Roberts E. B., Eesley C. E. Entrepreneurial impact: the role of MIT—an updated report [EB/OL]. http://papers.ssrn.com/sol3/papers.cfm? abstract_id=1352633,2009.

[101]Ruskovaara E., Pihkala T., Seikkula-Leino J., et al. Broadening the resource base for entrepreneurship education through teachers' networking activities[J]. Teaching & Teacher Education,2015,47(4):62-70.

[102]Sanders P. Phenomenology: a new way of viewing organizational research[J]. Academy of Management Review,1982,7(3):353-360.

[103]Santoro M. D. Success breeds success: the linkage between relationship intensity and tangible outcomes in industry-university collaborative ventures[J]. Journal of High Technology Management Research,2000,11(2):255-273.

[104]Sarasvathy S. D. The questions we ask and the questions we care about: reformulating some problems in entrepreneurship research[J]. Journal of Business Venturing,2004, 19(5):707-717.

[105]Saxenian A. From brain drain to brain circulation: transnational communities and regional upgrading in India and China[J]. Studies in Comparative International Development,2005,40(2):35-61.

[106]Schulte P. The entrepreneurial university: a strategy for institutional development [J]. Higher Education in Europe,2004,29(2):187-191.

[107]Schultz T. W. Capital formation by education[J]. Journal of Political Economy, 1960,68(6):571-571.

[108]Seikkula-Leino J., Satuvuori T., Ruskovaara E., et al. How do Finnish teacher educators implement entrepreneurship education[J]. Education & Training,2015,57(4):392-404.

[109]Shapiro M. A. Receiving information at Korean and Taiwanese universities, industry, and GRIs[J]. Scientometrics,2012,90(1):289-309.

[110]Sherman P. S., Sebora T., Digman L. A. Experiential entrepreneurship in the classroom: effects of teaching methods on entrepreneurial career choice intentions[J]. Journal of Entrepreneurship Education,2008,11:29-42.

[111]Sijde P. V. D., Ridder A. Entrepreneurship education in context: a case study of the University of Twente[J]. Contributions to Management Science,2008:53-61.

[112]Simon M., Houghton S. M., Aquino K. Cognitive biases, risk perception, and venture formation: how individuals decide to start companies[J]. Journal of Business Venturing,2000,15(2):113-134.

[113]Smith H.L.,Glasson J.,Romeo S.,et al.Entrepreneurship,innovation and the Triple Helix model:evidence from Oxfordshire and Cambridgeshire[J].Social Science Information,2013,52(4):653-673.

[114]Sorina M.,Socaciu T.,Elena R.Model innovation system for economical development using entrepreneurship education[J].Procedia Economics and Finance,2012(3):521-526.

[115]Streeter D.H.,Jaquette J.P.,Hovis K.University-wide entrepreneurship education:alternative models and current trends[EB/OL].http://wwwi.mcpherson.edu/wp/wp-content/uploads/2015/11/Cornell_Dyson_wp0202.pdf,2002.

[116]Sun Y.,Negishi M.Measuring the relationships among university,industry and other sectors in Japan's national innovation system:a comparison of new approaches with mutual information indicators[J].Scientometrics,2010,82(3):677-685.

[117]Suzuki K.I.,Kim S.H.,Bae Z.T.Entrepreneurship in Japan and Silicon Valley:a comparative study[J].Technovation,2002,22(10):595-606.

[118]Thornton P.H.,Flynn K.H.Entrepreneurship,networks,and geographies[J].International Handbook,2003,18(5):409-413.

[119]Varma A.,Pichler S.,Srinivas E.S.The role of interpersonal affect in performance appraisal:evidence from two samples in the US and India[J].International Journal of Human Resource Management,2005,16(11):2029-2044.

[120]Volery T.,Müller S.,Oser F.,et al.The impact of entrepreneurship education on human capital at upper-secondary level[J].Journal of Small Business Management,2013,51(3):429-446.

[121]Voss R.,Gruber T.,Szmigin I.Service quality in higher education:the role of student expectations[J].Quality Control & Applied Statistics,2007,60(9):949-959.

[122]Vygotsky L.S.Mind inSociety:the Development of Higher Psychological Functions[M].Cambridge:Harvard University Press,1977.

[123]Wang C.K.,Ang B.L.Determinant of venture performance in Singapore[J].Journal of Small Business Management,2004,42(4):347-363.

[124]Wiklund J.,Shepherd D.A.Portfolio entrepreneurship:habitual and novice founders,new entry,and mode of organizing[J].Entrepreneurship Theory and Practice,2008,32(4):701-705.

[125]Williamson O.E.The economic institutions of capitalism:firms,markets,relational contracting[J].American Political Science Association,1987,32(4):61-75.

[126]Xavier S.R.,Kelley D.,Kew J.,et al.Global entrepreneurship monitor 2012 globalreport[EB/OL].https://www.researchgate.net/publication/263806655_Xavier_SR_Kelley_D_Herrington_M_Vorderwulbecke_A_2013_Global_Entrepreneurship_Monitor_

GEM_2012_Global_Report,2014.

[127]Yin R.K.Case study research:design and methods[J].Applied Social Research Methods,1989,5(4):206-207.

[128]Zamfir A.M.,Lungu E.O.,Mocanu C.Entrepreneurship among higher education graduates in 13 European countries[J].Theoretical & Applied Economics,2013,20(11):73-82.

[129]Zinger J.T.Factors influencing early stage performance in Canadian microenter-prises[J].Journal of Developmental Entrepreneurship,2001,1(8):129-150.

[130]蔡莉,单标安.创业网络对新企业绩效的影响——基于企业创建期、存活期及成长期的实证分析[J].中山大学学报(社会科学版),2010,50(4):189-197.

[131]曾尔雷,唐苏琼.我国创业型人才培养模式研究——基于国家教学成果奖的实证分析[J].教育发展研究,2011,31(1):39-42.

[132]常青,韩喜平.香港全民创业教育政策的成效与启示[J].中国青年研究,2015(5):88-94.

[133]陈笃彬,李坤皇.三螺旋视角下的创业型大学发展范式——以莫纳什大学为例[J].科技管理研究,2014,34(4):62-67.

[134]陈桂香.高校、政府、企业联动耦合的创新创业型人才培养机制形成分析——基于三螺旋理论视角[J].大学教育科学,2015(1):42-47.

[135]陈劲,吴航,刘文澜.中关村:未来全球第一的创新集群[J].科学学研究,2014,32(1):5-13.

[136]陈奎庆,毛伟,袁志华.创业教育与专业教育融合的模式及实现路径[J].中国高等教育,2014(22):48-50.

[137]陈瑜芬,赖铭娟.台湾创业课程现况之探究[J].创业管理研究,2007(3):117-147.

[138]戴晓霞.新世纪高等教育的展望:回顾与前瞻[J].教育研究集刊,2000(44):35-59.

[139]戴蕴.论公益性小额信贷的创业资源杠杆效应[J].北京师范大学学报(社会科学版),2015(6):24-35.

[140]董晓红.高校创业教育管理模式与质量评价研究[D].博士学位论文,天津大学,2009.

[141]段玉厂,傅首清.中关村高层次创新创业人才循环机制建设路径研究——基于与硅谷的比较[J].管理评论,2015,27(7):87-93,176.

[142]方卫华.创新研究的三螺旋模型:概念、结构和公共政策含义[J].自然辩证法研究,2003,19(11):69-72.

[143]风笑天.社会调查中的问卷设计[M].北京:中国人民大学出版社,2014.

[144]付八军.激活学术心脏地带:创业型大学学科建设图景分析[J].教育发展研究,2014,34(7):14-17.

[145]盖凯程.引导民间资本融入创新创业[J].财经科学,2015(12):5-7.

[146]高树昱.工程科技人才的创业能力培养机制研究[D].博士学位论文,浙江大学,2013.

[147]高文.建构主义教育研究[M].北京:教育科学出版社,2008.

[148]高运胜,聂清,贺光辉.三螺旋结构下台湾政产学合作模式分析——以新竹科学园区为例[J].高等工程教育研究,2013(6):109-113.

[149]苟燕楠,董静.风险投资背景对企业技术创新的影响研究[J].科研管理,2014,35(2):35-42.

[150]辜胜阻,李俊杰.区域创业文化与发展模式比较研究——以中关村、深圳和温州为案例[J].武汉大学学报(哲学社会科学版),2007,60(1):5-11.

[151]辜胜阻,李睿.大众创业万众创新要激发多元主体活力[J].求是,2015(16):28-30.

[152]顾婧,任珮嘉,徐泽水.基于直觉模糊层次分析的创业投资引导基金绩效评价方法研究[J].中国管理科学,2015,23(9):124-131.

[153]郭新宝.创业者的三维创业资本研究[J].西北农林科技大学学报(社会科学版),2014,14(1):110-116.

[154]韩晨光,曲绍卫,纪效珲.能力基点:理工科大学生创业创客教育课程设计及实践——基于两岸理工科大学生创业能力调查数据[J].现代教育技术,2015,25(2):114-119.

[155]何郁冰,丁佳敏.创业型大学如何构建创业教育生态系统[J].科学学研究,2015,33(7):1043-1051.

[156]何郁冰.企业技术多样化与企业绩效关系研究[D].博士学位论文.浙江大学,2008.

[157]亨利·埃茨科威兹.创业型大学与创新的三螺旋模型[J].科学学研究,2009,27(4):481-488.

[158]胡瑞.高水平大学创业教育发展策略——以剑桥大学为例[J].复旦教育论坛,2015,13(2):49-53.

[159]黄胜,周劲波.制度环境对国际创业绩效的影响研究[J].科研管理,2013,34(11):87-94.

[160]黄英杰.走向创业型大学:中国的应对与挑战[J].清华大学教育研究,2012,33(2):37-41.

[161]黄兆信,曾纪瑞,曾尔雷.以岗位创业为导向的人才培养体系研究与实践——以温州大学为例[J].教育研究,2013,34(6):144-149.

[162]黄兆信,王志强,刘婵娟.地方高校创业教育转型发展之维[J].教育研究,2015,36(2):59-66.

[163]江小华,程莹.研究型大学实现跨越式发展的要素分析——以南洋理工大学为例[J].复旦教育论坛,2015,13(2):80-86.

[164]江英.基于创新的大学生创业意识研究[J].思想理论教育导刊,2014(11):125-127.

[165]蒋开东,朱剑琼.大学生创业导向的高校协同机制研究[J].中国高教研究,2015(1).54-58.

[166]蒋妍,林杰.日本大学教师发展的理念与实践——京都大学的个案[J].北京大学教育评论,2011,09(3):29-44.

[167]杰弗里·帝蒙斯,小斯蒂芬·斯皮内利.创业学(第6版)[M].周伟民,吕长春,译.北京:人民邮电出版社,2005.

[168]解蕴慧,张一弛,高萌萌.谁会成为创业者?——主动性人格及社会资本对创业意愿的影响[J].南京大学学报(哲学·人文科学·社会科学),2013,50(2):148-156.

[169]康健,胡祖光.基于区域产业互动的三螺旋协同创新能力评价研究[J].科研管理,2014,35(5):19-26.

[170]赖德胜,李长安.完善创业教育体系 迎接创业高潮[J].求是,2009(14):41-43.

[171]李静薇.创业教育对大学生创业意向的作用机制研究[D].博士学位论文,南开大学,2013.

[172]李伟铭,黎春燕,杜晓华.我国高校创业教育十年:演进、问题与体系建设[J].教育研究,2013,34(6):42-51.

[173]李小丽,余翔.区域三螺旋强度及TTO特征对TTO效率的影响研究[J].科研管理,2014,35(9):115-122.

[174]李晓曼,曾湘泉.新人力资本理论——基于能力的人力资本理论研究动态[J].经济学动态,2012(11):120-126.

[175]李雪灵,范长亮,申佳,等.创业失败与失败成本:创业者及外部环境的调节作用[J].吉林大学社会科学学报,2014,54(1):159-166.

[176]李远煦.社会创业:学生创业教育的新范式[J].高等教育研究,2015(3):78-83.

[177]林嵩.创业生态系统:概念发展与运行机制[J].中央财经大学学报,2011(4):58-62.

[178]刘军.我国大学生创业政策:演进逻辑及其趋向[J].山东大学学报(哲学社会科学版),2015(3):46-53.

[179]刘丽君.知识创业教育导论[M].北京:北京理工大学出版社,2010.

[180]刘有升,陈笃彬.高校创业型人才培养视域下的全程职业生涯教育[J].中国石油大学学报(社会科学版),2015,31(3):95-99.

[181]刘有升,陈笃彬.三螺旋创新视角下的高校创业型人才培养研究[J].北京化工大学学报(社会科学版),2015(2):51-56.

[182]刘有升,陈笃彬.三螺旋理论视角下闽台高校创业型人才培养体系对比研究[J].华北电力大学学报(社会科学版),2015(4):123-128.

[183]刘月秀.生态系统视域下美国高校创业教育探析[J].中国高等教育,2012(10):

61-63.

[184]刘振亚.美国高校创业教育生态化对我国的启示[J].中国高教研究,2014(2):52-55.

[185]柳岸.我国科技成果转化的三螺旋模式研究——以中国科学院为例[J].科学学研究,2011,29(8):1129-1134.

[186]陆根书,彭正霞,康卉.大学生创业意向及其影响因素研究——基于西安市九所高校大学生的调查分析[J].西安交通大学学报(社会科学版),2013,33(4):104-113.

[187]罗涤,高微,赖炳根.澳大师亚高校创业教育分析及其启示[J].重庆大学学报(社会科学版),2012,18(2):172-178.

[188]马小辉.创业型大学的创业教育目标、特性及实践路径[J].中国高教研究,2013(7):96-100.

[189]马永斌,柏喆.大学创新创业教育的实践模式研究与探索[J].清华大学教育研究,2015,36(6):99-103.

[190]马永斌,王孙禺.大学、政府和企业三重螺旋模型探析[J].高等工程教育研究,2008(5):29-34.

[191]孟卫东,王利明,熊维勤.创业投资引导基金中公共资本对私人资本的补偿机制[J].系统工程理论与实践,2010,30(9):1572-1578.

[192]孟祥霞,黄文军.美国创业教育发展及其对我国创业教育的启示[J].中国高教研究,2012(10):62-65.

[193]孟新,胡汉辉,杨文燮.高校创业教育的问题及对策研究——以江苏省为例[J].东南大学学报(哲学社会科学版),2015(3):61-67.

[194]潘懋元.新编高等教育学[M].北京:北京师范大学出版社,2009.

[195]彭绪梅.创业型大学的兴起与发展研究[D].博士学位论文,大连理工大学,2008.

[196]朴钟鹤.韩国高校创业教育发展与创新——以五所"创业研究生院"为例[J].比较教育研究,2013,35(5):63-67.

[197]钱铭,汪霞.澳大利亚高校可雇佣性技能的培养——以墨尔本大学为例[J].高教探索,2012(3):52-56.

[198]秦志华,刘传友.基于异质性资源整合的创业资源获取[J].中国人民大学学报,2011,25(6):143-150.

[199]饶凯,孟宪飞,Piccaluga A.政府研发投入对中国大学技术转移合同的影响——基于三螺旋理论的视角[J].科学学与科学技术管理,2012,33(8):74-81.

[200]任之光,张志旻.创业型大学发展范式:阿尔托大学的实践与启示[J].高等教育研究,2012(6):101-106.

[201]商应美.香港高校创业教育实践对内地高校创业教育的启示[J].中国青年研究,2014(5):86-90.

[202]沈雁.丹麦大学创业教育模式研究——以哥本哈根商学院为例[J].高等工程教

育研究,2015(3):161-165.

[203]施冠群,刘林青,陈晓霞.创新创业教育与创业型大学的创业网络构建——以斯坦福大学为例[J].外国教育研究,2009,36(6):79-83.

[204]石军伟,付海艳.激励机制、科研合作网络与大学声誉之间的关系研究[J].教育研究,2012,33(1):81-88.

[205]孙丽娜,张德伟.教师参与校企合作对学术研究的影响及对策研究:美国经验[J].东北师大学报(哲学社会科学版),2016(1):162-166.

[206]孙纬业.创业型人才培养模式研究[J].教育发展研究,2010,30(1):57-60.

[207]孙耀吾,赵雅,曾科.技术标准化三螺旋结构模型与实证研究[J].科学学研究,2009,27(5):733-742.

[208]谭华清,赵廷辰,谭之博.教育会促进农民自主创业吗[J].经济科学,2015(3):103-113.

[209]汤吉军,刘仲仪.大学生就业与创业理性选择分析[J].教育与经济,2015(2):32-37.

[210]汤易兵.区域创新视角的我国政府—产业—大学关系研究[D].博士学位论文.浙江大学,2007.

[211]田松青.农民工返乡创业的政府支持体系研究[J].中国行政管理,2010(11):94-97.

[212]王军胜.创业型大学服务区域社会经济的路径探析[J].教育发展研究,2013,33(7):60-64.

[213]王鹏,张剑波.外商直接投资、官产学研合作与区域创新产出——基于我国十三省市面板数据的实证研究[J].经济学家,2013(1):58-66.

[214]王秀梅.工科高校创新人才培养及评价研究[D].博士学位论文,华北电力大学(河北),2009.

[215]王雁,李晓强.创业型大学的典型特征和基本标准[J].科学学研究,2011,29(2):175-180.

[216]魏戈,陈向明.教师实践性知识研究在荷兰——与波琳·梅耶尔教授对话[J].全球教育展望,2015,44(3):3-11.

[217]魏戈,陈向明.中国社会文化视角下大学教师的实践理性研究[J].教育学报,2013,9(4):83-90.

[218]温肇东.栽一颗创业种籽:创业学习平台的布建与复制[M].台北:商智出版社,2003.

[219]温忠麟,侯杰泰,张雷.调节效应与中介效应的比较和应用[J].心理学报,2005,37(2):268-274.

[220]温忠麟,张雷,侯杰泰,等.中介效应检验程序及其应用[J].心理学报,2004,36(5):614-620.

[221]吴明隆.结构方程模型:AMOS的操作与应用[M].重庆:重庆大学出版社,2009.

[222]吴薇,谢作栩.不同类型高校教师信念比较研究——以福建省高校为例[J].厦门大学学报(哲学社会科学版),2012(2):117-124.

[223]吴伟,邹晓东,陈汉聪.德国创业型大学人才培养模式探析——以慕尼黑工业大学为例[J].高教探索,2011(1):69-73.

[224]吴晓波,张超群,王莹.社会网络、创业效能感与创业意向的关系研究[J].科研管理,2014,35(2):104-110.

[225]吴一平,王健.制度环境、政治网络与创业:来自转型国家的证据[J].经济研究,2015,50(8):45-57.

[226]吴志攀."大众创业 万众创新"的局面何以形成?——对北京大学部分青年校友创业情况的观察与初步分析[J].北京大学学报(哲学社会科学版),2015,52(3):211-218.

[227]席升阳.我国大学创业教育的理论与实践研究[D].博士学位论文,华中科技大学,2007.

[228]夏清华.创业管理[M].武汉:武汉大学出版社,2007.

[229]肖曙光.我国高校人才培养的社会需求内部化及制度改进[J].教育与经济,2010(1):41-45.

[230]徐小洲,张敏.创业教育的观念变革与战略选择[J].教育研究,2012,33(5):64-68.

[231]徐志强.创业型人才培养的双螺旋模式[J].教育发展研究,2015,35(5):30-34.

[232]许侃,聂鸣.互信息视角下的大学—产业—政府三螺旋关系:中韩比较研究[J].情报杂志,2013(4):187-193.

[233]闫广芬.大学生就业、创业教育研究的逻辑起点[J].南开学报(哲学社会科学版),2013(3):145-151.

[234]严毛新.从社会创业生态系统角度看高校创业教育的发展[J].教育研究,2015,36(5):48-55.

[235]杨俊,韩炜,张玉利.工作经验隶属性、市场化程度与创业行为速度[J].管理科学学报,2014,17(8):10-22.

[236]杨敏利,李昕芳,仵永恒.政府创业投资引导基金的引导效应研究[J].科研管理,2014,35(11):8-16.

[237]杨贤金.大学要成为创新创业人才培养高地[J].求是,2015(22):56-57.

[238]姚毓春,赵闯,张舒婷.大学生创业模式:现状、问题与对策——基于吉林省大学生科技园创业企业的调查分析[J].青年研究,2014(4):84-93.

[239]叶明海,王吟吟,张玉臣.基于系统理论的创业过程模型[J].科研管理,2011,32(11):123-130.

[240]叶伟巍.产学合作创新机理与政策研究[D].博士学位论文,浙江大学,2009.

[241]易高峰,赵文华.创业型大学:研究型大学模式的变革与创新[J].复旦教育论坛,

2009,7(1):53-57.

[242]游振声.美国高等学校创业教育研究[M].成都:四川大学出版社,2012.

[243]于晓宇,陶向明.创业失败经验与新产品开发绩效的倒 U 形关系:创业导向的多重中介作用[J].管理科学,2015,28(5):1-14.

[244]原长弘,孙会娟,方坤.转轨时期高校体制变革对高校知识转移影响的实证研究[J].管理学报,2013,10(3):451-457.

[245]原长弘,田元强,佘健华.用案例研究方法构建产学研合作理论探析[J].科研管理,2013,34(1):140-146.

[246]张成刚,廖毅,曾湘泉.创业带动就业:新建企业的就业效应分析[J].中国人口科学,2015(1):38-47.

[247]张海滨,陈笃彬.基于三螺旋理论的高校支撑区域创新体系评价研究[J].东南学术,2012(1):181-189.

[248]张昊民,马君.高校创业教育研究[M].北京:中国人民大学出版社,2012.

[249]张龙,王文博和曹培慎.计量经济学[M].北京:清华大学出版社和北京交通大学出版社,2010.

[250]张务农.我国学校创业教育发展:形态、问题及路径[J].教育发展研究,2014,34(3):49-55.

[251]郑方辉,喻锋,覃事灿.政府整体绩效评价:理论假说及其实证检验——以 2008年度广东省为例[J].公共管理学报,2011,8(3):13-23.

[252]周春彦,亨利·埃茨科威兹.三螺旋创新模式的理论探讨[J].东北大学学报(社会科学版),2008,10(4):300-304.

[253]周春彦.大学—产业—政府三螺旋创新模式——亨利·埃茨科维兹《三螺旋》评介[J].自然辩证法研究,2006,22(4):75-77.

[254]周方涛.基于 AHP-DEA 方法的区域科技创业人才生态系统评价研究[J].管理工程学报,2013,27(1):8-14.

[255]周海涛,董志霞.美国大学生创业支持政策及其启示[J].高等教育研究,2014(6):100-104.

[256]朱晓芸,梅伟惠,杨潮.高校创业教育师资队伍建设的困境与策略[J].中国高教研究,2012(9):82-85.

[257]朱旭东.论教师专业发展的理论模型建构[J].教育研究,2014,35(6):81-90.

[258]庄涛,吴洪,胡春.高技术产业产学研合作创新效率及其影响因素研究 基于三螺旋视角[J].财贸研究,2015(1):55-60.

[259]庄涛,吴洪.基于专利数据的我国官产学研三螺旋测度研究——兼论政府在产学研合作中的作用[J].管理世界,2013(8):175-176.

[260]邹晓东,翁默斯,姚威.我国"革新式"创业型大学的转型路径——一个多案例的制度考察[J].高等工程教育研究,2014(2):100-105.

附录 1

选题来源

　　本选题来源于导师的国家自然科学基金面上项目"三螺旋创新视角下创业型大学运行机制及对策研究"（项目号：71173040），以及笔者主持的福建省社会科学规划项目"三螺旋创新视角下高校创新创业型人才培养体系研究"（项目号：2013B106）、福建省软科学项目"福建创新创业人才队伍建设与经济发展模式转变的相关性研究"（项目号：2014R0050）、福建省软科学项目"福建科技创新创业人才队伍建设效率研究"（2016R0044）。

附录 2

访谈提纲

1.创业型人才培养与一般性人才培养有什么区别？如何凸显创业型人才培养的优势？

2.创业型人才培养的价值和意义如何？

3.创业型人才培养绩效的现状如何？有什么制约"瓶颈"？

4.创业型人才培养涉及哪些参与主体？各主体在创业型人才培养中的作用和地位是什么样的？

5.如何评价教师产学合作能力、学生创业实践能力？应该如何提高？

6.如何更好地推动政府对创业型人才培养的重视和支持？

7.如何更好地推动产业对创业型人才培养的参与和扶持？

8.高校在创业型人才培养中应如何更好地激发效能？

9.如何更好地在创业型人才培养中增进政产学协同？

附录 3

调查问卷

尊敬的先生/女士/同学:

　　您好!十分感谢您参与本次问卷调查。本课题组旨在考察政府、产业、高校的参与及协同对高校创业型人才培养的影响。本调查为不记名方式,所得信息仅用于科学研究,无任何商业用途,请放心填写!谢谢!

福州大学经济与管理学院
"政产学协同培养高校创业型人才课题组"
2015 年 1 月

　　填写说明:没有标准答案,选择一个最符合您或您所了解情况的选项并打"√"或描红。表格部分"1—5"表示从"完全不符合"到"完全符合"的逐步过渡。

　　一、基本信息部分

　　1.身份:□政府人员　□产业人员　□高校教师　□高校学生【年级:□本科一、二年级,□本科三、四年级,□研究生,□其他;类别:□理工类,□文史类,□经管类,□其他】

　　2.性别:　　□男　　　　□女

　　3.年龄:　　□18—30　　□31—40　　□41—50　　□51 及以上

　　4.教育程度:□专科　　　□本科　　　□硕士　　　□博士及以上

　　5.婚姻状态:□未婚　　　□已婚　　　□未婚,但曾有配偶

　　6.家庭年收入(元):□50 000 及以下　　　□50 001—100 000
　　　　　　　　　　　　□100 001—150 000　　□150 001 及以上

　　7.直系亲属是否有创业经验?　□是　　　　□否

8.是否有创业的朋友？　　　　　☐是　　　　　☐否

9.拟评高校的所在区域：　　　　☐东部　　　　☐中部　　　　☐西部

10.拟评高校的类别：　　　　　　☐综合性　　　☐理工类　　　☐文史类

11.拟评高校的科研实力：　　　　☐好　　　　　☐中　　　　　☐一般

二、问卷主体部分

（一）政府参与度		完全不符合→完全符合				
1	政府出台鼓励学生创业的相关政策	1	2	3	4	5
2	政府有中小型企业创业方案供学生创业参考	1	2	3	4	5
3	学生创业办理工商营业执照等手续便捷	1	2	3	4	5
4	政府提供税收优惠援助学生创业	1	2	3	4	5
5	政府鼓励教师参与社会服务	1	2	3	4	5
6	政府兴建企业孵化器、创业园或创业基地支持学生创业	1	2	3	4	5
7	政府通过媒体等宣传学生创业的做法和经验	1	2	3	4	5
8	政府提供融资渠道（如优惠贷款）援助学生创业	1	2	3	4	5

（二）产业参与度		完全不符合→完全符合				
1	该区域有很多企业愿意提供风险投资、信贷融资	1	2	3	4	5
2	企业给学生创业提供奖金、专项基金	1	2	3	4	5
3	企业给学生创业提供实习实践基地	1	2	3	4	5
4	企业支持、参与学校的创业竞赛和社团	1	2	3	4	5
5	企业对学生创业提供管理和技术指导	1	2	3	4	5
6	企业欢迎教师提供科研服务	1	2	3	4	5
7	企业对学生创业提供市场需求和信息	1	2	3	4	5

（三）高校参与度		完全不符合→完全符合				
1	学校设置创业通识教育课程	1	2	3	4	5
2	学校有专门的创业教育师资和组织（如创业研究中心）	1	2	3	4	5
3	学校为学生创业提供咨询或培训,宣传创业知识和案例	1	2	3	4	5
4	学校请产业人士做讲座,组织学生参访企业、创业园区	1	2	3	4	5
5	学校有丰富多样的创业竞赛和社团	1	2	3	4	5

续表

(三)高校参与度		完全不符合→完全符合				
6	学校为学生创业提供资金支持	1	2	3	4	5
7	学校为学生创业提供场地支持	1	2	3	4	5

(四)教师产学合作能力		完全不符合→完全符合				
1	教师承接政府或产业的课题数量增多	1	2	3	4	5
2	教师承接政府或产业的课题金额增加	1	2	3	4	5
3	教师研究成果获政府、产业嘉奖或社会好评	1	2	3	4	5
4	教师研究成果获技术转移或应用更频繁	1	2	3	4	5
5	教师参与或指导的创业活动获奖	1	2	3	4	5
6	教师在政府或产业兼职更常见	1	2	3	4	5

(五)学生创业实践能力		完全不符合→完全符合				
1	学生更能识别和捕捉商业机会	1	2	3	4	5
2	学生更能容忍压力	1	2	3	4	5
3	学生更喜欢动手操作,动手能力更强	1	2	3	4	5
4	学生更善于与风险投资接触	1	2	3	4	5
5	学生更乐于参加创业项目和组织	1	2	3	4	5
6	学生社交能力更强,人脉更广	1	2	3	4	5
7	学生更喜欢主动尝试	1	2	3	4	5

(六)创业型人才培养绩效		完全不符合→完全符合				
1	学生创业人数增加	1	2	3	4	5
2	学生创业项目增多	1	2	3	4	5
3	学生创业成功率提高	1	2	3	4	5
4	学生创业盈利能力增强	1	2	3	4	5
5	学生创新实践能力获社会好评	1	2	3	4	5
6	毕业生立足岗位创新能力获用人单位及社会好评	1	2	3	4	5

（七）政产学协同度		完全不符合→完全符合				
1	政府、产业和学校设立技术转移组织	1	2	3	4	5
2	政府、产业和学校联合开展研究或创业项目	1	2	3	4	5
3	政府、产业和学校联合为学生创业提供资金支持	1	2	3	4	5
4	政府、产业和学校联合为学生创业提供场地支持	1	2	3	4	5
5	政府、产业和学校联合开展学生创业大赛	1	2	3	4	5
6	形成支持学生创业的社会氛围	1	2	3	4	5
7	政府、产业和学校联合建设创业人才培养基地	1	2	3	4	5

问卷到此结束，再次感谢您的支持！